Ensino de Língua Portuguesa
oralidade, escrita e leitura

Conselho Acadêmico
Ataliba Teixeira de Castilho
Carlos Eduardo Lins da Silva
Carlos Fico
Jaime Cordeiro
José Luiz Fiorin
Tania Regina de Luca

Proibida a reprodução total ou parcial em qualquer mídia
sem a autorização escrita da editora.
Os infratores estão sujeitos às penas da lei.

A Editora não é responsável pelo conteúdo dos capítulos deste livro.
A Organizadora e os Autores conhecem os fatos narrados, pelos quais são responsáveis,
assim como se responsabilizam pelos juízos emitidos.

Consulte nosso catálogo completo e últimos lançamentos em **www.editoracontexto.com.br**.

Vanda Maria Elias
(organizadora)

Amália Salazar Reis • Ana Rosa Dias • Anna Christina Bentes
Anna Maria Cintra • Antonio Carlos Xavier • Elisbeth de Alencar
Ernani Terra • Gil Negreiros • Graça Faria • Leonor Lopes Fávero
Lívia Suassuna • Maria da Penha Lins • Maria Lúcia C. V. O. Andrade
Marli Quadros Leite • Mercedes Canha Crescitelli
Mônica Magalhães Cavalcante • Patrícia Sousa Almeida • Paulo Ramos
Rivaldo Capistrano Junior • Sandoval Gomes-Santos
Sueli Cristina Marquesi • Vanda Maria Elias • Zilda Aquino

Ensino de Língua Portuguesa
oralidade, escrita e leitura

Copyright © 2011 da Organizadora

Todos os direitos desta edição reservados à
Editora Contexto (Editora Pinsky Ltda.)

Montagem de capa e diagramação
Gustavo S. Vilas Boas

Preparação de textos
Rinaldo Milesi

Revisão
Lourdes Rivera

Dados Internacionais de Catalogação na Publicação (CIP)
(Câmara Brasileira do Livro, SP, Brasil)

Ensino de língua portuguesa : oralidade, escrita e leitura /
organizadora Vanda Maria Elias. – 1. ed., 4ª reimpressão. –
São Paulo : Contexto, 2023.

Vários autores.
ISBN 978-85-7244-651-8

1. Comunicação oral 2. Escrita 3. Fala 4. Linguagem e
línguas – Estudo e ensino 5. Linguística 6. Oralidade
I. Elias, Vanda Maria.

11-06639	CDD-410.7

Índice para catálogo sistemático:
1. Português : Oralidade, escrita e leitura : Ensino : Linguística
410.7

2023

EDITORA CONTEXTO
Diretor editorial: *Jaime Pinsky*

Rua Dr. José Elias, 520 – Alto da Lapa
05083-030 – São Paulo – SP
PABX: (11) 3832 5838
contato@editoracontexto.com.br
www.editoracontexto.com.br

Sumário

APRESENTAÇÃO 7

PARTE 1 – ORALIDADE

REFLEXÕES SOBRE ORALIDADE E ESCRITA NO ENSINO DE LÍNGUA PORTUGUESA 13
Leonor Lopes Fávero
Maria Lúcia C. V. O. Andrade
Zilda Aquino

O INGRESSO DO TEXTO ORAL EM SALA DE AULA 29
Mercedes Canha Crescitelli
Amália Salazar Reis

ORALIDADE, POLÍTICA E DIREITOS HUMANOS 41
Anna Christina Bentes

INTERAÇÃO PELA LINGUAGEM: O DISCURSO DO PROFESSOR 55
Marli Quadros Leite

ORALIDADE E POESIA EM SALA DE AULA 67
Gil Negreiros

RECURSOS DE ORALIDADE NOS QUADRINHOS 79
Paulo Ramos

PARTE 2 – ESCRITA

ESCRITA E TRABALHO DOCENTE NA ALFABETIZAÇÃO 105
Sandoval Gomes-Santos
Patrícia Sousa Almeida

AVALIAÇÃO E REESCRITA DE TEXTOS ESCOLARES: A MEDIAÇÃO DO PROFESSOR 119
Lívia Suassuna

ESCRITA E REESCRITA DE TEXTOS NO ENSINO MÉDIO 135
Sueli Cristina Marquesi

TÓPICO DISCURSIVO E ARGUMENTAÇÃO NOS TEXTOS ESCOLARES 145
Elisbeth de Alencar
Graça Faria

ESCRITA E PRÁTICAS COMUNICATIVAS NA INTERNET..159
Vanda Maria Elias

A (IN)SUSTENTÁVEL LEVEZA DO INTERNETÊS.
COMO LIDAR COM ESSA REALIDADE VIRTUAL NA ESCOLA? 167
Antonio Carlos Xavier

PARTE 3 – LEITURA

LEITURA, REFERENCIAÇÃO E COERÊNCIA 183
Mônica Magalhães Cavalcante

LEITURA NA ESCOLA: UMA EXPERIÊNCIA, ALGUMAS REFLEXÕES..197
Anna Maria Cintra

LEITURA CRÍTICA DO HUMOR NO JORNAL 205
Ana Rosa Dias

LENDO O HUMOR NOS QUADRINHOS..215
Maria da Penha Lins

LER E COMPREENDER TIRINHAS..227
Rivaldo Capistrano Junior

LEITURA E SENTIDO EM UM POEMA DE FERNANDO PESSOA 237
Ernani Terra

OS AUTORES 245

Apresentação

Este livro tem como principal objetivo estabelecer uma ponte entre as teorias do texto e as do ensino. Para atingir esse objetivo, colaboraram pesquisadores de diversas e renomadas universidades brasileiras, cujas pesquisas têm como foco o texto na modalidade oral ou escrita.

Há expressivo número de pesquisas e publicações que focalizam os processos de produção e compreensão de texto. Entretanto, se, por um lado, muito se tem dito e escrito sobre esses temas, é verdade também que, por outro lado, muito ainda se precisa fazer, a fim de que os estudos realizados se vertam em contribuição efetiva para o trabalho do professor em sala de aula. É justamente nesse espaço que emerge e se justifica esta publicação.

Oralidade, *escrita* e *leitura* são os temas que compõem esta obra, e a cada um deles será dedicada uma parte específica. Longe de uma perspectiva dicotômica, a divisão atende ao propósito único de focalização. Ainda vale ressaltar que, no interior de cada parte, bem como na relação entre elas, há uma intersecção entre os capítulos, marcada não somente pela intertextualidade temática, como também pela concepção de linguagem e de texto centrada no princípio interacional.

A primeira parte trata da oralidade e, no conjunto dos capítulos apresentados, procura responder de modo geral a duas questões: o que trabalhar em sala de aula quando o assunto é o uso da língua na modalidade oral? Como trabalhar práticas comunicativas orais em sala de aula?

No primeiro capítulo "Reflexões sobre oralidade e escrita no ensino de língua portuguesa", Leonor Lopes Fávero, Maria Lúcia C. V. O. Andrade e Zilda Aquino, além de questões centrais das teorias voltadas à oralidade, destacam as atividades de formulação textual como procedimentos que possibilitam aos alunos a compreensão dos modos de organização do discurso, e indicam sugestões para o trabalho com as modalidades oral e escrita da língua.

Partindo do pressuposto de que em sala de aula é necessário dedicar ao ensino da oralidade o mesmo tratamento que é dado ao da escrita, já que essas duas modalidades são constitutivas da língua, Mercedes Canha Crescitelli e Amália Salazar Reis tratam do "O ingresso do texto oral em sala de aula". As autoras apontam para algumas possibilidades de trabalho com a oralidade, fundamentadas nas teorias contemporâneas de base linguística e sincronizadas às propostas dos PCN.

Em "Oralidade, política e direitos humanos", Anna Christina Bentes discute a questão da educação em direitos humanos e chama a atenção para alguns pressupostos sobre os aspectos públicos e políticos que devem envolver o exercício orientado das práticas orais na sala de aula, apresentando algumas propostas de trabalho.

Como ocorre, efetivamente, a interação linguística entre aluno e professor, em sala de aula? Verificar, pela análise da linguagem produzida em aula, as estratégias linguísticas que os professores utilizam para atingir o aluno, e a reação do aluno diante da atitude escolhida pelo professor é o objetivo de Marli Quadros Leite no capítulo "Interação pela linguagem: o discurso do professor".

Gil Negreiros, em "Oralidade e poesia em sala de aula", analisa marcas lexicais, sintáticas e discursivas da oralidade na poesia de Manuel Bandeira. Com base na identificação dessas marcas orais e dos efeitos que produzem, o autor sugere alternativas para o trabalho com o texto poético na escola.

Finalizando a primeira parte, Paulo Ramos analisa "Recursos de oralidade nos quadrinhos". Para o autor, as histórias em quadrinhos contêm recursos muito ricos de representação da oralidade. Ele recomenda que os alunos treinem o olhar para perceber o uso desses recursos, que variam de história para história.

A segunda parte apresenta a escrita como uma atividade que se constitui na interação escritor/leitor e que põe em foco a discussão de questões assim enunciadas: que problemas os alunos apresentam em suas produções escritas? Como orientar em sala de aula o processo de reescrita? Que conhecimentos sobre a escrita revelam crianças e adolescentes que produzem espontaneamente textos na internet? De que estratégias se valem esses escritores? Quais as características do texto escrito nas mídias sociais, e que desafios elas apresentam para o professor?

Sandoval Gomes-Santos e Patrícia Sousa Almeida em "Escrita e trabalho docente na alfabetização" consideram os modos com que a escrita se constitui, especificamente nas formas do trabalho docente, como objeto de ensino em uma turma de alfabetização. Na visão dos autores, a escola é lócus de interação privilegiado, espaço em que circulam múltiplas linguagens, e em que seus usos interagem de maneira intensa e complexa.

Formas de intervenção do professor e de correção dos textos do aluno, reconhecendo nesse processo a importância da mediação pedagógica, é a preocupação de Lívia Suassuna no capítulo "Avaliação e reescrita de textos escolares: a mediação do professor". Em sua reflexão, a autora mostra alguns desempenhos de alunos em resposta a testes de avaliação do sistema escolar e indica sugestões de intervenção didática com base nos textos examinados.

A reescrita também é objeto de investigação no capítulo "Escrita e reescrita de textos no ensino médio". Nele, Sueli Cristina Marquesi discute o processo de escrita e reescrita que deve orientar a produção textual no ensino médio. A autora ressalta a relevância de aspectos teóricos na proposição de metodologias que permitam ao professor trabalhar com a escrita/reescrita, priorizando a coerência na redação de textos críticos e completos.

"Tópico discursivo e argumentação nos textos escolares" é o título do capítulo de Elisbeth de Alencar e de Graça Faria que tem como propósito analisar tanto o quadro tópico quanto o quadro argumentativo em exemplos de redação escolar, bem como apontar algumas possibilidades de como o professor pode tornar mais produtivas as aulas de Língua Portuguesa.

O que as produções textuais constituídas espontaneamente no universo da rede revelam sobre a prática da escrita e suas estratégias de produção? A fim de responder a essa questão, no capítulo "Escrita e práticas comunicativas na internet", Vanda Maria Elias analisa blogs de crianças e adolescentes, situando a reflexão no campo dos estudos da linguística textual, visto que a disciplina oferece recursos conceituais para a análise de textos cada vez mais complexos produzidos no contexto de uso das novas mídias sociais.

"A (in)sustentável leveza do internetês. Como lidar com essa realidade virtual na escola?" É a questão que norteia a produção de Antonio Carlos Xavier. Compreendendo o internetês como uma espécie de "dialeto escrito na tela" com efeito oral, Xavier defende que a sociedade em geral e nós, professores, em particular, precisamos agora saber o que fazer diante dessa realidade, uma vez que não podemos mais negar a presença nem muito menos a simpatia de que goza o internetês entre a maioria dos internautas e pela totalidade das crianças e adolescentes que o utilizam quando estão conectados.

Na terceira e última parte, a leitura é abordada como uma atividade altamente complexa de construção de sentido. Como ler diferentes gêneros textuais e produzir sentido? Que pistas do texto orientam a construção do sentido? Como a escola pode contribuir para a formação de leitores críticos e competentes? Esses são alguns pontos principais da discussão nos capítulos que compõem essa parte.

Mônica Magalhães Cavalcante em "Leitura, referenciação e coerência" apresenta propostas de abordagem dos fenômenos referenciais que podem ter aplicação direta ao ensino de leitura. A autora propõe um novo olhar para a construção da referência em relação com gêneros discursivos, com avaliação de outras funções discursivas, com tópicos e subtópicos e com intertextualidade.

Refletir a respeito da leitura com base em uma experiência realizada na escola pública é o objetivo de Anna Maria Cintra no capítulo "Leitura na escola: uma experiência, algumas reflexões". A autora destaca que, mesmo trabalhando com pequenos leitores, é preciso conhecê-los e ter sensibilidade para avaliar suas competências, suas dificuldades e suas necessidades, antes de tomar a decisão de mandar ler tal ou qual texto.

Em "Leitura crítica do humor no jornal", Ana Rosa Dias examina as estratégias linguístico-discursivas que constroem o humor no jornal e fornece subsídios para o desenvolvimento da leitura crítica. Para a autora, o humor no jornal comporta o objetivo de crítica, não se restringe a editorias específicas nem sofre restrições temáticas ou estilísticas. Muito bem aclimatado ao veículo que visa a noticiar e a opinar, o humor cumpre sua função de crítica, de denúncia, de jogo lúdico que diverte e proporciona prazer.

Também com a atenção voltada para o humor, Maria da Penha Lins, no capítulo "Lendo o humor nos quadrinhos", descreve estratégias utilizadas para a produção do efeito humorístico e analisa o modo como a interação é encenada nos quadrinhos, levando em conta a relação estabelecida entre o verbal e o visual na composição das histórias.

A leitura de tirinhas em ambiente escolar e o desenvolvimento de habilidades como, por exemplo, a busca por informações específicas e a percepção de efeitos de sentido que recursos não verbais engendram são pontos em destaque no capítulo "Ler e compreender tirinhas", de Rivaldo Capistrano Junior. Ao mostrar como o humor nas tirinhas advém, muitas vezes, da identificação de referentes que se constroem em torno de uma estrutura de expectativa gerada nos primeiros quadros, o autor estabelece um diálogo com os autores que, nesta obra, tratam de referenciação, humor e histórias em quadrinhos.

No último capítulo, "Leitura e sentido em um poema de Fernando Pessoa", Ernani Terra analisa procedimentos linguísticos que orientam o leitor na construção de sentido para o texto, pretendendo responder à seguinte pergunta: que conhecimentos devem ser ativados no processo da leitura, e que "pistas" linguísticas presentes na superfície do texto possibilitam ao leitor produzir o sentido?

Desejamos a todos aqueles interessados nas questões do texto e do ensino uma boa leitura e um bom aproveitamento da obra. À Editora Contexto, em especial, os nossos agradecimentos pelo apoio a este projeto.

A Organizadora

Parte 1
Oralidade

Ser competente comunicativamente significa saber fazer uso da língua na modalidade oral – e também na modalidade escrita, é claro –, considerando que as situações de comunicação exigem um comportamento linguístico diversificado dos interlocutores numa e noutra modalidade. Afirmar isso implica dizer que: i) oralidade e escrita são modalidades distintas, porém não dicotômicas: há textos orais que muito se aproximam da produção escrita e o contrário também é verdadeiro; ii) é papel da escola ensinar não só a modalidade escrita, mas também a modalidade oral e fazê-lo com propriedade e competência. Mas o que significa exatamente ensinar oralidade na escola? O que e como ensinar? São essas as questões centrais que constituem objeto de reflexão desta parte do livro. Situados em uma perspectiva interacional de linguagem, os estudiosos do tema tratam do modo de organização própria de textos orais, de estratégias de interação em práticas comunicativas variadas, de marcas de oralidade em gêneros textuais escritos como poesia e história em quadrinhos, das atividades de gravação, transcrição e retextualização de práticas orais, destacando nesse percurso a escola como o lócus privilegiado para a prática da oralidade e para a reflexão dessa prática.

Reflexões sobre oralidade e escrita no ensino de língua portuguesa

Leonor Lopes Fávero
Maria Lúcia C. V. O. Andrade
Zilda Aquino

A vida em sociedade permite o conhecimento e o reconhecimento de duas modalidades de produção linguística, a oral e a escrita. Isso significa que o aluno chega à escola com um determinado conhecimento desses modelos; entretanto, por não ter sido exposto, na maioria das vezes, a reflexões sobre o processamento de cada uma dessas modalidades, atravessa o período escolar sem o discernimento desejado sobre as especificidades de uma ou de outra modalidade.

Nesse sentido, apresentamos as características da língua falada e da escrita, observando suas correlações, com o objetivo de:

* discutir as questões centrais das teorias voltadas à oralidade;
* destacar a aplicação de atividades de formulação textual, como procedimentos que possibilitam aos alunos a compreensão dos modos de organização do discurso; e
* indicar possibilidades de se trabalhar em sala de aula com essas duas modalidades da língua.

A fala e a escrita

A fala e a escrita apresentam, conforme Marcuschi (2001), os mesmos traços: dialogicidade, usos estratégicos, funções interacionais, envolvimento, negociação, situacionalidade, coerência e dinamicidade. Entretanto, as diferenças entre as duas modalidades ocorrem dentro de um *continuum* tipológico e precisam ser vistas na perspectiva do uso e não como características intrínsecas. Exemplos desse *continuum* podem ser observados, por um lado, em uma *conferência* na modalidade oral e um *artigo científico* na modalidade escrita e, por outro, em uma *carta familiar* e uma *conversação espontânea* entre amigos.

Interessa-nos enfatizar a necessidade de um trabalho de **integração fala/escrita** pela escola, por entendermos que o estudo da oralidade merece ocorrer paralelamente ao da escrita, em razão do *continuum* e não de um fenômeno com diferenças estanques, dado que a grande diferença encontra-se apenas no modo de verbalização, via aparelho fonador ou via elementos gráficos.

> Essa integração foi motivo de destaque em nossas pesquisas a respeito do ensino de língua portuguesa, quanto a essas duas modalidades. (cf. Fávero, Andrade e Aquino, 1999).

O oral e o escrito se diferenciam por escolhas feitas pelo locutor/enunciador, determinadas pela adequação a cada modalidade em cada um dos gêneros textuais por meio dos quais elas se manifestam (entrevista, requerimento, receita culinária, conto, atestado, conversa telefônica, consulta médica etc.). Além disso, é preciso observar a importância do suporte que permite a efetivação do texto (rádio, TV, internet, jornal, revista, *outdoor* etc.), o contexto em que se encontram os interlocutores e a interação que se estabelece entre eles.

Interação e contexto no processamento textual

A comunicação interpessoal é entendida como uma relação dialógica em que ambos os interlocutores adaptam continuamente o diálogo às necessidades do outro. Assim, a interação caracteriza-se por situar-se em um contexto em cujo âmbito se estabelece um campo de ação comum, no qual os sujeitos envolvidos (locutor/enunciador – interlocutor/leitor) podem entrar em contato. Torna-se, portanto, fundamental a capacidade de ação de cada indivíduo, que deve estar apto a influir no desenvolvimento sucessivo da interação, determinando-o com sua atuação: cada ação de um sujeito deve constituir a premissa das ações realizadas posteriormente pelos demais.

Ainda podemos dizer que a interação baseia-se em uma série de regras e pode até introduzir alterações no contexto, configurando-se como um processo circular em que as ações de cada participante determinam um retorno por parte do outro ou dos outros sujeitos implicados. É uma espécie de retroação sobre o indivíduo que a realizou.

Ao tratar da interação, é preciso levar em conta como se dá sua delimitação, isto é, como suas fronteiras são estabelecidas. Embora se considere a natureza fluida e a impossibilidade de um critério específico de delimitação de uma interação conversacional, observamos que as sequências de abertura e fechamento do diálogo são marcas que auxiliam a delimitar essa interação, ainda que se admita que nas conversações mais informais, entre amigos, a conversa possa ser introduzida inesperadamente sem sequências de abertura explicitamente marcadas e termine abruptamente ou inesperadamente sem sequências de despedida ou fechamento.

Exemplificamos com um segmento referente a um programa televisivo, apresentado por Cláudia Brasil (L1), transmitido pela TV Câmara de Brasília, em 25/06/2004; trata-se do *Câmara Agora Especial.*

Exemplo 1

L1 ((dirigindo-se às câmeras)) olá... está no ar mais um debate ao vivo pela TV Câmara com transmissão simultânea...pela rádio Câmara... o tema de hoje... Planos de saúde... durante uma hora vamos discutir este assunto... você pode participar... mandando a sua pergunta pelo tel... 0800619619... aguarde o atendimento... e tecle na opção 1... ou mande um e-mail para camaraagora@camara.gov.br e indique quem você quer que responda... a sua pergunta... vamos... conhecer os participantes do debate... aqui no estúdio está Fausto Pereira dos Santos... diretor presidente... da Agência Nacional de Saúde Suplementar... ANSS e o deputado Doutor. Pinotti do PFL de SP... o deputado... é médico e fez parte da CPI dos planos de saúde... no Salão verde participam o deputado... Mário Beringer do PDT de Minas Gerais... ele também é médico e fez parte da CPI dos planos de saúde... o outro participante... é Arlindo de Almeida... Presidente da Associação Brasileira de Medicina de Grupo... ABRAMGE... ((dirigindo-se a L2))
L1 Doutor. Fausto...bom dia...
L2 bom dia...

A apresentadora busca o envolvimento do telespectador/ouvinte, interagindo com ele de modo informal na abertura do programa – "olá" –, continuando com o tratamento "você" e com formas verbais do imperativo – "aguarde", "tecle", "mande", "indique". Ao se dirigir a um dos entrevistados, procede aos cumprimentos para iniciar a interação – "bom dia". Assim, pode-se dizer que ficam marcados os inícios das interações, seja com o telespectador, seja com o entrevistado e, ainda, em graus de distanciamento diversos – mais informal com o público que com o entrevistado (dr. Fausto).

Observemos também uma conversação espontânea da qual participam uma senhora brasileira (L1) que solicita uma informação a uma jovem portuguesa (L2) em Évora (Portugal), no dia 8 de outubro de 2009.

Exemplo 2

L1 boa tarde... por favor... você poderia me dizer onde fica a Capela dos Ossos?
L2 deixe-me ver:::... desça essa RUa/não... a próxima rua... VIre a primeira à esquerda
e::: já estará na igreja de São Francisco... PRONto... a Capela é ao lado...
L1 certo... muito obrigada...

Nesse segmento, L1 cumprimenta L2 – "boa tarde" –, faz uma pausa (representada pelas reticências) e ainda enuncia "por favor", fazendo incidir sobre a interação a marca de polidez logo no início da conversa. Além das marcas de início, destacamos as de fechamento/término de interação por parte de L1 – "certo" – acompanhadas de agradecimento "muito obrigada".

A interação faz parte de toda atividade de linguagem (verbal e não verbal). Assim, ao se proceder a uma abordagem do discurso falado ou escrito, não se pode prescindir de observá-la. Esse fenômeno sociocultural apresenta características linguísticas e discursivas que podem ser observadas, analisadas e interpretadas. Numa interação verbal prevê-se envolvimento entre os participantes da atividade discursiva que buscam atingir determinados objetivos, observando-se um jogo de negociações. Os interlocutores, em toda a interação, reúnem-se sob determinadas condições contratuais. Essas condições referem-se a papéis sociais, contexto situacional, conhecimento partilhado, entre outros, que são imprescindíveis e dão a orientação para o encaminhamento da produção textual. A interação comporta *scripts*; entretanto, o grau de precisão pode variar de acordo com a troca, ou mais especificamente, de acordo com a negociação.

Cabe apontar que a interação exerce uma função de tal importância, no texto falado, que poderá orientar ou modificar o desenvolvimento do tópico discursivo. Além disso, está diretamente relacionada à configuração contextual, ou seja, os interlocutores envolvem-se de maneira distinta de acordo com a percepção do contexto de que participam. Nessa configuração, é necessário que sejam levadas em conta as características dos participantes, dentre elas, destacam-se:

- sociais – idade, sexo, raça, classe social, profissão;
- psicológicas – amável, agressivo, sério, calmo, nervoso, inquieto etc.;
- relacionais – participantes conhecidos ou não, grau de intimidade entre eles.

Há que se destacar as especificidades entre a interação na fala e na escrita, pois o controle relativo à interação entre locutor-interlocutor processa-se de modo específico em uma ou outra modalidade da língua. Como é sabido, a relação dialógica é condição de linguagem (oral ou escrita); entretanto, o produtor do texto escrito perde, de algum modo, o controle sobre seu texto assim que este é colocado em circulação na sociedade, e o retorno não é imediato.

Na modalidade escrita, há o estabelecimento de uma relação dialógica, em sentido amplo, entre o enunciador (autor/escrevente) e o enunciatário (leitor). Vale lembrar que a atividade da escrita também é orientada em função de intervenções anteriores da mesma natureza. Ao analisar o texto escrito, é necessário levar em conta não só o conteúdo e a relação do enunciador com esse conteúdo, mas principalmente a relação do enunciador com o outro e com os discursos desse outro, explicitados ou presumidos.

Na visão de Bakhtin (1997[1927]:112):

> [...] a enunciação é o produto da interação de dois indivíduos socialmente organizados e, mesmo que não haja um interlocutor real, este pode ser substituído pelo representante médio do grupo social ao qual pertence o locutor. A palavra dirige-se a um interlocutor; ela é função da pessoa desse interlocutor: variará se se tratar de uma pessoa do mesmo grupo social ou não, se esta for inferior ou superior na hierarquia social, se estiver ligada ao locutor por laços sociais mais ou menos estreitos (pai, mãe, marido etc.).

Ao construir seu texto, conforme Marcuschi (1999), o enunciador emprega marcas de interação que revelam sua ação de modo multiorientado, dado que este se envolve:

- com seu interlocutor (ao conversar, ao escrever uma carta, por exemplo, o enunciador dirige-se a um leitor);
- com o tópico discursivo em desenvolvimento (o assunto tratado);
- consigo mesmo;
- com práticas sociais específicas (cumprimentos, solicitações, agradecimentos).

Numa perspectiva cognitiva, podemos dizer que o processamento textual, enquanto atividade/movimento de produção e recepção de texto, apresenta aspectos comuns na fala e na escrita, ou seja, a interatividade não é uma estratégia típica da fala e pode ocorrer na escrita. Ela é, portanto, uma característica que está relacionada ao locutor e sua ação com a língua, e não apenas ao aspecto da modalidade (oral/escrita).

O contexto diz respeito a situações de comunicação concretas em que os discursos se atualizam. Isso significa dizer que não merecem ser analisadas possibilidades de discurso, mas ocorrências reais de interação. Estudar o contexto corresponde a entender suas diversas possibilidades de descrição.

Todo discurso se desenvolve em determinado contexto situacional. Durante o processamento da fala, o contexto não precisa ser explicitado, pois ele está no entorno, suprindo muito do que pode ser recuperado. Os interlocutores fazem inferências e estas ficam/são linguisticamente marcadas na superfície da conversação.

Situação e contexto são termos muitas vezes utilizados como sinônimos, contudo, é possível tratar de situação linguística, situação discursiva, contexto linguístico e contexto discursivo. A situação corresponde ao espaço físico, é externa ao ato verbal e se constitui de condições de realização, diz respeito ao espaço de troca que ocorre na relação com o interlocutor. Por sua vez, o contexto corresponde ao espaço textual e é interno ao ato verbal.

18 Ensino de Língua Portuguesa

A situação apresenta características físicas (os participantes estão presentes ou não, podem ser dois ou mais indivíduos envolvidos); há uma disposição específica entre os interlocutores (próximos ou mais distantes); existe um suporte específico (rádio, jornal, televisão, telefone, internet etc.); gêneros diversos (artigo de opinião, entrevista, debate, telejornal, carta pessoal, blog etc.).

Há ainda características contratuais que dizem respeito a situações em que ocorrem trocas livres (conversações espontâneas), trocas controladas (debates entre políticos em período eleitoral, em sala de aula), trocas mais ou menos controladas (entrevistas, interação médico-paciente).

A situação de comunicação permite dizer que não existe oposição entre língua falada e escrita, dado que a distinção resulta de combinações dos elementos descritos nessa comunicação. De acordo com as diversas combinações, ocorrem consequências que se refletem na organização da configuração verbal relativa a cada modalidade.

Sobre a língua falada

Para tratar da oralidade, reportamo-nos aos estudiosos da linguagem que, nas últimas décadas vêm acompanhando o crescimento das pesquisas sobre a língua falada e sobre os novos processos de análise da interação verbal em língua portuguesa.

Teorias como a Análise da Conversação e a Sociolinguística Interacional, entre outras, contribuíram para a melhor compreensão desse processamento em ocorrências autênticas de interação. A essas teorias interessa:

- caracterizar a fala que tem na conversação sua realização espontânea, e que ocorre no momento em que pelo menos dois interlocutores se envolvem para abordar algum assunto (tópico discursivo);
- observar a interação a partir dos papéis desempenhados pelos participantes.

A conversação é sempre resultante de uma atividade interpessoal desenvolvida entre pelo menos dois indivíduos em situação face a face, dentro de uma configuração contextual de que fazem parte os entornos espaçotemporal e sócio-histórico que unem os participantes. Deste modo, a conversação é o resultado de um trabalho de ações conjuntas e coordenadas que as pessoas realizam cotidianamente em contextos específicos.

Segundo Kerbrat-Orecchioni (2006: 8), a comunicação oral face a face é a: "[...] experiência linguística por excelência na qual pelo menos dois falantes se exprimem cada qual em seu turno e exercem uns sobre os outros uma rede de influências múltiplas – falar é trocar e mudar na troca".

Assim, o texto conversacional é criação coletiva, produz-se não só interacionalmente, mas também de forma organizada e é o lugar em que os interactantes constituem relações especiais de dominância ou igualdade, convivência ou conflito, familiaridade ou distância; essas relações aparecem nos eventos dos quais participem dois ou mais interlocutores, no mesmo espaço físico ou em espaços diversos.

Há um trabalho conjunto sincrônico dos interlocutores quanto a vários itens: seleção, mudança e finalização do tópico discursivo; troca de turnos; seleção lexical; registro; grau de polidez; decisões quanto à correção ou não do outro. Além desse trabalho conjunto, é preciso apontar a presença de elementos que caracterizam a conversação, tais como: marcadores conversacionais, hesitações, segmentações, interrupções, digressões que revelam o fluxo conversacional. Cada um desses itens merece discussão, embora não possamos aqui nos alongar.

O tópico discursivo corresponde à unidade central de análise da conversação e explicita todo o desenvolvimento da interação. De fato, a tarefa de divisão do texto falado em tópicos permite conhecer como ocorre a negociação, o envolvimento, o sistema de troca de turnos, o grau de familiaridade/distanciamento, os fenômenos de correção, de polidez, enfim todo o processo é passível de observação e análise.

O funcionamento da conversação dá-se a partir da troca organizada de turnos. Essa troca pode ser gerida pelos participantes (com ou sem sobreposição de vozes, com ou sem conflito, num diálogo entre amigos, por exemplo) ou pode ser orientada por um moderador (debates, entrevistas, aulas etc.). Cabe apontar que, de acordo com a cultura de cada sociedade, essa troca pode ser peculiar. Na sociedade brasileira, por exemplo, é frequente não se esperar que o outro nos conceda o turno, por isso, acabam ocorrendo sobreposições sem que estas queiram indicar conflito, o que não se verifica em determinadas sociedades como a inglesa, por exemplo.

Os marcadores não têm a mesma distribuição e são distintos na oralidade e na escrita. Os marcadores conversacionais aparecem em grande quantidade e cumprem papéis específicos na língua falada. Servem para designar não só elementos verbais, mas também prosódicos e não linguísticos que desempenham uma função interacional qualquer na fala. Podem ser produzidos pelo falante ou por seu interlocutor, atendendo, pois, às necessidades do envolvimento direto entre os participantes. São exemplos desses marcadores elementos como: claro, sabe?, certo, né?, acho, então, aí, uhn, ahn.

Na fala, as pessoas se veem, se observam, há a prosódia, elementos que auxiliam no processo inferencial. Assim, os marcadores são meios de que a língua se serve para facilitar a articulação entre o dito e o contexto. Eles asseguram não só o desenvolvimento continuado do discurso, mas também operam na organização hierárquica do tópico discursivo. Conferem coesão ao texto, mas também

20 Ensino de Língua Portuguesa

deixam evidências de sua segmentação. Observa-se, ainda, que eles suprem, em certa medida, o papel da pontuação que inexiste na fala.

A análise do desenvolvimento do tópico permite que se localizem, na configuração verbal, particularidades em que o locutor hesite, complemente, antecipe, ratifique, corrija, parafraseie o que diz ou o que disse o interlocutor.

> A coleta e a transcrição foram efetuadas pelos alunos da área de Filologia e Língua Portuguesa/FFLCH/USP: Marco Leite Fernandes; Marília Nogueira Vasques de Oliveira; Marina Borges Muriana, em junho de 2004.

Para exemplificar, analisaremos o segmento (3), correspondente a um diálogo entre duas pessoas do sexo feminino: L1 (locutor 1) jovem de 18 anos, solteira, universitária, paulistana e L2 (locutor 2) mulher de 44 anos, casada, mãe de dois filhos, com nível superior completo, formada há vinte anos em Serviço Social, corretora de seguros, paulista.

Exemplo 3

L1: você é contra o casamento ((ri))?
L2: não... não sou contra o casamento... eu sou contra... é casamento de pessoas que não se esforçam pra viverem bem... entendeu?... eu acho que as pessoas o tempo TOdo têm que se esforçar pra viver bem... e tem e a gente tem que cultivar as relações... o tempo todo o tempo todo o tempo todo então se o cara... leva uma vida e num:: e num aliMENta essa relação... com certeza tan/tende ao fracasso né?...(...) domingo na TV Cultura passou uma reporTAgem (com) Flávio Gikovate... é um::: programa especial que tem lá e o Flávio Gikovate estava falando sobre o amor e sobre as relações... é:::... em casamento né?... e aí ele disse que hoje o modelo de casamento HOje é composto... por uma:: pessoa extremamente conceSSIva... eh:::... tolerante e uma outra completamente egoísta ... e fechada... e que tudo que quer e pensa é pra si próprio... e que ( ) e que esse modelo de casamento... tá mudando... ta mudando porque:::... as pesso/os tolerantes num estão mais agüentando essa coisa de dar dar... dar e num receber nada... e vai acaBAR esse modelo de casamento pra ficar um modelo de casamento entre duas pessoas que se respeitam... eh:::: duas pessoas que que DOam tanto quanto recebem... e eu acho que esse é o modelo de casamento mesmo::... é:: mais importante que que deveria existir

---

Durante a atividade interacional, as interlocutoras tratam de desenvolver o tópico discursivo: "relações entre homem e mulher". Esse assunto apresenta-se subdividido em tópicos menores (subtópicos), como o que ocorre no segmento mencionado: Subtópico: "posição em relação ao casamento". Ao desenvolver este subtópico, L2 emite parte de sua posição sobre o casamento, insere o esclarecimento de um especialista – Flávio Gikovate – e retoma seu ponto de vista para finalizar o subtópico. É possível observar que L2 inicia e retoma sua posição utilizando-se do mesmo marcador conversacional "eu acho que". Esta expressão, digamos, é de uso frequente nas conversações diárias em que se busca atenuar um posicionamento, sem que se mostre taxativo.

Ainda em relação aos tópicos desenvolvidos nessa interação, pode-se dizer que as duas locutoras dão continuidade à conversa abordando outros subtópicos relacionados ao tópico central.

Tem-se dois turnos, o de L1, constituído por uma pergunta, e o de L2, correspondente à resposta.

Durante o desenvolvimento do turno de L2, a locutora faz uso de pausas, representadas na transcrição, por reticências, hesitações ("...eh:::: duas pessoas que que DOam") marcadas, neste caso, por "eh" mais alongamento (:::); ênfase ("reporTAgem") perceptível pela entonação mais forte, destacada graficamente pela caixa alta; marcadores de busca de assentimento ("entendeu?", "né?"); marcadores de continuidade de tópico ("então", "e aí"); marcador de atenuação de posicionamento ("eu acho que").

As repetições são motivadas por finalidades distintas. Assim, há repetições que são simplesmente traços próprios da oralidade e que indicam o planejamento verbal quase simultâneo à execução ("hoje o modelo de casamento hoje"); outras apresentam um caráter de intensificação ("o tempo todo o tempo todo o tempo todo"); ainda outras repetições podem-se caracterizar como elementos de **coesão recorrencial** ("duas pessoas que se respeitam... duas pessoas que se doam"), dado que, ao repetir-se a estrutura "duas pessoas que", o locutor faz progredir o texto.

> Sobre coesão recorrencial, consulte-se Leonor Lopes Fávero, *Coesão e coerência textuais*, 10. ed. revista e atualizada, São Paulo, Ática, 2005.

Há também interrupções ("tan/tende") e correções ("as pesso/os tolerantes") que sinalizam para o fato de que o processamento do texto falado apresenta características específicas, em que o fluxo da formulação não é contínuo, embora se apresente numa linha temporal direta.

Em outro segmento, podemos observar um pouco mais do processamento do texto falado. Desta vez, numa interação que envolve mais locutores e espaços físicos diversos. Trata-se de um programa de televisão sob a forma de debate e que já foi aqui apresentado no exemplo 1.

Como já dissemos, a apresentadora/moderadora é Cláudia Brasil (L1) e os demais participantes são:

- Dr. Arlindo de Almeida – (L2) – Presidente da Associação Brasileira de Medicina de Grupo ABRAMGE.
- Dr. Aristodemo Pinotti – (L3) – Deputado Federal por São Paulo do Partido da Frente Liberal (PFL/hoje DEM – Democrata); médico e integrante da Comissão Parlamentar de Inquérito (CPI) dos planos de saúde.

22 Ensino de Língua Portuguesa

> **Exemplo 4**
>
> L1   ahn... Doutor Arlindo... a primeira pergunta é pro senhor... de João Oscar... Mairiporã São Paulo... por que existe a carência nos planos de saúde?
> L2   bom.... isso é eviDENte né? há carência porque senão não seria plano de saúde.... seria plano de doença porque::: evidentemente... as pessoas só comprariam plano de saúde quando elas ficassem doentes... pra que que elas teriam plano de saúde... e pagar a:: as mensalidades se elas não tivessem doente?... não havia necessidade... e por isso que existe essa::... esse tipo de carência... mesmo pra que a pessoa forme uma certa uma certa reserva para que as empresas possam ter (...)
>   [
> L3   (...) ponto interessante
>   [
> L1   não a pergunta é só sobre a questão da carência (...)

Os participantes debatem sobre o tópico: "planos de saúde" e, como subtópico, tratam da "carência dos planos de saúde". Eles encontram-se em espaços físicos diferentes, porém participam do mesmo contexto situacional; dois estão presentes na emissora, no mesmo espaço físico ocupado pela moderadora, ou seja, em situação face a face, e outros dois encontram-se nas dependências da Câmara Federal, em Brasília.

L1 seleciona um deles (L2) e lhe passa o turno, a partir da formulação da pergunta de um ouvinte ("... por que existe a carência nos planos de saúde?").

L2 responde e L3 o interrompe, em sobreposição, sem ter sido autorizado por L1 que tem o papel de moderadora a cumprir. Esta interrompe o turno de L3 e devolve-o a L2, para que este continue sua resposta.

Além de fazer cumprir seu papel nessa interação, L1 orienta o desenvolvimento do tópico, para que L3 não promova uma mudança.

Marcadores típicos da conversação podem ser localizados, por exemplo, no turno de L2 ("bom, né?"), além de marcas de hesitação ("essa::...") com a presença de alongamento – representado pelos dois pontos repetidos – e das reticências.

Sobre a língua escrita

O texto escrito tem no parágrafo uma de suas unidades de construção. Essa unidade compõe-se de um ou mais períodos reunidos em torno de ideias relacionadas. Embora não haja normas rígidas para paragrafação, a cada ideia importante deve relacionar-se um parágrafo.

O parágrafo pode ser identificado por um espaço de entrada junto à margem esquerda ou linha em branco na passagem de um parágrafo a outro e organiza-se como um microtexto com introdução, desenvolvimento e conclusão.

Examinemos, a título de exemplificação, dois textos: um, uma notícia publicada no jornal *Folha de S. Paulo* on-line e outro, um verbete extraído de uma enciclopédia.

Exemplo 5

Massa confirma teste com carro da Ferrari na segunda-feira

O piloto Felipe Massa voltará a guiar um carro de Fórmula 1 na segunda-feira, um modelo 2007 na pista da Ferrari em Fiorano, a primeira vez desde seu sério acidente, afirmou a equipe em comunicado nesta sexta-feira.

O brasileiro, que sofreu traumatismo craniano no treino de classificação do Grande Prêmio da Hungria em julho, retornou à Itália na segunda-feira e tem trabalhado no simulador há uma semana.

"Espero estar de volta em breve, mas também acho que a melhor coisa é eu voltar 100% no começo da próxima temporada. Meu sonho seria correr em Abu Dhabi, mas a possibilidade é realmente muito baixa", escreveu Massa em um chat com internautas na quinta-feira.

Ele dará a bandeirada final na corrida no Brasil na próxima semana, mas afirmou que é improvável que esteja apto a competir na última corrida da temporada, em Abu Dhabi, no mês que vem.

Nesta sexta-feira, ele passa por exames médicos sob a supervisão da FIA em Paris. Depois do fim de semana, ele estará de volta ao volante de um Fórmula 1, em um Ferrari 2007 com pneus usados na GP2.

Fonte: *FolhaOnline*, 9 out. 2009.

Exemplo 6

A água

A água é a substância mais comum na Terra. Ela não é apenas a substância mais comum na Terra, mas também, uma das mais singulares. Nenhuma outra substância pode fazer tudo o que a água é capaz de realizar. A água compõe-se de pequenas partículas chamadas moléculas. Uma gota de água contém muitos milhões de moléculas. Cada molécula, por sua vez, consiste de partículas menores ainda, chamadas átomos. As moléculas de água são compostas de átomos de hidrogênio e de oxigênio. Até a mais pura das águas contém outras substâncias além dos simples hidrogênio e oxigênio. Por exemplo, a água contém porções ínfimas de deutério, um átomo de hidrogênio que pesa mais do que o átomo ordinário do hidrogênio.

Fonte: *Enciclopédia Delta Universal.* Rio de Janeiro: Delta, 1980, v.1.

No exemplo 5, os parágrafos são curtos (tendência atual), predominantemente narrativos e desenvolvidos a partir de um *incidente*. Tem-se uma notícia sobre um fato

24 Ensino de Língua Portuguesa

real, os parágrafos desenvolvem-se sob a influência do tempo cronológico e há um procedimento: sequência de ações que se encaminham para um desfecho ou epílogo.

Marcas de coesão são evidentes, como referenciação – "ele", "o brasileiro" –, indicadores de sequenciação temporal – "nesta sexta-feira", "no mês que vem", "depois do fim de semana" – marcador de contrajunção – "mas".

Há coerência, dada pela ideia central – "Massa sofreu um acidente e se recupera" – e pelo conhecimento de mundo partilhado com os leitores. O título é uma paráfrase resumida do texto.

No exemplo 6, tem-se um parágrafo dissertativo que se inicia por uma frase núcleo (também chamada ideia-núcleo ou tópico frasal), que vai funcionar como elemento desencadeador das ideias subsequentes. A partir do segundo período o autor começa a fazer considerações sobre a composição da água, considerações estas feitas de maneira direta, sem ajuda de operadores discursivos o que se vê claramente na conclusão, consequência de tudo o que foi dito sobre a água. Os períodos são curtos, talvez pelo fato de tratar-se de um verbete de enciclopédia, obra destinada a um grande público, o que exige uma linguagem escorreita, porém simples.

O texto apresenta, ainda, alto grau de integração entre autor e leitor, que, no entanto, não ocupam o mesmo tempo e espaço no momento em que desempenham suas tarefas de elaborar e decodificar a mensagem escrita; por isso o autor não se mostra muito preocupado consigo mesmo, ou com qualquer tipo de interação direta com seu leitor e usa alguns recursos para obtenção desse efeito de distanciamento, por exemplo, a voz passiva em: "a água compõe-se de muitos milhões de partículas chamadas átomos"; "as moléculas de água são compostas de átomos de hidrogênio e de oxigênio".

Como se pode ver, a situação determina as estratégias de construção do texto e as táticas a serem adotadas em cada caso, como complexidade léxico-sintática, grau de profundidade das informações etc.

Atividades em sala de aula com oralidade e escrita

Os **PCN** de Língua Portuguesa (1998) abrem espaço para a inclusão de questões de oralidade em sala de aula; entretanto, poucos são os trabalhos que apresentam uma discussão quanto à aplicação ao ensino, como o fizeram Castilho (1998), Fávero, Andrade e Aquino (1999), Marcuschi (2001), entre outros.

Para tratar da oralidade em sala de aula, os conhecimentos em torno do conceito de língua falada e de língua

> Os PCN voltados à educação infantil (Brasil, 1998) ressaltam que as crianças estão atentas às informações que circulam nos meios familiares, na TV, seja oralmente ou pela escrita. A partir dessa observação, Romano (2004) desenvolveu um trabalho de pesquisa com crianças de 3 anos, em que procedeu a leituras resumidas e extensas de contos de fadas e observou o trabalho de paráfrase e seus resultados positivos.

escrita não são suficientes; é preciso que o professor disponha de subsídios em relação às especificidades dos textos que circulam na sociedade em domínios discursivos determinados, como o jornalístico, o acadêmico, o religioso, o jurídico etc., para que reconheça como se instaura seu processo de produção e de qual (ou quais) unidade(s) de análise se pode fazer uso para um estudo efetivo. Nessa linha de trabalho, destacamos do discurso jornalístico a análise, por exemplo, das manchetes e da linha fina (linha que surge logo abaixo da manchete e que contém a síntese da notícia).

O professor pode iniciar essa atividade lendo as manchetes das principais revistas de circulação nacional (como *Veja*, *IstoÉ*, *Época* etc.) ou de jornais (*O Globo*, *Folha de S. Paulo*, *O Estado de S. Paulo* etc.). Em seguida, pode mostrar como esses textos se estruturam, quais são suas especificidades, qual a variante linguística empregada, qual o efeito de sentido obtido com as escolhas lexicais feitas pelo enunciador.

Vejamos alguns exemplos:

- Manchetes que relembram total ou parcialmente títulos de filmes famosos:

Mudança de hábito: sacerdotes católicos adotam um visual colorido e arrojado para rezar missas.

Fonte: *Veja*, 3 mar. 1999, p. 67-8.

- Manchetes que retomam provérbios:

Devagar e sempre: Cooper, o homem que colocou o mundo para correr, recomenda moderação nos exercícios.

Fonte: *Veja*, 24 mar. 1999, p. 72-3.

- Manchetes em que se empregam norma popular, vocábulos gírios:

A pancada que vem aí. [Manchete relativa ao ajuste fiscal do governo.]

Fonte: *Veja*, 7 out. 1998, p. 40-3.

- Manchetes em que ocorrem marcas de interpelação com o interlocutor:

E agora, companheiro?

Fonte: *Veja*, 7 out. 1998, p. 34-6.

É possível localizar na escrita textos com grande aproximação da oralidade, como ocorre na notícia a seguir em que o enunciador parece dialogar com o leitor ao apresentar uma narrativa envolvente. Ao proceder à citação da voz de um dos envolvidos ("O avião não aterrissou, ele praticamente caiu no chão"), traz

26 Ensino de Língua Portuguesa

vivacidade ao texto, além de responsabilizar o outro pela veracidade dos fatos. Observe-se, ainda, a diferença entre a seleção lexical empregada pelo enunciador ("chocou-se contra o solo") e pela testemunha ("caiu praticamente no chão") na narrativa do fato:

Exemplo 7

No momento do pouso, o aparelho chocou-se violentamente contra o solo, arremessando seus 36 passageiros para a frente. Com o impacto, a aeromoça sentada no fim do corredor deu uma cambalhota junto com a cadeira em que se encontrava presa pelo cinto de segurança. "O avião não aterrissou, ele praticamente caiu no chão", contou a Veja o industrial Almir Antônio Buzon, um dos 36 passageiros a bordo.

Fonte: Simplesmente quebrou! *Veja*, 6 jan. 1999, p. 68.

Podem ser desenvolvidas atividades escritas a partir da utilização dos mesmos temas tratados durante as análises das manchetes e notícias, com o objetivo de se evidenciar como o texto escrito se estrutura, qual é o seu público alvo, qual o seu objetivo, entre outros.

Outra possibilidade é tentar elaborar com os alunos um telejornal, abordando temas (manchetes e notícias) de interesse da comunidade escolar. É produtivo observar como são adaptadas as notícias encontradas no jornal impresso para serem enunciadas em um jornal de rádio ou televisão.

Considerações finais

Há algum tempo vimos tratando de ressaltar a importância de se trabalhar com a modalidade falada e sua correlação com a escrita nas aulas de Língua Portuguesa. Desde as indagações de teóricos, como Berruto (1985), a respeito de as duas modalidades (falada e escrita) constituírem uma só ou duas gramáticas, percorremos algum espaço e intentamos apresentar ao professor noções teóricas e aplicação de atividades em sala de aula.

Hoje, já não se pode mais pensar a língua falada e a língua escrita como modalidades invariantes. É preciso levar em conta que, no interior dessas modalidades, há variações provocadas pelas condições de produção e uso da linguagem. Conforme já apontou Castilho (1998: 16) qualquer correlação que se estabeleça entre ambas as modalidades deve considerá-las "modalidades de um mesmo sistema, com ênfases diferenciadas em determinados elementos desse sistema".

Entendemos que a questão da melhoria na produção escrita de alunos nos diversos níveis de escolaridade (fundamental, médio e superior) perpassa o reconhecimento de como se processa a formulação textual da fala e da escrita e que o processo de gravação, transcrição e retextualização são etapas imprescindíveis pelas quais o aluno deve ter a oportunidade de reconhecer as especificidades de cada uma e saber utilizar marcas de uma na outra de acordo com os efeitos de sentido que queira criar. Assim, a decisão de usar marcas da oralidade na escrita será decorrente de uma escolha estratégica e não mais aleatória.

Sabemos que há uma tendência hoje para que a oralidade se apresente de modo constante no discurso escrito e esta é uma maneira eficiente de se construir um texto mais envolvente para o leitor, como observamos no discurso jornalístico que traduz, no uso das marcas de oralidade na escrita, sua manifestação de criatividade e de modernidade, buscando influenciar o leitor e criar os efeitos de sentido pretendidos.

Bibliografia

BAKHTIN, Mikhail. *Estética da criação verbal*. 2. ed. São Paulo: Martins Fontes, 1997 [1927].

BERRUTO, Gaetano Z. Per una caraterizzazione del parlato: l'italiano parlato ha un'altra grammatica? In: HOLTUS, Günter; RADTKE, Edgar (Hrsg.) *Gesprochenes Italienisch in Geschichte und Gegenwart*. Tübingen: Narr, 1985, pp. 120-53.

BRASIL. *Parâmetros Curriculares Nacionais*: Língua Portuguesa. Brasília: MEC/SEF, 1998.

CASTILHO, Ataliba T. de. *A língua falada no ensino de português*. São Paulo: Contexto, 1998.

FÁVERO, Leonor L. Coesão e coerência no texto conversacional. In: *Coesão e coerência textuais*. 10. ed. revista e atualizada. São Paulo: Ática, 2005, pp.84-99.

FÁVERO, Leonor L.; ANDRADE, Maria Lúcia C. V. O.; AQUINO, Zilda G. O. *Oralidade e escrita*: perspectivas para o ensino de língua materna. São Paulo: Cortez, 1999.

KERBRAT-ORECCHIONI, Catherine. *Les Interactions Verbales*. Tome III. Variations Culturelles et Echanges Rituels. Paris: Armand Colin, 1998.

_____. *Análise da conversação*: princípios e métodos. Trad. Carlos Piovezani Filho. São Paulo: Parábola, 2006.

MARCUSCHI, Luiz Antônio. Marcas de interatividade no processo de textualização da escrita. In: RODRIGUES, Ângela C. S.; ALVES, Ieda M.; GOLDSTEIN, Norma S. (orgs.). *I Seminário de Filologia e Língua Portuguesa*. São Paulo: Humanitas, 1999, pp.139-56.

_____. *Da fala para a escrita*: o tratamento da oralidade no ensino de língua. São Paulo: Cortez, 2001.

ROMANO, Mariusa Gasparino. *A leitura formadora*: da retenção dos recursos linguísticos à construção da oralidade. Taubaté, 2004. Dissertação (Mestrado em Linguística Aplicada) – Universidade de Taubaté.

O ingresso do texto oral
em sala de aula

Mercedes Canha Crescitelli
Amália Salazar Reis

A crise do magistério, a formação do professor, as mudanças sociais e econômicas observadas no estado de São Paulo e no país de modo geral, somadas à "transição de um paradigma científico para outro [de base gramatical para o de base linguística] colocaram os professores de Língua Portuguesa numa situação muito desconfortável com respeito a 'o que ensinar', 'como ensinar', 'para quem ensinar' e, até mesmo, 'para quê ensinar'" (Castilho, 2002: 13). Essa posição desconfortável tende a perdurar, uma vez que as mudanças no âmbito educacional costumam demorar décadas para que se observe alguma transformação. Mas, de algum modo, a década de 90 representou um avanço em muitos setores da educação no Brasil, com a Lei de Diretrizes e Bases (LDB), em 1996, e os Parâmetros Curriculares Nacionais (PCN), em 1998, por exemplo, que apontam para a necessidade de um ensino inclusivo, democrático e de qualidade.

Neste capítulo, partimos do pressuposto de que o ensino que se pretende ser desse modo deve conceber a fala como meio de respeitar a integridade da língua, já que esta se constitui pela oralidade e pela escrita e, portanto, é necessário dedicar ao ensino da oralidade o mesmo tratamento que é dado ao da escrita. Nosso objetivo é refletir sobre o ensino da oralidade e as razões pelas quais ela ainda não recebeu a atenção e o respeito que lhe é devido na escola, assim como apresentar algumas questões teórico-metodológicas e sugestões para o trabalho em sala de aula.

O texto está organizado em três partes, sendo iniciado com a abordagem da natureza grafocêntrica que ainda vigora no ensino, para depois passarmos à contribuição dos PCN no que tange à variação linguística e à produção do oral e, por fim, atermo-nos àquilo que é nosso foco, como explicitado no título.

Da visão grafocêntrica a uma outra abordagem no ensino

A escrita sempre esteve no centro das preocupações da escola, pois é por meio dela que se realiza a alfabetização. Também a análise da fala, quando ocorre em sala de aula, fica restrita aos textos escritos que recriam as falas coloquiais. A supervalorização da escrita no contexto escolar se consolidou, possivelmente, em decorrência de uma visão grafocêntrica do ensino da língua.

E essa visão vai sendo reproduzida pela instituição escolar. Como consequência preponderante, desconsidera-se a língua em sua integridade, privilegiando-se apenas uma de suas modalidades constitutivas. Assim, da forma como a escrita é colocada, o texto oral passa a ser visto como se carecesse de algo mais importante do que ele próprio para ser valorizado como objeto de estudo, sobretudo na instituição escolar. Muito provavelmente, por ser avaliado da perspectiva da sociedade letrada, o texto oral não adquire o mesmo valor e a mesma importância da escrita.

O valor conferido à escrita, na sociedade e na escola, vincula-se ainda a uma postura ideológica de grupos dominantes em determinados momentos históricos mobilizados em prol da conquista e da manutenção do poder. Sendo assim, a supremacia da escrita não se relaciona a valores intrínsecos à linguagem que, por ventura, viessem a estabelecer algum critério a favor de maior ou menor prestígio desta ou daquela modalidade da língua. Em outros termos, na base dessa questão, encontra-se a relação de poder e de prestígio social de certos grupos. Marcuschi (2000: 35-6) argumenta:

> postular algum tipo de 'supremacia' ou de superioridade de alguma das duas modalidades seria uma visão equivocada, pois não se pode afirmar que a fala é superior à escrita ou vice-versa. Em primeiro lugar, deve-se considerar o aspecto que se está comparando e, em segundo, deve-se considerar que esta relação não é homogênea nem constante. [Cronologicamente], a fala tem grande precedência sobre a escrita, mas do ponto de vista do 'prestígio social', a escrita é vista como mais prestigiosa que a fala. Não se trata, porém, de algum critério intrínseco nem de parâmetros linguísticos e sim de postura ideológica.

De fato, a questão fundamental quanto ao tratamento diferenciado dado às duas modalidades no contexto escolar é um problema de natureza valorativa, pois, se um único sistema linguístico possui duas modalidades (fala e escrita) num *continuum* de variações e se, nas mesmas condições de produção, o valor atribuído a uma modalidade é profundamente desigual ao valor atribuído à outra, tem-se uma desproporção qualitativa, uma visão grafocêntrica, inerente à sociedade contemporânea, que a escola (re)produz continuamente sem refletir sobre ela, sem a criticar.

Para finalizar esta parte, enfatizamos que obviamente o ensino da escrita é de extrema relevância, mas isso não deveria ocorrer em detrimento do ensino do oral. A escola propiciar aos alunos a análise de falas coloquiais recriadas por meio da escrita, como ocorre em textos literários, por exemplo, não apresentaria problemas, a nosso ver, mas defendemos que o ensino da oralidade também deve ser efetuado por meio da análise da fala contextualizada, em interações face a face ou em falas individuais, preferencialmente gravadas, para se verificar o funcionamento da língua viva em pleno uso, sobretudo por possibilitar o acolhimento das variantes linguísticas que chegam à escola. A esse respeito, Castilho (2000: 67) pondera:

> É evidente que não estou propondo a exclusão da língua escrita. Simplesmente estou propondo que a escola imite a vida: primeiro aprendemos a falar, depois aprendemos a escrever. Que nas reflexões escolares sobre nossa língua, acompanhemos esse ritmo, deixando de lado uma tola supervalorização do escrito sobre o oral.

A razão para defendermos essa posição é o fato evidente de a língua ser bimodal, isto é, ela se constitui de duas modalidades: a falada e a escrita.

O que dizem os PCN acerca da produção do texto oral e da variação linguística?

Tratar dos princípios dos PCN que se referem ao conteúdo de Língua Portuguesa (LP), principalmente os que dizem respeito ao ensino do texto oral e à variação linguística, também é relevante neste capítulo. Nesses Parâmetros, é proposto que o conteúdo de LP seja articulado em torno de dois eixos básicos: o dos usos da língua oral e escrita e o da reflexão sobre a língua e a linguagem. Em outras palavras, propõe-se uma perspectiva de "uso-reflexão-uso" (Brasil/MEC, 1998: 33), cujos fundamentos teóricos são de base linguística e não gramatical.

Podemos dizer que as propostas desse documento são, em síntese, as seguintes:

- o texto – oral e escrito – deve ser a unidade básica para o ensino de língua materna;
- a atividade de ensino da língua deve concentrar-se na produção de textos orais e escritos e na escuta de textos orais e compreensão de textos escritos em seus mais diversos aspectos e gêneros;
- a linguagem tem de ser compreendida em seu aspecto interlocutivo ou dialógico, quando se trata da produção de textos orais;
- a variação linguística (modalidades, variedades e registros) deve ser apresentada de modo claro e objetivo;

32 Ensino de Língua Portuguesa

- a organização estrutural dos enunciados, o léxico e as redes semânticas, o processo de construção de significação e o modo de organização dos discursos devem ser desenvolvidos didaticamente, tendo em vista as necessidades dos alunos;
- o contexto interacional escolar deve concorrer para que o aluno seja um usuário competente da linguagem e capaz de adequá-la em instância pública dialógica diversificada e complexa, a qual envolve inúmeras situações do exercício da cidadania sujeitas a avaliações;
- a escola deve assumir para si a tarefa de promover a aprendizagem de procedimentos apropriados de fala e de escuta de textos orais em contextos públicos dos mais variados.

Essa sumarização nos obrigaria a fazer muitas ponderações, mas, com o intuito de manter o foco, faremos apenas duas. A primeira é que ter o texto como unidade básica da língua significa que o ensino não deve partir de segmentos descontextualizados como palavras, frases ou sentenças. Ao contrário, deve considerar a perspectiva do conjunto que compreende o texto como evento discursivo ou entidade enunciativa, de modo que a função central dele não se fixe apenas em seu caráter informativo, de acordo com o que explica Marcuschi (2005).

A segunda ponderação é que a escola é, então, o lugar em que o ensino de língua materna deve consolidar o desenvolvimento da competência linguística interlocutiva, leitora e escritora de seus alunos, de maneira que possam interagir adequadamente em diversas instâncias sociais, que exigem constantemente uma grande variedade de gêneros orais e escritos. O lugar de ensino de língua deve valorizar a produção e a análise do texto oral, tanto quanto a do escrito, de diversas perspectivas teóricas.

O ingresso efetivo do texto oral em sala de aula

Para a escola abrir suas portas efetivamente para o ingresso do trabalho com o oral, é necessário que o docente da área de Língua Portuguesa domine pressupostos teóricos e metodológicos que lhe permitam refletir sobre o ensino da língua materna considerando as noções de variação e de mudança. Isso tornará possível a compreensão de que, ao contrário do estudo de base gramatical, o de base linguística observa a língua em *uso*, permitindo verificar como *a língua é* e não como *deve ser*.

Essa perspectiva de analisar a língua em uso é de fundamental importância para quem se preocupa em seguir as propostas dos PCN, sobretudo quando se trata de analisar a produção do texto oral contextualizado. Sobre isso, Marcuschi (2005: 24) acrescenta:

> A visão monolítica da língua leva a postular um dialeto de fala padrão calcado na escrita, sem maior atenção para as relações de 'influências mútuas' entre fala e escrita. Certamente, 'não se trata de ensinar a falar'. Trata-se de identificar a imensa riqueza e variedade de 'usos' da língua [...]. Assim, entre muitas outras coisas, a abordagem da fala permite entrar em questões geralmente evitadas no estudo da língua, tais como as de 'variações' e 'mudanças', dois pontos de extrema relevância raramente vistos.

Optamos por tratar de três perspectivas para o trabalho com oralidade em sala de aula: a da observação e análise da oralidade; a do trabalho que parte da fala para se chegar à escrita, processo que pode ser realizado por meio da retextualização e, por fim, a do trabalho especificamente com a variação linguística, entre muitas outras possibilidades.

Observação e análise da oralidade

Para tratarmos da primeira perspectiva, partimos da ideia de que o texto oral é audível, espontâneo, irrepetível e contextualizado, de modo que a gravação o transforma em um recorte de fala. Nesse recorte, a fala é bastante monitorada pelo informante, sobretudo quando se trata de uma entrevista, pela natureza assimétrica do gênero, em que o documentador (entrevistador) tem maior poder para conduzir a abordagem e o direcionamento do tema. Além disso, a presença do gravador costuma intimidar o entrevistado, mas, de modo geral, apenas nos momentos iniciais: o observador atento ou o analista conversacional sabe que os falantes vão, com o decorrer do tempo, acostumando-se à situação e passam a se sentir mais à vontade, mesmo sendo gravados.

Sugerimos que os procedimentos de gravação para análise do texto oral, pelo menos nas primeiras atividades, sejam todos realizados em sala de aula: desde a seleção do gênero oral (por exemplo, uma entrevista, um diálogo entre professor e aluno, um debate entre dois ou três interlocutores); a gravação; a transcrição. Isso significa o professor, além do giz e do apagador, levar também o gravador, sem o qual será muito difícil trabalhar. O passo seguinte ao da gravação da fala é o da sua transcrição. Um conjunto de normas já estabelecidas para se realizar a transcrição que sugerimos é o do **Projeto de Estudo da Norma Linguística Urbana Culta (NURC-SP)**, cujas normas são bem simples e fáceis de serem aplicadas.

O Projeto de Estudo da Norma Linguística Urbana Culta (SP) é coordenado por Dino Preti, na USP (cf. Preti, 2005). Além da obra citada, o professor organizou vários outros livros que tratam do oral e que trazem importantes subsídios teóricos para o trabalho em sala de aula.

34 Ensino de Língua Portuguesa

Por meio da transcrição, e tendo ouvido a gravação do **texto falado**, é possível analisar as especificidades do texto, assim como as **estratégias de sua construção** (repetição, correção, parafraseamento, parentetização, referenciação) e os fenômenos intrínsecos da oralidade (hesitação e interrupção). Quanto à organização do texto falado, o trabalho pode ser realizado por meio da análise do tópico discursivo e, ainda, do par dialógico pergunta-resposta no caso de diálogos, entrevistas e gêneros orais dessa natureza.

> Todos os aspectos da oralidade citados no parágrafo foram estudados pelo grupo de pesquisadores que analisou durante mais de uma década a organização textual-interativa do texto falado (cf. Jubran e Koch, 2006).

Estudar o texto oral de maneira contextualizada, observando sua organização e complexidade, constitui uma forma de levar o aluno a ter consciência dos traços da oralidade. Por meio da audição da gravação e da observação atenta da transcrição, o aluno pode levantar hipóteses e ajudar a sugerir possibilidades diversificadas de análise para o trabalho em sala de aula. Adquirido o conhecimento a respeito do funcionamento do texto falado, em variados gêneros orais, o aluno terá condições não apenas de se apropriar de gêneros orais e de fazer uso de suas características para um bom desempenho como falante, como também de saber evitar as marcas de oralidade no seu texto escrito, quando elas não forem convenientes (e, por outro lado, saber utilizar-se delas na escrita quando for adequado e conveniente). Subjacente a essas atividades, está o pressuposto da importância de refletir sobre as estratégias próprias do texto falado, sobre as suas formas de organização e sobre suas condições de produção.

O trabalho que parte da fala para se chegar à escrita

A segunda perspectiva diz respeito a uma outra possibilidade importante que vai da fala para a escrita. Trata-se da **retextualização**, que consiste em transformar uma transcrição de um texto falado em texto escrito. É um procedimento que envolve compreensão e interpretação da forma e do conteúdo, uma vez que muitas sequências transcritas têm de ser eliminadas, como, por exemplo, as pausas, os marcadores conversacionais, os truncamentos das frases, as repetições, as correções, as paráfrases (ou parafraseamentos), entre outros recursos expressivos da oralidade.

> Sobre retextualização, é importante ler Fávero, Andrade e Aquino (1999) e Marcuschi (2000), dos quais apresentamos apenas uma breve síntese.

As operações de transformação são basicamente:

- retirada de marcas fundamentalmente interacionais, de hesitações e de partes de palavras;
- inserção de pontuação (guiando-se pela entoação usada no oral);
- eliminação de repetições, de redundâncias e de paráfrases;

- substituição dos turnos por parágrafos sem modificação da ordem dos tópicos discursivos;
- introdução de marcas metalinguísticas para referenciação de ações e substituição dos dêiticos por verbalização acerca do contexto;
- reconstrução de estruturas truncadas e reordenação sintática;
- tratamento estilístico, alterando não só estruturas sintáticas como também seleção lexical;
- reordenação tópica do texto e da sequência argumentativa, agrupando, quando possível, argumentos.

Nessa perspectiva, é de suma importância que o trabalho seja realizado de modo que o aluno reflita sobre as diferenças encontradas, na comparação do texto falado com o texto escrito, para que delas tenha conhecimento e adquira a consciência de que ambas as modalidades de texto se organizam de modo diferente e que, em especial, tenha clareza de que uma não é melhor do que a outra, mas que atendem a situações comunicativas diversas. Também neste caso, o aluno saberá quais são as marcas de oralidade para não usá-las no texto escrito, dependendo da situação comunicativa.

O trabalho especificamente com a variação linguística

A terceira perspectiva diz respeito ao fato de, no ensino, não estarem sendo enfrentados com profundidade os temas da variação e da mudança, os quais dizem respeito à natureza da linguagem e ao uso da língua por diferentes grupos sociais, muitos deles frequentando a escola, de modo que entendemos que os seus falares precisam ser considerados material de estudo. Pode-se realizar a análise da variação das falas do professor e de seus alunos, por se tratar de um ambiente de interlocução e propício para esse estudo. A análise de níveis de falas (coloquial, comum, padrão etc.) pode ser efetuada para se comparar e verificar por que certas formas diferem e em que consistem as diferenças, assim como a variação relacionada aos diversos gêneros orais, buscando-se a natureza da variação com fundamento na Linguística, pois, pela gramática normativa, por ser ela prescritiva, muitas variantes são consideradas inadequadas, erradas e distanciadas da norma de maior prestígio.

Trabalhar com a variação linguística, por exemplo, que existe dentro da própria sala de aula possibilita refletir sobre as implicações do preconceito linguístico, muito negativas e perversas, assim como permite levar o aluno a ampliar seu conhecimento sobre variedades adequadas a situações comunicativas diferentes, conforme afirma Castilho (2002: 21):

a proposta se fixa na língua que adquirimos em família, como um ponto de partida mais autêntico. Com ela nos confundimos, e nela encontramos nossa identidade. Ver considerado na escola seu modo próprio de falar, ser sensibilizado para a aceitação da variedade linguística que flui da boca do outro, saber escolher a variedade adequada a cada situação – estes são os ideais de formação linguística do cidadão numa sociedade democrática.

É importante salientar que, seja qual for o enfoque para se analisar ou trabalhar o texto oral, em sala de aula, a decisão de todo o processo deve ser feita em grupo e com a fala espontânea. Em outras palavras, não faz sentido o professor colocar na lousa um trecho de fala transcrita ou já retextualizada que retirou de um livro, por exemplo. O objeto de estudo deve ter origem na sala de aula e a análise teórico-metodológica deve ser adequada à realidade desse contexto.

Por fim, finalizando esta parte, exemplificamos como é possível trabalhar com a produção de texto oral e escrito, com base no que expusemos, ou seja, de forma contextualizada à realidade que envolve o aluno. Apresentamos uma sugestão de atividade que poderia ser iniciada com o gênero escrito *carta*. O aluno aprenderia a lidar com a diversidade delas, como, por exemplo, carta familiar, carta social, carta comercial, mas privilegiando a carta que solicita emprego, vinculada ao gênero oral *entrevista*, por meio da qual o aluno será ou não selecionado a um cargo pretendido.

A entrevista, ao contrário da carta, é um gênero essencialmente oral, estruturalmente vinculado a uma prática social raramente incluída na atividade pedagógica, de modo contextualizado. Entendemos que, na sala de aula, deve-se submeter a entrevista às normas gramaticais, à análise de base linguística, às normas de comportamento e de papéis sociais desempenhados na sociedade, a fim de preparar o aluno minimamente para a competição do mercado de trabalho.

Evidentemente, para um jovem que vai disputar pela primeira vez um emprego, há implicações de toda ordem, inclusive de natureza linguística. E não se trata de um caso isolado. Preparar o aluno para isso é ensino contemporâneo, atualizado e comprometido com a realidade. A contratação de uma pessoa, na maioria dos casos, depende apenas e tão somente de entrevista, razão pela qual entendemos que é imprescindível prepará-lo para que tenha autonomia e competência comunicativa nessa prática social.

Pode-se começar, por exemplo, a explorar a entrevista em seus *tipos textuais*. O candidato precisa usar a *exposição* para abordar o que o levou a se candidatar àquela vaga? Como *argumentar* para atingir seus objetivos na entrevista? É adequado fazer uso de *narração*? Quando isso pode ocorrer?

Os tipos textuais exigem competência comunicativa para serem devidamente utilizados no gênero textual entrevista de emprego e, ainda, demandam competência gramatical (concordância verbo-nominal; regência verbo-nominal; uso do plural dos nomes; uso pronominal adequado, sobretudo dos pronomes de tratamento etc.), estratégias de **polidez**, trato cerimonioso, prosódia, ortoépia, escolha de vocabulário adequado etc.

> Vários estudiosos no Brasil trabalham com a polidez, ver, por exemplo, Silva (1999; 2005) e Barros e Crescitelli (2008).

Obviamente, é necessário, ainda, verificar os recursos extralinguísticos, como traje, aparência, higiene pessoal, maneira de se sentar e de agir, e recursos paralinguísticos, como gestos e postura corporal, no decorrer da entrevista profissional, específicos ao contexto.

É muito importante que a escola prepare o aluno para se sair razoavelmente bem em uma prática social da qual depende sua sobrevivência. É possível integrar os elementos teórico-pedagógicos próprios do contexto escolar (como, por exemplo, ensinar gêneros textuais, tipos textuais, regras gramaticais, escolha do vocabulário, prosódia mais adequada, recursos paralinguísticos e extralinguísticos) para que correspondam às exigências do mundo do trabalho e da cultura.

O professor, dependendo da instituição em que atua, não pode perder de vista que muitas pessoas que frequentam a escola originam-se de famílias que mantêm pouco ou nenhum contato com o mundo da escrita. Citando um exemplo, podemos dizer que uma grande parcela da população não sabe como se dirigir, por escrito, a um órgão público, quando necessita de um serviço, pois desconhece o requerimento ou o ofício, gêneros consagrados pelos letrados para esse fim. Isso também é válido para o gênero carta de solicitação de emprego.

De qualquer forma, sendo o aluno (muito ou pouco letrado) candidato a uma vaga, sabemos que um bom desempenho na hora da entrevista, utilizando a língua oral adequadamente, tem um peso decisivo. Sabe-se também que, em muitas atividades econômicas, pode-se prescindir da exigência do gênero escrito para admitir um candidato, mas nenhuma delas poderia, em tese, prescindir do gênero oral entrevista, uma vez que o contexto aí implicado é o da economia de mercado que envolve competências, produtividade, lucro, competitividade e sobrevivência. E o gênero entrevista pode representar a principal chave de entrada no mundo produtivo.

Todos nós sabemos que saber se expressar adequadamente, saber se impor pela palavra, defender um ponto de vista, saber explicar um fato, argumentar, narrar e adequar a fala às diferentes situações interacionais do dia a dia são atos que não dependem exclusivamente de alto grau de letramento, fluência na leitura, conhecimentos gramaticais, redação etc.; dependem, sobretudo, de competência comunicativa ou interlocutiva.

Com o exemplo apresentado, procuramos mostrar que, na sala de aula, o texto oral pode dividir o mesmo espaço com o texto escrito e deve ser abordado com a mesma importância. Afinal, trata-se de duas modalidades com características específicas, mas que fazem parte de um *continuum* de variação e de relações dentro de um mesmo sistema linguístico.

Considerações finais

Procuramos apontar para algumas possibilidades de trabalho com o oral em sala de aula, tendo em vista as teorias contemporâneas de base linguística, sincronizadas às propostas dos PCN, buscando contribuir para a valorização do texto oral, estando subjacentes a essa posição os seguintes princípios:

- o homem é um ser que fala; portanto, todas as práticas sociais que ele realiza decorrem da oralidade, incluindo-se a escrita;
- o ensino de oralidade não pode ser confundido com ensinar a falar, e não se restringe a isso, pois todos os falantes aprendem tudo o que todos conhecem sobre sua língua, sabendo ou não ler e escrever;
- entre fala formal e informal existem inúmeras falas ou gêneros orais em um *continuum* de variações e de inter-relações;
- entre escrita formal e informal existem inúmeros gêneros escritos em um *continuum* de variações e inter-relações;
- as línguas variam, mesmo que seus falantes não percebam, ainda que não queiram ou não aceitem esse fato, pois a variação decorre do uso da língua por diferentes grupos em uma sociedade;
- as línguas faladas não se desestruturam e não se extinguem pela variação ou "mau uso"; ao contrário, ficam enriquecidas e mais expressivas, e uma língua falada só desaparece quando seu último falante morre;
- as pessoas precisam ser compreendidas. Por essa razão, nem mesmo os estrangeiros "falam errado", quando conseguem se comunicar;
- por razões culturais, no Brasil, as pessoas querem saber como é "falar certo", isto é, de acordo com a norma padrão; sendo assim, a escola tem o dever de ensinar essa norma, mas por meio de textos orais e escritos e não somente por meio de textos escritos.

Buscamos, de acordo com o que foi apresentado, contribuir para que haja uma mudança de perspectiva, no ensino de LP, até por uma questão de coerência: se há tantas normas quantos grupos sociais existem, o ensino de língua deveria partir do que se fala, da compreensão do processo de variação e mudança da língua, para então se direcionar ao ensino da fala em norma padrão e ao da escrita, em todas as suas variantes. O papel do professor é, sem dúvida, fundamental para que isso ocorra, uma vez que ele deverá se capacitar em relação a esses "novos" objetos de ensino. E não poderia ser diferente em razão de o seu objeto de trabalho estar em permanente mudança.

Além disso, enfatizamos que uma formação de base linguística é fundamental para o tratamento da oralidade no ensino de Língua Portuguesa. Se, por um lado, muitos professores não entraram em contato com conhecimentos suficientes na área de Linguística no período em que frequentaram a faculdade, por outro, poderão ler, por conta própria, a respeito das novas teorias da linguagem; poderão atualizar-se nos bons cursos de pós-graduação *lato sensu* e *stricto sensu* existentes e cursos de extensão ou mesmo poderão receber capacitações, para quem atua na rede pública municipal ou estadual, realizadas pelas secretarias de educação. Isso é muito importante para a sua atuação em sala de aula.

Acreditamos que, em se criando condições e metodologias específicas ao estudo do texto oral, vivo, audível e contextualizado, essa modalidade de língua adquirirá, paulatinamente, o mesmo respeito e prestígio que o texto escrito adquiriu no âmbito escolar e fora dele.

Bibliografia

BARROS, Kazue S. M. de; CRESCITELLI, Mercedes Fátima de C. Prática docente virtual e polidez na interação. In: MARQUESI, Sueli; ELIAS, Vanda; CABRAL, Ana Lúcia (orgs.). *Interações virtuais*: perspectivas para o ensino de Língua Portuguesa a distância. São Carlos: Claraluz, 2008, pp. 73-92.

BRASIL. Ministério da Educação e Cultura (MEC). *Parâmetros Curriculares Nacionais*: terceiro e quarto ciclos do ensino fundamental - Língua Portuguesa (5ª-8ª séries). Brasília: Secretaria de Educação Fundamental (SEF), 1998.

CASTILHO, Ataliba T. de. Seria a língua falada mais pobre que a língua escrita? *Impulso*, v.12, n. 27, 2000, pp. 59-72. Disponível em: <www.unimep.br>. Acesso em: 19 maio 2006.

_____. *A língua falada no ensino de português*. 4. ed. São Paulo: Contexto, 2002.

CRESCITELLI, Mercedes Fátima de C. Hesitação e interrupção do ponto de vista interacional. *Investigações. Linguística e Teoria Literária*, vol. 21, n. 2, jul/2008. Recife: Ed. Universitária da UFPE, 2009.

FÁVERO, Leonor L.; ANDRADE, Maria Lúcia C. V. O.; AQUINO, Zilda G. O. de. *Oralidade e escrita*: perspectivas para o ensino de língua materna. 5. ed. São Paulo: Cortez, 1999.

JUBRAN, Clélia C. A. S.; KOCH, Ingedore G. V. (orgs.). *Gramática do português culto falado no Brasil*: construção do texto falado. Campinas: Ed. Unicamp, 2006.

MARCUSCHI, Luiz Antônio. *O tratamento da oralidade no ensino de língua*. Recife, 1993. Tese de Titularidade – Universidade Federal de Pernambuco.

_____. *Da fala para a escrita*: atividades de retextualização. 4. ed. São Paulo: Cortez, 2000.

_____. Oralidade e ensino de língua: uma questão pouco falada. In: DIONÍSIO, Ângela P.; BEZERRA, Maria Auxiliadora (orgs.). *O livro didático de português*: múltiplos olhares. 3. ed. Rio de Janeiro: Lucerna, 2005, pp. 21-34.

OLIVEIRA, Kelly Cristina de. *O uso de estratégias argumentativas em entrevistas de seleção*. São Paulo, 2007. Dissertação (Mestrado em Filologia e Língua Portuguesa) – Universidade de São Paulo.

PRETI, Dino (org.) *Diálogos na fala e na escrita*. São Paulo: Humanitas, 2005. (Projetos Paralelos NURC/SP, v. 7)

REIS, Amália S. dos. *Oralidade e ensino na rede pública paulista*. São Paulo, 2007. Dissertação (Mestrado em Língua Portuguesa). Pontifícia Universidade Católica de São Paulo.

SILVA, Luiz Antonio. Polidez na interação professor/aluno. In: PRETI, Dino (org.) *Estudos de língua falada*: variação e confrontos. 2. ed. São Paulo: Humanitas, 1999, pp. 109-30. (Projetos Paralelos NURC/SP, v. 3)

_____. O diálogo professor/aluno na aula expositiva. In: PRETI, Dino (org.). *Diálogos na fala e na escrita*. São Paulo: Humanitas, 2005, pp. 19-43. (Projetos Paralelos NURC/SP, v. 7)

SOUZA, Lynn Mario T. M. Para uma ecologia da escrita indígena: a escrita multimodal Kaxinawá. In: SIGNORINI, Inês (org.). *Investigando a relação oral/escrito e as teorias do letramento*. Campinas: Mercado de Letras, 2001, pp. 167-92. (6ª reimpressão em 2006).

Oralidade, política
e direitos humanos

Anna Christina Bentes

Muito se fala sobre a importância de se desenvolver habilidades orais na escola. Que pais e/ou familiares não gostariam de dizer que seus filhos/filhas, netos/netas, sobrinhos/sobrinhas falam bem em público e/ou se dirigem de forma polida ("educada") a outras pessoas em situações de interação fora do ambiente familiar? Quantos professores e quantas professoras não gostariam de dizer que a esmagadora maioria dos seus alunos observa um tratamento genuinamente respeitoso e polido ao se dirigir a ele/ela e/ou aos seus colegas em sala de aula? Quantos estudantes (crianças, jovens e adultos) não gostariam de apenas ser saudados de forma digna por seus colegas, ou ainda, não gostariam de ter a experiência de ter conversas (banais ou importantes) com seus colegas e professores, sendo quem são, morando onde moram, tendo a aparência que têm, falando com o seu sotaque?

Considerando apenas essas três perguntas envolvendo atores e situações sociais específicos (pais, filhos, professores, alunos, colegas, em situações de interação pública), gostaria de discutir, muito brevemente, neste texto, o seguinte argumento: em uma sociedade como a nossa, que reivindica para si a qualificação de democrática, o exercício orientado de determinadas práticas orais na escola (mas também fora dela) precisaria estar pautado pelos princípios da igualdade de todos perante a lei, da liberdade de expressão e da fraternidade de uns para com os outros.

A presença do verbo "precisar" no futuro do pretérito é necessária, a meu ver, porque acredito ainda estarmos longe dessa meta. Ao longo deste capítulo, pretendo apresentar alguns argumentos que justificam esse diagnóstico e formular propostas gerais sobre como reforçar o compromisso, principalmente dos professores de Língua Portuguesa, mas não só, com os princípios fundamentais presentes na

Declaração Universal dos Direitos Humanos (DUDH) quando da orientação e do exercício das práticas orais na sala de aula.

Acredito que somente uma proposta com essas características será capaz de possibilitar tanto a emergência de atitudes reflexivas nos cidadãos aprendizes sobre suas próprias práticas linguageiras como possíveis ajustes e mudanças em seus comportamentos e práticas no campo da oralidade. Assim, este capítulo se organiza da seguinte forma: uma breve exposição sobre a questão da Educação em Direitos Humanos, seguida de alguns pressupostos sobre os aspectos públicos e políticos que devem envolver o exercício orientado das práticas orais na sala de aula e algumas propostas gerais de trabalho com a oralidade em sala com base nos princípios e pressupostos apresentados.

Sobre a Educação em Direitos Humanos (EDH)

A Assembleia Geral da Organização das Nações Unidas (ONU) proclamou, em 10 de dezembro de 1948, a Declaração Universal dos Direitos Humanos (DUDH), composta de 30 artigos. Em seu primeiro artigo, define-se: "todas as pessoas nascem *livres* e *iguais* em dignidade e em direitos. São dotadas de razão e de consciência e devem agir em relação umas às outras com *espírito de fraternidade*". Naquele ano, aderiram à DUDH apenas 48 Estados-Nação. Atualmente, 184 dos 191 países membros da comunidade internacional são signatários da Declaração.

No balanço dos 60 anos de vida da DUDH, comemorado em 2008, Frei Betto, frade dominicano e ativista político das causas sociais brasileiras, constata um paradoxo: ao mesmo tempo em que há uma popularização do tema dos direitos humanos, estamos cotidianamente confrontados com "hediondas violações desses mesmos direitos, agora transmitidas ao vivo, via satélite, para as nossas janelas eletrônicas". Em suas reflexões, destaca que "o que assusta e preocupa é o fato de, entre os violadores, figurarem, com frequência, instituições e autoridades – governos, polícias, tropas destinadas a missões pacificadoras etc. – cuja função legal é zelar pela difusão, compreensão e efetivação dos direitos humanos".

Segundo Giuseppe Tosi, estudioso do tema e militante dos Direitos Humanos no Brasil, ao ser proclamada, a Declaração Universal dos Direitos Humanos reafirmou o conjunto de direitos das revoluções burguesas (direitos de liberdade, ou direitos civis e políticos) e os estendeu a uma série de sujeitos que anteriormente estavam deles excluídos, com a proibição da escravidão, a proclamação

> "A consagração moderna de direitos humanos tem origem na emergência do conceito de Soberano, aquele a quem todos devemos obediência e que ele próprio não deve obediência a ninguém. Uma questão enfrentada pelos fundadores do pensamento moderno foi a indagação se os indivíduos que deram origem ao Soberano têm direitos sob o regime de sociedade e, caso positivo, quais direitos possuem. As respostas oferecidas estabelecem a versão moderna de direito natural, como um direito que acompanha o cidadão e que não pode ser suprimido em nenhuma circunstância."
> (Maués e Weyl, 2007: 4)

dos direitos das mulheres, a defesa dos direitos dos estrangeiros etc. Além disso, afirmou também os direitos da tradição socialista (direitos de igualdade, ou direitos econômicos e sociais), estranhos à tradição liberal, e introduziu os direitos de solidariedade internacional, influenciados pelo cristianismo social.

Para os objetivos de nossa discussão neste capítulo, o que importa são duas dimensões da DUDH apontadas por Tosi em sua exposição: a dimensão ética e a dimensão política.

A dimensão ética diz respeito ao fato de que os direitos humanos, quando estabelecem o significado social de que a liberdade e a igualdade são inerentes à natureza de cada ser humano, pelo reconhecimento de sua intrínseca dignidade, tornam-se mais do que direitos, tornam-se "'um conjunto de valores éticos universais' que estão 'acima' do nível estritamente jurídico e que devem orientar a legislação dos Estados."

A dimensão política diz respeito tanto ao fato de que, "como conjunto de normas jurídicas, os direitos humanos tornam-se critérios de orientação e de implementação das políticas públicas institucionais nos vários setores", como ao fato de que "o Estado assume o compromisso de promover os direitos fundamentais, tanto do ponto de vista 'negativo', isto é, não interferindo na esfera das liberdades individuais dos cidadãos, quanto do ponto de vista "positivo", implementando políticas que garantam a efetiva realização desses direitos para todos".

Em relação a esse segundo aspecto, apesar de o ordenamento jurídico do Estado brasileiro, desde a promulgação da Constituição de 1988 e da Lei de Diretrizes e Bases (LDB) de 1996 dela decorrente, consagrar o direito de acesso ao ensino fundamental, obrigatório e gratuito, Dias (2007: 448) chama a atenção para o fato de que "o quadro do acesso à educação básica ainda guarda a marca histórica da exclusão da maioria da população brasileira aos direitos básicos" e que a efetividade do direito à educação em termos de garantia de acesso, permanência e qualidade de ensino ainda está por acontecer.

44 Ensino de Língua Portuguesa

Considerando a visão de que a educação brasileira ainda está longe de garantir o **artigo XXVI da DUDH**, principalmente no que diz respeito à *permanência dos alunos na escola* e à *qualidade da educação ofertada*, Dias (2007: 452) afirma que "o respeito à igualdade e, ao mesmo tempo, à diversidade existente entre os seres e os grupos humanos é indispensável para assegurar a igualdade sem aniquilar as diferenças".

> Artigo II da Declaração Universal dos Direitos Humanos: Toda pessoa tem capacidade para gozar os direitos e as liberdades estabelecidos nesta Declaração, sem distinção de qualquer espécie, *seja de raça, cor, sexo, língua, religião, opinião política ou de outra natureza, origem nacional ou social, riqueza, nascimento, ou qualquer outra condição.*

> Artigo XXVI da Declaração Universal dos Direitos Humanos: 1. Toda pessoa tem direito à instrução. A instrução será gratuita, pelo menos nos graus elementares e fundamentais. A instrução elementar será obrigatória. A instrução técnico-profissional será acessível a todos, bem como a instrução superior, esta baseada no mérito. 2. A instrução será orientada no sentido do pleno desenvolvimento da personalidade humana e do fortalecimento do respeito pelos direitos humanos e pelas liberdades fundamentais. A instrução promoverá a compreensão, a tolerância e a amizade entre todas as nações e grupos raciais ou religiosos, e coadjuvará as atividades das Nações Unidas em prol da manutenção da paz. 3. Os pais têm prioridade de direito na escolha do gênero de instrução que será ministrada a seus filhos.

Assim, um princípio metodológico importante dessa perspectiva é a possibilidade de construção e formação de sujeitos capazes de conhecer, respeitar e solidarizar-se com as **diferenças**. Concordamos com a análise da autora de que as altas taxas de evasão escolar estão diretamente relacionadas ao tratamento inadequado conferido ao fenômeno da diversidade social, cultural e linguística presente na sala de aula.

Um exemplo dessa incapacidade de a instituição escolar acolher e enfrentar de maneira mais efetiva as diferenças e de ser capaz de influenciar e/ou modificar as subjetividades da maioria dos membros de sua comunidade a partir da assunção radical dos princípios éticos básicos preconizados na DUDH é o fato de essa mesma instituição continuar a ser palco de constantes violações da dignidade humana, perpetradas, por exemplo, por grupos de alunos que, por meio do assédio aos sujeitos considerados "fracos" ou "merecedores de tratamentos violentos e humilhantes", impõem a todos um regime de ações sociais na sala de aula e fora dela de base totalitária e violenta. Esse poder paralelo exercido por um (ou mais) grupo(s) de alunos sobre, em geral, um único indivíduo, é um exemplo do tipo de experiência negativa de socialização proporcionada pela instituição escolar. Nesse caso, a violência social emerge da percepção de uma *diferença* qualquer socialmente construída como estigmatizada ("ser gordo", "ser negro", "ser tímido", "ser homossexual", "ser feio", "ser forasteiro" etc.) que precisa ser submetida à força, que precisa ser vista por todos como "lixo", como não humano, que precisa até mesmo ser aniquilada. Para além desse, sabemos que há outros exemplos do mesmo tipo de experiência social negativa dentro da escola envolvendo outros atores e que essas experiências são fortes o suficiente para provocar nos sujeitos (professores, alunos, funcionários) um sentimento de descrença e de solidão que os paralisa e somente reforça práticas autoritárias e violentas em diversos níveis.

Outros estudiosos do campo da educação afirmam que, no contexto das grandes desigualdades sociais do Brasil, que geram muita violência social e simbólica, para se dar conta dos problemas da permanência do aluno na escola e da qualidade do ensino ministrado, a escola brasileira precisaria repensar os seus príncipios metodológicos e adotar princípios que há muito vêm sendo assumidos pela educação popular: a dialogicidade, a solidariedade, a autonomia, a indignação e a discursividade.

Para tanto, uma postulação importante é a de Carlos Estêvão, em seu texto *Direito à educação: para uma educação amiga e promotora dos direitos*, a saber, a de "uma educação cosmopolítica, capaz de potenciar relações humanas dignas, solidárias e justas, assumindo a sua politicidade intrínseca".

Um primeiro diferencial dessa proposta do autor é a concepção de aprendente/aprendiz como cidadão de direitos. Isso implica uma nova visão, por parte dos educadores, de quem são seus alunos. Segundo Estêvão, esses aprendentes/aprendizes de uma escola cosmopolítica *não* são os sujeitos aos quais se imputa individualmente a responsabilidade pelo seu fracasso na escola, sendo que esse fracasso, segundo o autor, leva "a uma atitude de um certo desprezo de si e dos outros, ou a retirar-se da vida coletiva, ou à prática da violência". Bem ao contrário, os aprendentes/aprendizes dessa nova escola tomam a consciência de que são cidadãos frente a um outro cidadão, também "detentor de direitos, seja esse outro próximo ou distante, nacional ou apátrida, branco ou de cor, homem ou mulher, homo ou heterossexual". Que fique bem claro que este "outro" pode ser qualquer um, mas, principalmente, para os objetivos de nossa discussão aqui, são os atores sociais envolvidos no processo educacional formal, professores, funcionários da escola, colegas, autoridades escolares. Essa é, para o autor, a caracterização social mais geral dos participantes das diversas práticas sociais, incluindo-se, aqui, as práticas de linguagem, no interior de uma escola comprometida com a justiça social, o que necessariamente implica uma visão igualitária dos sujeitos, principalmente no que diz respeito à dignidade humana e à cidadanização dos direitos.

Outra questão central na reflexão do autor é o caráter humanizador da educação, de um modo geral, e, mais especificamente, dos processos de produção do conhecimento. Esse caráter humanizador pode ser observado na busca pelo estabelecimento de uma "ética cívica", voltada para um tipo de globalização ainda pouco percebido e defendido, caracterizado pelo diálogo intercultural, possibilitador da elaboração de normas, mas de um tipo especial de norma: aquela que capacite os sujeitos para o exercício da solidariedade, do reconhecimento da igualdade na diferença e da defesa da dignidade humana.

Por fim, as postulações do autor nos colocam frente a frente com o maior desafio de nossos tempos, principalmente nesse momento histórico pelo qual passa o Brasil, de grandes possibilidades de maior desenvolvimento econômico:

46 Ensino de Língua Portuguesa

o de não reduzir os objetivos dos processos educacionais formais a uma qualificação técnica (necessária, mas não descolada de uma visão igualitária e solidária das relações sociais e de trabalho) e/ou a um contundente "apartheid" entre os processos educacionais formais e a dinâmica da vida social, entre a aquisição de uma educação formal e o desenvolvimento de uma maior consciência de si e das enormes desigualdades que ainda caracterizam o mundo social em que vivemos.

Para os propósitos deste capítulo, o importante até aqui foi apresentar um conjunto de pressupostos e de formulações que possam dar base para uma breve discussão sobre o papel da oralidade na escola e sobre possíveis práticas didáticas norteadas pelos princípios e, por que não, pelos muitos conteúdos que podem ser derivados da Educação em Direitos Humanos (EDH).

A natureza pública e política das práticas orais na esfera escolar e na aula de Língua Portuguesa

Para iniciar uma breve apresentação da natureza pública e política das práticas orais na esfera escolar, cumpre fazer alguma descrição mais geral dessa esfera em termos de sua configuração política, organizacional e comunicativa. Assim, volto a valer-me do texto de Carlos Estêvão, que postula que a escola, engajada na promoção e na vivência dos valores da liberdade, da justiça, da igualdade, da solidariedade, da cooperação, da tolerância e da paz, terá de ser reconsiderada da seguinte forma:

> como uma organização democrática, que normativamente se afirme como uma organização deliberativa e comunicativa, mobilizadora de uma racionalidade comunicativa e emancipatória, assente num diálogo visando acordos que só serão justos se respeitarem certos princípios, tais como: o princípio da sinceridade e da intencionalidade comunicativa de entender-se com o Outro; o princípio da inclusão ou da participação de todos na discussão dos assuntos que lhes dizem respeito; o princípio da reciprocidade (podendo ser assimétrica); o princípio de que os interesses têm de estar abertos à revisão argumentativa e responder aos interesses gerais; o princípio do respeito pela diferença e singularidade do Outro; e o princípio da emocionalidade ou da sentimentalidade que obriga a nos tornarmos mais sensíveis aos afectos e ao cuidado.

Os pressupostos do autor parecem ser o de que a atual instituição escolar pauta-se por valores e princípios diferentes dos que enumera quando fala de sua natureza política: uma organização democrática. Assim, podemos dizer que as práticas sociais no interior da escola atual parecem carecer de reciprocidade, sinceridade, interesse público, emoção, sensibilidade e de uma comunicação mais genuína e racional. Mas se é assim, podemos dizer que apenas os sujeitos (individualmente, em função de percurso sociocultural muito próprio) que conseguem superar a experiência de socialização pouco acolhedora que a instituição escolar sistematicamente lhes proporciona é que conseguem tornar-se cidadãos solidários e com capacidade de respeitar e conviver com as diferenças sociais. Nesse sentido, parece que a instituição escolar como um todo não tem conseguido nos aparelhar para que esse objetivo seja alcançado, como se ele fosse um objetivo descolado de outros mais gerais, como o do aumento de determinadas capacidades específicas, como as de leitura e escrita.

Com isso, não queremos dizer que não existam iniciativas concretas no âmbito da instituição escolar que quebrem esse paradigma. Mas essas iniciativas são exceções e não têm conseguido se transformar em práticas consistentes e generalizadas, mais de acordo com os esforços que vêm sendo empreendidos pelas diversas forças sociais que configuram as políticas públicas de educação e que podem ser exemplificadas pela implementação dos Parâmetros Curriculares Nacionais (PCN), em 1997. As contradições a que a instituição escolar encontra-se submetida revelam que a nossa luta hoje, no campo da educação, não é mais pela fundamentação dos direitos humanos, mas por sua proteção e implementação (Bobbio, 1992, apud Dias, 2007: 449).

É nesse quadro mais geral que se inserem as práticas de linguagem oral na escola, num quadro de grandes dificuldades de implementação de práticas educativas que levem as pessoas a serem mais solidárias, tolerantes, sem, no entanto, perder a capacidade crítica e de indignação com relação às injustiças sociais.

Um dos mais importantes objetivos do ensino de língua materna é fazer com que os alunos sejam produtores de textos, ou seja, de artefatos textuais que apresentem um sentido global. Um outro importante objetivo é desenvolver uma atitude reflexiva sobre as práticas de linguagem. Na tradição de estudos linguísticos sobre as relações entre processos e práticas educativas e produção de linguagem, afirma-se fortemente que as produções textuais precisam ser significativas, ou seja, precisam fazer sentido tanto para quem produz como para quem escuta/lê aquela produção textual. Afirma-se também que o engajamento em uma atitude mais sistematicamente reflexiva e crítica sobre sua própria linguagem e a linguagem do outro é fortemente influenciado pela imersão dos sujeitos em práticas de linguagem que sejam significativas para eles.

Dois aspectos são importantes então, quando se trata de discutir a natureza pública e política das práticas orais na escola: o primeiro é sobre o que falar; o segundo é o como falar. Os dois aspectos encontram-se entrelaçados e nas aulas de Língua Portuguesa eles podem e devem ser objeto de constante reflexão por parte dos alunos e dos professores conjuntamente.

48 Ensino de Língua Portuguesa

Tentarei discorrer, a partir de agora, sobre esses dois aspectos, considerando-os intrinsecamente relacionados. Tomemos como princípio para o critério da seleção dos temas a serem discutidos em sala de aula o do interesse público. Que temas, então, seriam de interesse público e, consequentemente, seriam significativos para os sujeitos envolvidos? Em geral, os currículos escolares, segundo Estêvão, apresentam-se "sem sexo ideológico, pretensamente neutrais, ou então imbuídos de valores de plástico". Essa imagem proposta pelo autor é interessante porque nos leva à conclusão de que, sem as discussões de conteúdo ético, não se constrói um sujeito ético, preocupado com a sua mais justa possível inserção no mundo e também com essa justa inserção para todos. Consequentemente, não se constrói um sujeito preocupado com o sucesso das interações das quais é participante ativo.

Nas aulas de Língua Portuguesa, o exercício da palavra pública pode tornar-se extremamente significativo (e não apenas uma tarefa a ser cumprida) para os que tomam a palavra e para aqueles que vão ouvir alguém falar. A meu ver, só é possível desenvolver as necessárias disciplinas do silêncio, da escuta atenta de outrem e da reflexão sobre o que o outro fala, se os temas a serem tratados forem envolventes, instigantes, polêmicos, de interesse público. Também não vamos desenvolver as necessárias disciplina e polidez nas interações se não formos imersos no universo no qual se forjam polêmicas e disputas de sentido a serem necessariamente resolvidas de forma cordial e racional.

Para se contrapor aos "valores de plástico" que estão na base dos comportamentos violentos perpetrados por indivíduos de todas as classes sociais, a escola, e mais precisamente, o professor de Língua Portuguesa, precisaria se comprometer mais expressivamente com o exercício da palavra ética, da palavra cidadã.

Uma proposta seria a de que a diversidade de temas possível de ser trabalhada ao longo de um ano inteiro de forma sistemática e contínua pudesse assumir, por exemplo, o compromisso com uma noção mais substantiva de justiça social. Em inúmeras análises sobre a conjuntura global, afirma-se que nossa sociedade "globalizada" e pós-moderna caracteriza-se por responsabilizar o pobre por sua própria pobreza. Uma excelente descrição dessa imagem é feita por José Augusto Lindgren Alves, diplomata, Cônsul-geral do Brasil em São Francisco, Estados Unidos, ex-Diretor-geral do Departamento de Direitos Humanos e Temas Sociais do Ministério das Relações Exteriores:

> Enquanto para a sociedade de classes, da 'antiga' modernidade, o proletariado precisava ser mantido com um mínimo de condições de subsistência (daí o *Welfare State*), para a sociedade eficientista, da globalização pós-moderna, o pobre é responsabilizado e estigmatizado pela própria pobreza. Longe de produzir sentimentos de solidariedade, é associado ideologicamente ao que há de mais visivelmente negativo nas esferas nacionais, em escala planetária:

superpopulação, epidemias, destruição ambiental, vícios, tráfico de drogas, exploração do trabalho infantil, fanatismo, terrorismo, violência urbana e criminalidade. As classes abastadas se isolam em sistemas de segurança privada. A classe média (que hoje abarca os operários empregados), num contexto de insegurança generalizada, cobra dos legisladores penas aumentadas para o criminoso comum. Ou, sentindo os empregos e as fontes de remuneração ameaçadas, recorre a 'bodes expiatórios' na intolerância contra o 'diferente' nacional – religioso, racial ou étnico – ou contra o imigrante estrangeiro (às vezes simplesmente de outra região do país). Anulam-se, assim, os direitos civis.

Como esse tema, o da enorme desigualdade social que perdura e infelizmente constitui o nosso mundo social, pode estar fora das discussões das aulas de Língua Portuguesa? Alguém poderia responder que isso é um perigoso "doutrinamento ideológico". Ou ainda poder-se-ia argumentar que os alunos "não estão preparados para esses temas". Ou ainda, também poder-se-ia dizer que os temas das aulas de Língua Portuguesa precisam apresentar o mundo em sua face positiva, alegre, "pra cima", como uma vez me disse um professor na ocasião em que eu defendia a leitura e interpretação de uma letra de rap do grupo Racionais MCs, intitulada "Tô ouvindo alguém me chamar", que narra de maneira autobiográfica a vida de um sujeito desde que ele decide tornar-se um criminoso até o dia de sua morte. Ou ainda poder-se-ia argumentar que essas populações não desejam discutir os seus problemas, já que estes fazem parte de seu cotidiano. À escola, caberia, nessa visão, a tarefa de dar oportunidade aos sujeitos de "abrir os seus horizontes", de falar de outros temas.

Para refutar esses posicionamentos, devo dizer, em primeiro lugar, que estou aqui assumindo o ponto de vista de que os temas possíveis de serem trabalhados a partir da DUDH reforçam o conhecimento, a elaboração e a consolidação dos rigorosos princípios éticos defendidos na Declaração e que norteiam a elaboração de políticas públicas (nos níveis federal, estadual e municipal) nas diferentes áreas (educação, saúde, cultura etc.).

Sendo assim, o sistemático e progressivo enfrentamento de um tema como, por exemplo, o da desigualdade social ao longo de todas as séries do ensino fundamental, nas aulas de Língua Portuguesa, poderia trazer resultados muito efetivos, já que o preconceito contra os sujeitos oriundos das classes menos favorecidas atravessa a sociedade brasileira de norte a sul do país, está fortemente presente na escola e é constantemente reforçado pela mídia de maneira mais direta (programas de humor) ou de forma mais sutil, pela constante divulgação de imagens e discursos que corroborem a postulação do cônsul brasileiro referida acima.

A meu ver, é impossível que esse tema não tenha um apelo para os alunos, sejam eles oriundos ou não de classes economicamente desfavorecidas. O que acontece, muitas vezes, é que falar de, dar depoimentos sobre e/ou comentar o

50 Ensino de Língua Portuguesa

desprestígio de sua própria condição social é algo também muito difícil. Para que as crianças, os jovens e até os adultos falem sobre os preconceitos, as injustiças e as violências cotidianamente sofridas por muitos deles e/ou por seus próximos (pai, mãe, outros parentes, vizinhos) e até para que reflitam sobre essa condição é preciso que, em primeiro lugar, essas pessoas se sintam acolhidas, sintam que serão merecedoras de respeito mesmo pertencendo a esses grupos sociais socialmente desprestigiados. Nossas salas de aula, infelizmente, ainda não se transformaram nesses lugares de acolhimento e de respeito às diferenças.

Uma forma interessante de dar vazão a esse "grito sufocado na garganta" de muitos alunos e professores e de dar a conhecer problemas que, para alguns, podem ser inexistentes, seria assistir a outros falarem sobre o tema. Especialistas como defensores públicos, juízes, promotores de justiça, psicólogos sociais, assistentes sociais, sociológos, antropólogos, médicos de família, artistas, músicos, políticos, policiais, escritores, funcionários públicos dos mais diversos órgãos do governo, jornalistas e uma gama enorme de profissionais da comunidade, engajados na construção de uma sociedade mais justa, poderiam fazer palestras, ao longo do ano, para cada turma, como uma **aula**, com o objetivo de tentar traduzir para o público de estudantes de ensino fundamental (inclusive das séries iniciais), numa linguagem que procurasse ser próxima, e que, ao mesmo tempo, fosse séria e firme, suas experiências, como pessoas e como profissionais no enfrentamento das desigualdades sociais que permeiam as relações entre os sujeitos em todos os espaços públicos de nosso país. Ao mesmo tempo, essas palestras poderiam servir como uma sensibilização para outras atividades didáticas.

> A proposta pode ser adaptada para grandes auditórios, reunindo turmas inteiras, mas, em princípio, seria muito interessante começar com uma experiência de maior proximidade entre os alunos e o ilustre convidado. Eles teriam a experiência de ouvir "de perto" uma autoridade da sociedade falando para eles, "olho no olho". Isso os levaria a desenvolver um senso de responsabilidade em relação à própria performance do visitante, afinal, não se pode convidar alguém para visitar o seu espaço e depois, simplesmente, "virar as costas" para o convidado.

Se os aprendizes fossem sistematicamente expostos a eventos como esses, dentro de sua sala de aula, eles desenvolveriam várias habilidades: a primeira delas, a de escutar, prestar atenção, se interessar de verdade por práticas que são típicas da cultura escolar, como a de ouvir alguém falar sobre um assunto que é de sua especialidade e a de perguntar e/ou comentar sobre o que foi falado. Desenvolver a habilidade de uma escuta mais focada e disciplinada, mas também genuinamente interessada é algo que se dá se e somente se somos expostos sistemática e organizadamente a tal prática. Lembramos ainda que a escuta é uma parte constitutiva de toda prática oral: alguém fala para um outro escutar que, por sua vez, também quer replicar, falar. Essa natureza social, dialogal das práticas orais pode e deve ser trabalhada na escola mas, a meu ver, no que diz respeito a sua face pública com vistas ao desenvolvimento de uma consciência mais aprofundada sobre a importância da tomada da palavra em público e de seu poder arrebatador, desconcertante, sedutor, envolvente, enfim.

Uma segunda habilidade trabalhada, caso os alunos sejam sistematicamente imersos em situações comunicativas como essas, é aquela relacionada ao ato de se expor oralmente, por exemplo, fazendo uma pergunta, pedindo uma explicação, fazendo um comentário elogioso ou crítico. Isso implica um exercício muito interessante que envolve uma série de ajustes e planejamentos em relação à fala:

- como interpelar uma autoridade na frente de uma plateia;
- como modular a voz de forma que ela seja ouvida por todos mas sem ser exageradamente alta;
- como começar e terminar o seu comentário ou a sua pergunta de forma polida;
- como controlar o tempo de sua fala;
- como se posicionar corporal e gestualmente (levantar da cadeira ou não, fazer muitos gestos enquanto fala ou não);
- o que dizer para elogiar a fala do palestrante ou para fazer um comentário crítico sobre ela.

Uma terceira habilidade trabalhada quando se promove esse tipo de experiência é a de se debater o assunto depois que o convidado se retira. Esse debate pode ocorrer entre os alunos que se interessarem por fazê-lo e ser mediado pelo professor. Mas esse debate também pode ocorrer espontaneamente entre os alunos, fora da sala de aula. Isso não seria o mais desejado por todos nós, professores, os alunos se interessando em falar sobre um tema mais geral e que vai contribuir para sua formação como cidadão?

Assim, quando defendemos que o eixo do ensino de oralidade deve pressupor a natureza pública e política das práticas orais na escola, estamos necessariamente falando do estabelecimento de diálogos mais constantes entre a comunidade escolar e a sociedade, da promoção de maiores e mais efetivos espaços e tempos de diálogos intramuros da escola: diálogos dos alunos entre si, entre alunos e professores, dos professores entre si, sempre organizados, mediados pelo professor e focados nos princípios éticos da igualdade na diferença, da solidariedade e da liberdade de expressão. Sabemos que essa equação, no interior da escola, é de difícil resolução. Mas a produção do conhecimento na escola e toda a cultura dela derivada só vão ser significativos para a maioria dos sujeitos se a agenda dessas "conversas", desses diálogos for organizada em torno da construção de uma ética pública e de um sentimento de cidadania a ser experienciado por cada um dos participantes.

Outras práticas interessantes para se promover o debate sobre temas concernidos com a construção e a consolidação de princípios éticos mais globais, centrados na crença da dignidade de todo ser humano e em exercícios de solidariedade, são as de assistir a filmes e a de ler obras literárias. Ambas são experiências fundamentais no percurso de transformação dos indivíduos em cidadãos (cf. Bentes, 2004a, 2004b).

Por fim, os temas podem ser difíceis, mas há inúmeras formas de enfrentá-los. Uma delas é propiciar o conhecimento dos alunos sobre experiências de sucesso de educação não formal que envolvem os sujeitos em práticas orais de natureza pública e política.

Uma experiência de sucesso que envolve a produção e a recepção de textos literários poéticos é o sarau da Cooperifa. Segundo Sérgio Vaz, o sarau da Cooperifa nasceu da necessidade de criação de "um espaço próprio", na periferia sul da capital paulista, "para a morada da poesia". Lá, no boteco do Zé Batidão, todas as quartas-feiras, onde "o silêncio é uma prece", "professores, metalúrgicos, donas de casa, taxistas, desempregados, aposentados, mecânicos, estudantes, jornalistas, advogados, entre outros, exercem sua cidadania através da poesia. E graças à palavra, nós chegamos ao livro (Vaz, 2009: 44-5). Podemos dizer que esse é um tipo de organização que promoveu a emergência de uma "norma capacitante" para o exercício da cidadania, da qual nos falou Carlos Estêvão, como a da indução ao silêncio quando o compara com uma prece, e que faz com que todos os que vão ao bar/centro cultural dirijam suas atenções à performance de cada um dos poetas que se apresenta durante aproximadamente duas horas. Os temas tratados nesse encontro social são, em geral, bastante críticos em relação às desigualdades sociais, mas a linguagem é poética, emoldurada por uma performance por parte de quem produziu ou leu o poema que é comunicado a uma plateia muito diversa e atenta.

O contato mais próximo com experiências dessa natureza pode marcar para sempre a trajetória de um sujeito, já que ele pode se ver ou pode ver o outro não mais como alguém que nasceu para cumprir um determinado destino, razoavelmente previsível, mas também, e acima de tudo, como um verdadeiro sujeito da história, que participa de eventos tão singulares e, ao mesmo tempo, tão socialmente significativos.

Assim, há inúmeras maneiras de se pensar a oralidade como um *locus* importante de resistência política, social e cultural e de elaboração de uma gradual consciência dos valores e princípios éticos presentes na DUDH. A meu ver, o mais importante é não desistir e continuar acreditando que a escola e, mais especificamente, a aula de Língua Portuguesa, pode ser um dos poucos espaços em nossa sociedade a superar suas contradições para cumprir o seu papel de fomentadora, promotora e executora da produção do conhecimento, científico, cultural e artístico da sociedade na qual se insere, conhecimento este que pode e deve estar sempre a serviço das causas sociais mais urgentes.

Somente assim poderemos ter mais vezes a experiência de nos depararmos com sujeitos que não apenas saibam "se comportar" em interações públicas, mas que tenham, de fato, incorporado, como princípios norteadores de suas ações sociais, um profundo respeito por seu interlocutor como pessoa humana, que nada tem a ver com "boas maneiras", mas com um modo de ver e de pensar a si mesmo e o mundo social ao seu redor.

Bibliografia

ALVES, José Augusto L. Declaração dos Direitos Humanos na pós-modernidade. Disponível em: <http://www.dhnet.org.br/direitos/militantes/lindgrenalves/lindgren_100.html>. Acesso em: 2 nov. 2009.

BENTES, Anna Christina. *Linguagem*: práticas de leitura e escrita. São Paulo: Global; Ação Educativa, 2004a. (Viver, Aprender. Livro do estudante)

_____. *Linguagem*: práticas de leitura e escrita. São Paulo: Global; Ação Educativa, 2004b. (Viver, Aprender. Livro do professor)

BETTO, Frei. Direitos Humanos. 60 anos da Declaração Universal de Direitos Humanos. Disponível em: <http://www.dhnet.org.br/direitos/deconu/textos/betto_deconu_60anos.htm>. Acesso em: 1º nov. 2009.

DIAS, Adelaide. Da educação como direito humano aos Direitos Humanos como princípio educativo. In: SILVEIRA, Rosa Maria Godoy et al. (orgs.). *Educação em Direitos Humanos:* fundamentos teórico-metodológicos. João Pessoa: Editora Universitária da UFPB, 2007, pp. 441-56.

ESTÊVÃO, Carlos. Direito à educação: para uma educação amiga e promotora dos direitos. Disponível em: <http://www.dhnet.org.br/dados/textos/a_pdf/carlos_estevao_direito_educacao.pdf>. Acesso em: 1º nov. 2009.

MAUÉS, Antonio; WEYL, Paulo. Fundamentos e marcos jurídicos da educação em direitos humanos. In: SILVEIRA, Rosa Maria Godoy et al. (orgs.). *Educação em Direitos Humanos*: fundamentos teórico-metodológicos. João Pessoa: Editora Universitária da UFPB, 2007, pp. 103-15.

TOSI, Giuseppe. Por que educar para os Direitos Humanos e para a cidadania? Disponível em: <http://www.dhnet.org.br/direitos/militantes/tosi/textos.htm>. Acesso em: 1º nov. 2009.

VAZ, Sérgio. Cooperifa: uma história de amor à periferia. *Forum*, n. 79, out. 2009, pp. 44-5.

ZENAIDE, Maria de Nazaré T. *O educador e a prática de educação em Direitos Humanos na Paraíba.* Disponível em: <http://www.dhnet.org.br/dados/livros/edh/br/pbunesco/v_06_educador.html>. Acesso em: 2 nov. 2009.

Interação pela linguagem: o discurso do professor

Marli Quadros Leite

O interesse de pedagogos sobre a educação raramente se relaciona à linguagem praticada, em classe, por alunos e professores. Em geral, a preocupação recai sobre conteúdos e técnicas pedagógicas. Sabemos, todavia, que nenhuma técnica será eficiente, se, entre aluno e professor, não houver adequado entrosamento linguístico, a partir do qual a interação entre os interlocutores se realiza. Esse não é um problema simples de ser resolvido, pois, se de um lado o professor não deve praticar um nível de linguagem extremamente diferente daquele do aluno, de outro, também não deve adaptar-se perfeitamente ao nível do aluno, já que o objetivo da escola é oferecer ao educando a possibilidade de adquirir outros dialetos e praticar outros níveis de linguagem, diferentes do seu de origem. Então, fica a pergunta: como ocorre, efetivamente, essa interação linguística entre aluno e professor em sala de aula?

Meu objetivo, diante dessa pergunta, é verificar, pela análise da linguagem produzida em três **aulas**, sendo duas de ensino médio e uma de ensino superior, que estratégias linguísticas os professores selecionam para atingir o aluno,

> As aulas foram gravadas, por pesquisadores do Projeto NURC de São Paulo e do Rio de Janeiro.

na situação institucional de sala de aula e, consequentemente, que reação o aluno tem diante da atitude escolhida pelo professor. Como nosso interesse recai sobre o uso da linguagem, o fato de as aulas não serem gravadas em vídeo não nos prejudica totalmente; sabemos, contudo, que o ideal seria observar todas as reações paralinguísticas dos interlocutores, porque essas têm repercussões importantes sobre as linguísticas.

Para alcançar esse objetivo, partimos do conceito de interação de Bakhtin (1988), da descrição das características gerais da interação de Brait (1993) e da descrição da relevância da variação estilística da linguagem na escola de O'Donnell & Todd (1991).

A enunciação

A análise da interação professor/aluno tem de partir da configuração da aula como uma enunciação institucionalizada, em que se produz um diálogo assimétrico, em razão dos papéis que os interlocutores desempenham. O professor é o detentor de um saber a ser repassado para alunos que, supostamente, não o têm, e essa é, exatamente, a hipótese sobre a qual se constrói o contexto da aula.

Se partirmos do pressuposto de que, segundo Bahktin (1988: 109), "a enunciação é de natureza social", precisamos entender que cada interação, e entre elas a que enquadra o gênero discursivo *aula*, tem configuração particular, embora deva ser estudada a partir da tríade sobre a qual está assentada a enunciação – EU/AQUI/AGORA – que deixa marcas passíveis de recuperação no fio do discurso. Ora, se a enunciação se reflete no enunciado, não podemos jamais estudar o enunciado de algumas aulas, duas, três ou *n*..., para, com base somente nelas, fazer conclusões definitivas acerca da linguagem praticada nas salas de aula. Portanto, aqui vamos apenas apresentar observações sobre a linguagem praticada durante a interação aluno/professor, sem a pretensão de dizer que essa é *a* linguagem da sala de aula. Talvez possamos falar em linguagem *tendencialmente* praticada em sala de aula.

Brait (1993: 194) afirma que se pode

> observar no texto verbal não apenas o que está dito, o que está explícito, mas também as formas dessa maneira de dizer que, juntamente com outros recursos, tais como entoação, gestualidade, expressão facial etc., permitem uma leitura dos pressupostos, dos elementos que, mesmo estando implícitos, se revelam e mostram a interação como um jogo de subjetividades, um jogo de representações em que o conhecimento se dá através de um processo de negociação, de trocas, de normas compartilhadas, de concessões.

O cenário da aula nos permite ver que o detentor do poder é o professor, e nesse poder estão inclusos tanto o conhecimento quanto o uso da palavra. O professor é uma figura que, estando fisicamente em uma situação diferenciada em relação aos alunos, se encontra, na maioria das vezes, à frente da classe, em pé, e controla toda a situação de comunicação. Ele fala e controla a palavra, o que implica uma diferença fundamental entre a aula e um diálogo qualquer: a troca de papéis de falante e ouvinte se dá minimamente, ou não se dá, e, quando acontece, só é possível no momento e no tempo em que o professor permite que aconteça. O aluno, por seu lado, mantém-se em um âmbito reduzido, o de espectador/ouvinte, e só pode, ou deve, falar em momentos em que a palavra lhe é facultada, implícita ou explicitamente. Modernamente, há uma forte tendência de desconstruir a imagem daquele professor que, figurativamente, é "só boca" e a daquele aluno que é "só ouvidos"; todavia, ainda assim, sabemos que no espaço da aula a palavra é do professor, e é a ele que cabe a tarefa de conduzir a interação.

Todo esse jogo ocorre tacitamente porque na interação, ou no ato enunciativo, há, segundo esclarece Fiorin (1996: 32-5), certos aspectos que presidem à enunciação. Entre os quais estão: "as competências necessárias à produção do enunciado; a ética da informação; o acordo fiduciário entre o enunciador e o enunciatário".

As competências – linguística, discursiva, textual, interdiscursiva, intertextual, pragmática e situacional – precisam ser de domínio comum aos interactantes, pois são elas que possibilitam o bom andamento da interação, e uma falha em qualquer uma pode causar problemas à negociação entre falante e ouvinte. Na sala de aula, se o professor utiliza um vocabulário desconhecido ao aluno, isso impedirá que a interação tenha êxito, e o objetivo central da educação, a aprendizagem, ficará prejudicado. Daí porque o discurso do professor é marcado por paráfrases e analogias, para tornar o ouvinte competente quanto às terminologias usadas em aula, para torná-lo, do ponto de vista do domínio léxico, linguisticamente competente a acompanhar o discurso que se realiza.

Do mesmo modo, se professor e aluno não são hábeis para formar, um do outro, uma imagem adequada à situação de comunicação, e confundem papéis, a interação restará prejudicada. Assim também, a adequação da linguagem verbal à situação e o manejo da linguagem verbal, isto é, de como usar o signo verbal, são competências sem as quais não é possível a realização, com êxito, da interação.

Além de todas essas competências, há, ainda, a situacional, que diz respeito ao esquema de representação que o sujeito tem para cada momento de interação. Nas palavras de Bakhtin (1988), a situação dá forma à enunciação, e o falante competente sabe como se comportar em cada contexto em que se encontra. Em nossa sociedade, a configuração da aula, com poucas variações, é a de um grupo de pessoas – os alunos – que se põe diante de alguém que fornecerá informações – o professor – e a linguagem praticada em tal situação obedece a regras específicas que a definem.

> Para maiores esclarecimentos, cf. Grice (1979) sobre o princípio da cooperação e as máximas conversacionais e Kebrat-Orecchioni (1980) sobre as leis discursivas.

O segundo ponto, a ética da informação, diz respeito a duas **leis**, ou **máximas**: não dizer mais do que cabe em cada interação e não dar informações já conhecidas. Na sala de aula, há, de um lado, uma expectativa do aluno quanto à informação a ser oferecida pelo professor, e, de outro, do professor em relação ao aluno. O professor que costumeiramente "conta casos" em vez de discutir os pontos da matéria a ser estudada logo cai no ridículo diante da classe. Do mesmo modo, o professor que não sabe dosar o conteúdo a ser trabalhado no limite de uma aula é tachado de cansativo e desinteressante. Além de tudo, se o professor não sabe diagnosticar o quanto seus alunos sabem sobre cada ponto, sua aula pode não prender a atenção do grupo.

Por último, podemos falar do acordo fiduciário, da confiança, que, na sala de aula, tem de haver entre as partes envolvidas na interação. Conforme diz

Fiorin (1996: 35), há dois aspectos envolvidos nesse acordo: "a) como o texto deve ser considerado do ponto de vista da verdade e da realidade; b) como devem ser entendidos os enunciados: da maneira como foram ditos, ou ao contrário".

Para o aluno, a informação dada na escola é "a verdade", e quando esse elo de confiança é fraturado a desestabilização da interação é certa. Muitas vezes, vemos professores que se queixam de problemas "de disciplina" em suas aulas, sem, contudo, se darem ao trabalho de pensar em que ponto está localizada a falha que gera transtornos à interação.

A enunciação enunciada: análise de enunciados de aula

A análise de alguns enunciados de aula permite-nos recuperar dados da enunciação para evidenciar algumas estratégias linguísticas de que o professor usa para se aproximar do aluno e, assim, conseguir ganhar a sua confiança e fazer com que ele tenha mais interesse pela matéria estudada ou, em última instância, para que aprenda e assimile a informação.

Os textos escolhidos para análise apresentam características bem distintas, o que nos permite ressaltar os diferentes estilos de interação dentro do gênero discursivo de nosso interesse.

Uma das elocuções selecionadas para estudo foi uma aula de Química para o 3º ano científico (o texto é da década de 70), que hoje é denominado ensino médio. O professor tem a seguinte qualificação: 31 anos, sexo masculino, formação em Engenharia Química, morador das zonas Norte e Sul do Rio. Embora o assunto da aula seja *cinética química* e exija uma terminologia precisa para sua exposição, o professor tenta, durante todo o tempo, chegar perto do aluno, usando vocabulário parecido com o da classe, falando gírias, empregando metáforas populares e fazendo analogias para que o tema sobre o qual fala seja compreendido. Essa estratégia parece funcionar porque a interação flui muito bem e o aluno participa da aula, respondendo às indagações do professor, ou formulando perguntas para tentar dirimir dúvidas.

> Esse é o Inquérito 251, das Elocuções Formais do Projeto de Estudo da Norma Urbana Culta da Cidade de São Paulo. Para maiores informações sobre esse projeto, consulte a página http://www.fflch.usp.br/dlcv/nurc/index.html, assim como as obras organizadas por Dino Preti, na série Projetos Paralelos.

Vejamos alguns trechos do texto para avaliar as estratégias do professor quanto ao uso de um hiperônimo ligado à linguagem comum ("troço") e de uma expressão com marca *gíria* ("encher o saco"):

> Inf.: é isso que eu vou [ ]... isso com um pouquinho de paciência a gente chega lá... a ideia básica é a seguinte... nada vai ser diferente... nada vai ser realmente diferente em cima desse *troço* que nós estudamos... tentei chamar a atenção de vocês... para este tipo de equação aqui... e eu não sei se fui suficientemente feliz... tá? não sei se fui suficientemente feliz... pra que vocês me entendessem de uma maneira TOTAL... inclusive extrapolando pra outras matérias... a PRO-FUNDIDADE deste *troço*... bom... na hora em que vocês conseguirem *sacar* a profundidade deste *troço*... até que ponto a gente é capaz... de apenas com uma simples equação... demonstrativa de um fenômeno COMO ELE SE PASSA AQUI... pra DEPOIS a gente em qualquer caso particular... chegar a ele... eu vou dar apenas um último exemplo fora... eu acho que vale a pena *encher o saco* com esse *troço*... e... eu quero apenas lembrar que... que mesmo que se trate de um caso particular... não é essa a intenção... tá?
> (NURC/RJ, Inq. 251 linhas 1-23)

Nesse trecho, o que vemos primeiro é a tentativa, por parte do professor, de minimizar a estranheza do conteúdo, para o aluno, vulgarizando-o quando o chama "troço", embora, ao mesmo tempo, afirmando a importância do assunto, não somente no âmbito de sua disciplina, o que fica claro pela ênfase da entonação ao proferir a palavra "profundidade", como também quando emprega a metáfora popular "encher o saco", usada para fazer um reparo à interação, já que supõe quebrar a lei da informatividade, pela repetição exaustiva do conteúdo. Também para marcar, pela linguagem, a proximidade aluno/professor, vemos a expressão "sacar", no sentido de entender, usada predominantemente em registros em que se pratica a linguagem comum, distensa, e, pode-se dizer, prototipicamente relacionada à linguagem de pessoas jovens.

Ainda nesse exemplo, vemos a preocupação do professor com a interação, quando ele diz "eu não sei se fui suficientemente feliz... tá? não sei se fui suficientemente feliz... pra que vocês me entendessem de uma maneira TOTAL...". Analisando procedimentos de polidez na interação professor/aluno, Silva (1998: 115) recorre a esse mesmo exemplo para falar sobre o jogo de preservação de faces e diz: "[...] o professor procura verificar como está a sua imagem. Ele fez a parte dele, ainda que não saiba se teve sucesso". O artigo de Silva (1998) explora uma das estratégias interacionais empregadas na atualização no discurso da sala de aula.

O mesmo efeito de identidade de linguagem entre os interactantes aparece no exemplo seguinte, em que o professor usa a expressão "pipocas", na função da interjeição. Veja-se o exemplo:

> Inf.: [...] coisas pequenas quando você eleva ao quadrado... são menores ainda... quanto mais o produto de coisas pequenas mais o resultado MENOR AINDA... *pipocas*...
> (NURC/RJ, Inq. 251, linhas 119-21)

60   Ensino de Língua Portuguesa

Esse recurso cria um *efeito de sentido* fundamental à construção do discurso do professor, *a proximidade*, e ajuda a estabelecer o acordo de confiança entre os interactantes, já que os dois "falam a mesma linguagem". Para manter tal situação, outra estratégia usada pelo professor é a recorrência a analogias com elementos concretos e muito próximos do universo do aluno. Observe-se o trecho a seguir:

Inf.: [...] olha gente que... eu quero chamar a atenção para um troço... que já está na hora da gente... começar a fazer essas perguntas... [ ] vocês... *vamos ver se há ou não correlação com isto que vou falar*... eu tinha dito... *se eu colocar cinquenta jovens numa sala... não é? Imaginem... eu tou botando dois... vocês imaginem cinquenta... eu posso perguntar por exemplo a seguinte coisa pra vocês... quantos narizes existem?*
Al.: cinquenta...
Inf.: cinquenta... quantas orelhas?
Al.1: cinquenta...
  [ ]
Al.2:   cem
Inf.: quer dizer... não é mais a hora... agora... certo... que a gente não saiba... que num mol... ou seja... numa molécula grande... existem... mais de um... equivalente... ou um... ou dois... ou três... *então... quando eu digo cinquenta jovens por sala... é a mesma coisa que eu falar... duas moles por litro...* eu estou dizendo que [ ] duas moles por litro... significa... uma [ ] em que num tipo especial chamado MOLARIADE... mas não é só ESSE tipo de concentração que existe... *existe a normalidade... que é um outro tipo de concentração que ao invés de exprimir... a concentração em MOLES... exprime em equivalente como podia ser em abóbora... banana e abacate... se laranja... abóbora e abacate... FOSSEM... conceitos químicos... então... se vocês são capazes de ... conhecendo os jovens... saber quantos braços ele tem... sei lá se tem dois... quantas pernas... ele podia ser perneta ((risos))... então pode variar o número de braços por pessoa... ou de pernas... mas se você conhece a pessoa especificamente... no caso de nós conhecermos a molécula especificamente... se eu sei que a molécula do H3Po4... eu sei que ela tem três hidrogênios ácidos... se é molécula do H2SO2... eu sei que ela tem dois... hidrogênios ácidos... então eu sei que essa molécula aqui... tem três equivalentes... por cada mol... essa aqui tem apenas dois equivalentes... então... se cinquenta jovens têm cem braços... uma solução dois molar... dois eme... de H3PO4 é seis normal...* sem maiores complicações... nitidamente... quem quiser ver diferente é porque não está querendo enxergar... mas não é maldade não... eu quero mostrar o contrário... a gente não enxerga por bloqueio... e esse bloqueio tem que acabar... não há diferença entre jovens e molécula... mesma coisa... só que não vai pra escola... mais nada...
(NURC/RJ, Inq. 251, linhas 29-70)

A analogia entre a formação das moléculas e a formação do corpo do próprio jovem não poderia ser mais simples e direta, a fim de ilustrar o conceito e obrigar o aluno a entender a necessidade de particularizar a configuração de cada molécula para reconhecê-la em qualquer contexto. O professor, além de tudo, pressiona o aluno a ver tal simplicidade, quando deixa implícito não ser muito inteligente não reconhecer a simplicidade. Isso fica inscrito na reparação que faz à interação "não é por maldade não...", e o eufemismo "bloqueio", substituindo, talvez, a expressão "falta de inteligência", ou a palavra "estúpido". Além da polidez do eufemismo, o professor usa um plural de modéstia "a gente não enxerga", para não deixar o receptor sentir a ideia indiretamente passada. Sem dúvida, a confiança dos alunos no professor estaria fracionada se a frase fosse "isso é muito simples e quem não entende não é inteligente".

Por meio de estratégias eficientes o professor conquista o aluno. Por exemplo, o aluno precisa sentir que ele é capaz não só de acompanhar a aula mas também de contribuir para o seu desenvolvimento. Isso o professor consegue, fazendo o aluno construir o texto da aula em conjunto com ele, valorizando as contribuições precisas, corretas, e não ridicularizando as incorretas. No trecho apresentado acima, vê-se que o aluno 2 (Al.2) responde corretamente à pergunta do professor, e o aluno 1 (Al.1), não. A atitude do professor diante do erro foi apenas o silêncio, e, diante do acerto, o aproveitamento da resposta e sua incorporação a seu texto. No primeiro caso, um professor pouco preocupado com o sucesso da interação poderia explicitar a reprovação, por meio de exclamações que, certamente, levariam o aluno ao silêncio em outras situações.

Outro recurso exaustivamente usado em aula é a ênfase aos conteúdos mais relevantes por meio da elevação da voz em certos pontos da frase. A voz mais alta em certos pontos pode também ter um efeito meramente retórico para prender a atenção do aluno e quebrar a monotonia da apresentação. O exemplo abaixo ilustra bem essa segunda situação:

> Inf.: [...] uma rápida análise... para essa... esta equação... essa expressão.. NOS LEVA A PERCEBER O SEGUINTE... que... EU VOU TER XIS ÍONS do tipo A... tá?
> (NURC/RJ, Inq. 251, linhas 79-81)

Imprimir caráter de afetividade com a matéria é também uma estratégia válida para envolver o aluno com o conteúdo. Para isso, um dos recursos é a recorrência à morfologia da palavra, em especial ao emprego do diminutivo, que serve para quebrar a dureza do conteúdo, como vemos no trecho a seguir:

> Inf.: [...] você até pensa... se você pensar... que nenhuma molequinha... nenhum íon... ionzinho de cloro... de sódio ou de prata estão livres na solução... estão... estão sempre... por mínimo que seja... até a gente se dissolve... caiu na piscina tem um pouquinho de... [ ] dissolvido lá dentro...
> (NURC/RJ, Inq. 251, linhas 101-06)

62 Ensino de Língua Portuguesa

Nesse mesmo exemplo, podemos observar outro apelo eficaz do professor a um recurso que encurta o seu caminho em direção ao seu objetivo: fazer o aluno assimilar o conteúdo exposto. Nesse caso, ele se dirige ao interlocutor coletivo, a classe, como se fosse um único receptor, pela utilização do pronome de tratamento "você", usado no Brasil como pronome pessoal dirigido à segunda pessoa, com quem se fala. O "você" é multifuncional, pois ao mesmo tempo em que ocupa o lugar do TU, da 2ª pessoa, funciona como indeterminador de sujeito, porque esse "você" não tem um referente específico.

A relação professor/aluno se beneficia também de outros recursos expressivos como, por exemplo, as onomatopeias que criam um efeito de realidade por reproduzirem uma reação a uma dada ação. Veja-se o papel do "pum" no trecho reproduzido abaixo:

> Inf.: [...] você pega cloreto de prata... por exemplo joga dentro d'água... *pum*...direto... você até pensa...
> (NURC/RJ, Inq. 251, linhas 100-1)

Sem dúvida, a imediata dissolubilidade do cloreto de sódio fica concretamente representada pela expressão onomatopeica. O recurso expressivo da onomatopeia é eficiente na criação do efeito de realidade e de presentificação do efeito explicado (solubilidade, nesse caso) e atua também como um concretizador de ideias.

Passemos a analisar, agora, algumas outras estratégias presentes em outros textos. O Inquérito 364, do NURC/RJ, uma aula universitária ministrada por um professor de 41 anos, sobre organização e métodos, apresenta passagens que ilustram bem alguns procedimentos linguísticos interacionais. Logo no início da aula, o professor consegue deixar a classe descontraída e preparada para aceitar a troca que vai começar entre eles. Então, vemos:

> Inf.: eu vou passar a chamar vocês pelo nome todo pra identificar... tá bom? ((vozes)) e tá todo mundo proibido de dizer não sei... hein?
> Al.: eu sei... eu sei... eu sei...
> Inf.: é? ((risos)) bem... na aula passada [...]
> (NURC/RJ, Inq. 364, linhas 1-5)

Durante todo o inquérito, o professor consegue envolver a classe de modo que todos participem da aula, e até mesmo quando o aluno não tem o que dizer sobre o que lhe foi indagado, a negativa é meio lúdica para, depois, arriscar palpites sobre o tema, o que o professor tenta aproveitar. Vejamos:

> Inf.: que você acha... Frederico?
> Al.: eu não acho...
> Inf.: você não acha? ((risos))
> Al.: depende da estrutura dela...
> Inf.: depende da estrutura?
> Al.: da necessidade...
> Inf.: nós estamos partindo do pressuposto... até agora... que o Alcides dizia... que a estrutura da empresa não é perfeita... é possível entretanto... nós não podemos esquecer... que eu tenho um estrutura que pode ser superdimensionada... [...]
> (NURC/RJ, Inq. 364, linhas 162-70)

Nesse texto, a estratégia interacional mais recorrida é a da troca, diferentemente da estratégia empregada pelo professor da aula de química, que era a do nível de linguagem muito próximo do nível do aluno. Nessa aula, o professor quase não usa expressões oriundas da linguagem menos prestigiada, mas sua linguagem é simples. As trocas é que são muitas, a aula tem a configuração de uma conversa coletiva. A única ocorrência de uma expressão gíria ficou por conta da palavra "pô", uma redução da gíria "porra", empregada como uma interjeição que exprime aborrecimento, indignação, reprovação, desagrado, enfado, ou, mesmo, como pedido de aprovação. Veja-se o exemplo a seguir:

> Inf.: ninguém discute que o Fittipaldi é um excelente piloto... todos continuam... hã... acreditando tecnicamente no Fittipaldi... mas o carro não ajuda né? O carro não passa ninguém... passa quando os outros quebram...
> Al.: o carro é bom...
> Inf.: o carro é bom?
> Al.: É lógico...
> Inf.: é bom?
> Al.: o problema... o problema é o motor...
> Al.: quando está correndo várias corridas...
> Inf.: então o carro não é bom... *pô*...
> Al.: o carro é bom...
> (NURC/RJ, Inq. 364, linhas 843-56)

> Consideramos turno qualquer intervenção do falante, e não apenas a intervenção de valor referencial e nuclear. Neste texto, há muitos turnos em andamento. Para mais informações sobre turno veja Galembeck, Rosa e Silva (1990) e Galembeck (1993).

Essa aula, embora seja marcada pelas trocas, não é uma conversação comum porque o professor não abre mão do seu papel de avaliador das informações apresentadas pelos alunos. Mas o alto índice de mudança **de turno** deixa clara a estratégia anunciada no começo da aula: os alunos haveriam de falar. Em termos quantitativos, o quadro da interação pelas trocas apresenta o seguinte percentual:

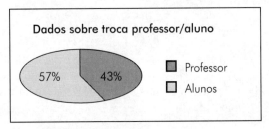

O percentual de troca do professor é menor que o do aluno porque, em certos momentos, a partir de uma provocação do professor, vários alunos tomam a palavra. Essa quantidade de mudança de turno provoca uma situação pouco comum em aula, que é a sobreposição de vozes do aluno sobre o professor. Há dois momentos em que isso ocorre, reproduzidos abaixo:

> Al.: é... mesmo... porque essa empresa pode ser mínima... mas ela tem que crescer...
> Inf.: ela terá que crescer...
> [
> Al.: uma opção dessa empresa...
> Inf.: ela terá que crescer... eu me recordo de ter comentado [...]
> (NURC/RJ, Inq. 364, linhas 349-53)

O inquérito 405, do NURC/SP, uma aula de ensino médio, ministrada por uma professora de 36 anos, sobre o *período paleolítico* é radicalmente diferente das duas acima comentadas. A professora assume o papel de conferencista, e sua aula é quase um monólogo. *Quase* porque, mesmo não passando a palavra para o aluno, ela é sensível às manifestações dos alunos, quando estes não entendem algo que acaba de ser dito. Uma passagem que exemplifica tal situação é a seguinte:

> Inf.: [...] nós vamos reconhecer bisontes... ((vozes))... bisonte é o bisavô do touro [...]
> (NURC/SP, Inq. 405, linha 135)

Uma consequência dessa estratégia é a falta de envolvimento do aluno com o texto do professor, com o conteúdo desenvolvido. No caso dessa aula, há o registro de ((vozes)) em diversos momentos da aula, sem que essa interferência seja relevante à interação, e isso se conclui porque a professora não aproveita nem rejeita o que foi dito durante a emissão das ((vozes)) emboladas. Também, ao analista da gravação, é impossível reconhecer o que é dito nesses momentos. De qualquer modo é evidente que, em alguns casos, a interferência do locutor acidental, no caso do aluno que se manifesta por ((risos)) e ((vozes)), é prejudicial ao bom andamento da interação por provocar transtornos ao prosseguimento da aula. O trecho seguinte ilustra a situação:

> Inf: [...] mamute... vem a ser... o bisavô... do elefante... ((risos))... – Betina... ((vozes))... já resolveu? tudo bem – bom... então primeiro em nível de tema... a seguir... qual seRIA o motivo pelo qual... eles... começaram... a pintar ou a esculpir... estas formas... ((vozes))... Betina... ((vozes)) eXatamente... nós vamos chegar aí...
> (NURC/SP, Inq. 405, linhas 147-54)

É importante registrar que, nos Inquéritos do Rio de Janeiro, a fala do aluno é sempre registrada tal como ocorreu, e nos de São Paulo, talvez exatamente pelo baixo percentual de participação do aluno, o registro aparece incorporado ao turno do professor, marcado por parênteses duplos, em que se lê ((interferência de locutor acidental)) ou ((vozes)). A opção por esse tipo de registro deve-se ao fato de não ser possível ouvir com nitidez e precisão a contribuição do aluno e, mais importante que isso, que essas participações são escassas. Vale ressaltar que os professores paulistas mantiveram-se mais formais, o que, provavelmente, pode ter inibido um pouco a participação do aluno.

Na mais participada das aulas do NURC/SP, uma aula universitária, cujo tema foi *a influência da língua na personalidade do indivíduo*, proferida por um professor de 51 anos, houve apenas 12 interferências de "locutores acidentais", todas elas devidamente transcritas no texto.

Considerações finais

A observação da linguagem utilizada pelo professor não deixa dúvidas de que, em muitos momentos, a estratégia interacional escolhida, refletida na escolhas lexicais, sintáticas, todas expressivas, visam possibilitar a maior compatibilidade entre aluno e professor. Assim, a interação, que já se faz naturalmente pela linguagem, ganha feição especial porque envolve um objetivo que tem de ser atingido para que a interação tenha sentido.

Não se pode ter certeza de que a linguagem empregada na sala de aula pelo professor é diferente da linguagem cotidiana, em termos absolutos. O mais provável é que *a linguagem do professor* seja uma *mistura* da *linguagem comum* e da *linguagem própria para a explanação de conteúdos*. Somente uma pesquisa

66 Ensino de Língua Portuguesa

que englobasse tanto a fala comum do professor quanto a sua fala em aula poderia determinar isso cabalmente.

Neste capítulo, nosso objetivo foi apenas mostrar alguns recursos especiais da interação linguística professor/aluno, focalizando a linguagem do professor, na tentativa de deixar claro como um professor alcança, pela linguagem, o aluno, sem a pretensão de dizer que essa é *a* linguagem da sala de aula.

Bibliografia

BAKHTIN, Mikhail. *Marxismo e filosofia da linguagem*. São Paulo: Hucitec, 1988.

BRAIT, Beth. O processo interacional. In: PRETI, Dino (org.). *Análise de textos orais*. 3. ed. São Paulo: Humanitas, 1993, pp. 189-213. (Projetos Paralelos NURC/SP, v. 1).

CALLOU, Dinah (org.) *A linguagem falada culta na cidade do Rio de Janeiro*: materiais para seu estudo. Rio de Janeiro: UFRJ/ Faculdade de Letras, 1991. (Elocuções Formais, v. 1).

CASTILHO, Ataliba T. de; PRETI, Dino (orgs.). *A linguagem falada culta na cidade de São Paulo*: materiais para seu estudo. São Paulo: Fapesp; T. A. Queiroz, 1986. (Elocuções Formais, v. 1).

FIORIN, José Luiz. *As astúcias da enunciação*: as categorias de pessoa, espaço e tempo. São Paulo: Ática, 1996.
_____. *Elementos de análise do discurso*. São Paulo: Contexto, 1989.

GALEMBECK, Paulo. O turno conversacional. In: PRETI, Dino (org.). *Análise de textos orais*. São Paulo: FFLCH/ USP, 1993, pp. 55-79. (Projetos Paralelos NURC/SP, v. 1).

GALEMBECK, Paulo; ROSA, Margareth; SILVA, Luiz Antônio. O turno conversacional. In: PRETI, Dino; URBANO, Hudinilson (orgs.). *A linguagem falada culta na cidade de São Paulo*: estudos. São Paulo: Fapesp; T. A. Queiroz, 1990, pp. 49-98. (Estudos, v. 4).

GRICE, Paul. Logique et conversation. *Communications*, 30, 1979, pp. 57-72.

KEBRAT-ORECCHIONI, Catherine. *L'énonciation*. De la subjectivité dans le langage. Paris: A. Colin, 1980.

O'DONNELL, William Robert; TODD, Loreto. *Variety in Contemporary English*. 2. ed. London: Routledge, 1991.

SILVA, Luiz Antônio da. Polidez na interação professor/aluno. In: PRETI, Dino (org.). *Estudos de língua falada*: variações e confrontos. São Paulo: Humanitas, 1998, pp. 109-30. (Projetos Paralelos NURC/SP, v. 3).

Oralidade e poesia em sala de aula

Gil Negreiros

É fato que muitos dos professores de Língua Portuguesa e de Literatura, dos níveis fundamental e médio, encontram-se um tanto quanto perdidos no que se refere ao trabalho com textos literários, sobretudo com textos poéticos.

Essa "falta de rumos" é causada talvez pelo baixo nível de formação que afeta muitos de nossos alunos. Esses, muitas vezes desmotivados e despreparados, levam o professor ao desânimo e ao desespero; talvez pelo pouco tempo que os professores possuem para preparar suas aulas, fato que os obriga a seguir as apostilas e os livros didáticos na íntegra. O certo é que o trabalho com textos literários, sobretudo com poemas, muitas vezes torna-se algo distante da realidade do cotidiano escolar brasileiro.

Tendo em vista tais problemas, que a meu ver são gravíssimos, objetivo, neste capítulo, apresentar uma análise de textos poéticos, que pode ser uma alternativa para o trabalho do professor em sala de aula. Obviamente, não é minha intenção dizer que há apenas *uma maneira* de se trabalhar, de forma diferente e motivadora, com poemas na escola. Existem, certamente, outras estratégias adequadas. O que tentarei mostrar é que, em casos específicos, é possível mostrar aos alunos certas "sutilezas" linguísticas que determinados poemas possuem.

Alguns recursos linguísticos orais, usados na fala cotidiana, fazem parte do rol dessas "sutilezas". Muitas marcas orais estão presentes em textos de alguns de nossos poetas, como Manuel Bandeira, Manuel de Barros, Ferreira Gullar, Pedro Nava e Carlos Drummond de Andrade, conforme apontam estudos de Negreiros (2003).

Ao demonstrar essas marcas orais aos alunos, fazendo com que percebam a riqueza desses usos, os objetivos e os sentidos de tais recursos linguísticos, o professor adotará uma estratégia eficaz contra o desinteresse que, infelizmente, impera muitas vezes nas aulas de Língua Portuguesa e de Literatura, nos níveis fundamental e médio.

68 Ensino de Língua Portuguesa

Peguemos o exemplo da obra *Estrela da vida inteira*, de Manuel Bandeira. Em muitos de seus poemas, é possível perceber marcas orais no campo do vocabulário (léxico), da sintaxe e do discurso.

Assim, neste capítulo, tenho dois objetivos que se intercalam:

- demonstrar as marcas lexicais, sintáticas e discursivas da oralidade no texto poético de Manuel Bandeira;
- sugerir, para professores do ensino fundamental e médio, alternativas iniciais de trabalho com o texto poético, a partir da demonstração dessas marcas orais.

As análises apresentadas no decorrer deste capítulo não se baseiam em vertentes teóricas literárias. Trata-se de uma abordagem que se apoia em teorias no campo da Linguística. Isso não impede, contudo, que professores de Literatura adotem, em momentos específicos dos debates com seus alunos, algumas dessas estratégias de investigação.

Cabe salientar, por fim, que os poemas de Bandeira não são considerados como gêneros da oralidade. Apenas é evidenciado como algumas marcas orais, recorrentes em parte da obra bandeiriana, são importantes na produção dos sentidos.

Marcas da oralidade no texto poético: o uso do vocabulário oral

Certas marcas lexicais coloquiais que são comuns, hoje, em textos escritos, literários ou não literários, já foram analisadas por diversos autores da área da Linguística, entre eles Pinto (1988) e Urbano (2000).

Em estudo sobre a oralidade nos textos de Rubem Fonseca, Urbano apresenta uma série de fatos linguísticos frequentes no vocabulário popular e oral. O primeiro caso citado refere-se a expressões que possuem valores de sentido (ou valores semânticos) indeterminados. Exemplos dessas expressões são "não sei quê", "não sei o quê", "não sei de onde", "sei lá", "uma coisa assim", "não sei onde".

É comum, nos textos de Rubem Fonseca, a ocorrência de expressões próprias do discurso oral: "numa dessa", "sem essa", "tudo bem", e de expressões idiomáticas e elementos gírios: "é fogo", "suar pra burro".

Oportuno salientar a afirmativa de Urbano sobre certas correspondências existentes entre a modalidade oral popular e a modalidade culta escrita: muitas palavras são empregadas em ambas as modalidades, "já outras são deslocadas da área semântica da variedade culta, já outras apresentam 'atrevidas metáforas', outras nascem no seio do mesmo povo, outras ainda cristalizam-se reduzidas ou deformadas foneticamente" (p. 123). Assim, a formação lexical coloquial é composta por processos diferentes, heterogêneos, que dão, certamente, maior riqueza para esse campo linguístico.

Por sua vez, Pinto, em estudo dedicado à história da língua portuguesa, afirma que o uso da oralidade, de forma constante, influenciou a língua literária do século xx, por meio de coloquialismos familiares e vulgares.

O que ocorreu no século xx, na opinião da autora, foi realmente uma "dessacralização do vocábulo", de certa forma autorizada, por um lado, pela despreocupação, por parte dos escritores, com as autoridades gramaticais e, por outro, pelo público, que aceitou as mudanças sem a menor restrição.

A pesquisadora ainda enfatiza que, em se tratando do emprego do léxico coloquial, cada autor é um caso. Dessa forma, quando se fazem determinados comentários a respeito do período histórico em questão, alude-se a conceitos generalizantes. Como exemplo, cita Mário de Andrade, que recolhia dos usos cotidianos da língua quaisquer palavras, locuções ou frases que lhe chamassem a atenção, por frequentes ou pitorescas.

Manipulados ou não, o certo é que os vocábulos populares, característicos da língua oral, podem ser facilmente encontrados na língua dos autores literários do Modernismo e da contemporaneidade.

Essa influência é notória em vários trechos da obra de Bandeira que, talvez motivado pelos novos ares históricos do período em que viveu, buscou no uso de certos recursos orais a criação de uma "ilusão de oralidade". Cabe lembrar que essa não foi apenas uma busca de Bandeira, mas de quase toda uma geração, fato que constitui uma das fundamentais características da língua literária do século xx, conforme salienta Pinto.

No nível do léxico, apresento alguns casos a seguir, em que Bandeira busca certa aproximação com a realidade oral.

Berimbau

A mameluca é uma *maluca*.
                    (*O ritmo dissoluto*, p. 120)

Em "Berimbau", o emprego de "maluca", vocábulo muito usado na língua falada e que se refere àquela que sofre distúrbios mentais, é uma marca da oralidade presente no texto poético de Bandeira.

Camelôs

O macaquinho que *trepa* no coqueiro
                    (*Libertinagem*, p. 127)

Da mesma forma que o vocábulo anterior, o uso do verbo "trepar" no poema "Camelôs", na acepção de "ir de baixo para cima de (algo), agarrando-se com os pés e as mãos; galgar, subir" (Houaiss, 2001: 2.762), é muito comum na modalidade falada.

> **Lenda brasileira**
> Bentinho ficou *pregado* no chão.
> > (*Libertinagem*, p. 136)

Já em "Lenda brasileira", o verbo "pregar" é usado de forma conotativa, significando hiperbolicamente o fato de alguém ficar parado. De uso muito comum na modalidade falada espontânea, o vocábulo também é uma marca da oralidade no texto poético. Nesse exemplo, há um deslocamento de sentido, que originariamente vem de uma área semântica menos informal (pregar = fixar ou prender com pregos).

> **Macumba de Pai Zusé**
> Na *macumba* do Encantado
> *Nego veio pai de santo* fez *mandinga*
> > (*Libertinagem*, p. 140)

Em "Macumba de Pai Zusé", há alguns vocábulos pertinentes, empregados de acordo com o uso coloquial. O primeiro deles é "macumba", palavra usada de forma genérica pelo povo brasileiro para designar cultos afro-brasileiros. Por seu turno, "mandinga", do mesmo campo semântico de "macumba", tem no poema o sentido de "feitiço". Além disso, as denominações "Nego veio e pai de santo", por pertencerem à mesma rede de sentidos de "macumba" e "mandinga", garantem ao texto alto índice de expressividade, recurso muito próximo de certos empregos orais da língua portuguesa.

> **Louvação de Adalardo**
> O que *dá duro* e se esfalfa
> No *batente* [...]
> > (*Estrela da Tarde*, p. 259)

As expressões de uso informal "dá duro" e "batente" são empregadas em "Louvação de Adalardo". A primeira se refere ao esforço exagerado de alguém no trabalho diário. Já a segunda se refere, nesse poema, à própria ocupação diária.

> **Solange**
> Não sou como velhos *gagás*
> (*Mafuá do Malungo*, p. 287)

Galicismo muito usado na língua oral coloquial brasileira, o adjetivo "gagá" usado em "Solange" se refere à pessoa mentalmente incapaz, que voltou à infância. Segundo Houaiss, o vocábulo tem origem onomatopaica, haja vista o gaguejar das pessoas mais velhas.

> **Manuel Bandeira**
> — Manuel Bandeira,
> Quanta *besteira*!
> (*Mafuá do Malungo*, p. 290)

> **Saudades do Rio antigo**
> Mais cara, e a menor *besteira*
> *Nos custa os olhos da cara.*
> (*Mafuá do Malungo*, p. 334)

No poema "Manuel Bandeira", é empregado o vocábulo coloquial "besteira". No sentido de "ato de besta", a palavra é muito utilizada na modalidade oral brasileira, sobretudo em empregos informais. Já em "Saudades do Rio antigo", Bandeira emprega o mesmo vocábulo, mas com acepção diferente, no sentido de "coisa sem importância, coisa de somenos". Entretanto, tal uso também é coloquial, muito comum em situações orais informais. Além disso, nesse último exemplo, há a expressão "custar os olhos da cara", comumente usada no cotidiano oral dos falantes.

> **Idílio na praia**
> E te chamarei
> *Cupincha*
> (*Mafuá do Malungo*, p. 310)

Em "Idílio na Praia", há a ocorrência de "cupincha". Houaiss (2001: 891) salienta que tal vocábulo, de uso informal, tem o sentido de "companheiro, camarada". Há de se notar, também, que, cotidianamente, o vocábulo apresenta certa conotação negativa, vinculada à ideia de "comparsa".

Cunhantã

O ventilador era *a coisa* que roda.
(*Libertinagem*, p. 138)

Madrigal tão engraçadinho

Teresa, você é a *coisa* mais bonita que eu vi até hoje na minha vida
(*Libertinagem*, p. 140)

Segunda canção do beco

Não sei, não sei, mas
Uma coisa me diz
Que o teu corpo magro [...]
(*Estrela da Tarde*, p. 254)

A palavra "coisa", muitíssimo comum no cotidiano oral brasileiro, também ocorre em nosso *corpus*. Considerado pelos estudos funcionalistas como uma **pró-forma lexicalizada** (ou seja, uma palavra "coringa", de sentido fortemente impreciso, usada no discurso para substituir outras), o vocábulo "coisa"

> Para saber mais sobre o termo pró-forma, consulte Neveu (2008: 250).

é usado pelos falantes nos processos de referência textual, mais especificamente nos processos de substituição de um vocábulo por outro mais geral.

Na obra de Bandeira, "coisa" é empregada em "Cunhantã", designando ventilador na expressão "coisa que roda". Já em "Madrigal tão engraçadinho", torna-se quase que satírico o elogio proferido pelo enunciador do poema, que se dirige a Teresa como se ela fosse "a coisa mais bonita" vista na vida. Por seu turno, em "Segunda canção do beco", o vocábulo se enquadra em uma expressão idiomática portuguesa, no sentido de "algo".

Marcas da oralidade no texto poético: o uso da sintaxe oral

No que se refere à sintaxe oral, muitos são os aspectos que ocorrem na obra de Bandeira e que aqui poderiam ser apresentados, como alguns tipos de repetição e de paráfrase, a presença de parentéticas, de cortes e de correções.

Irei me preocupar, tendo em vista os limites deste texto, com a demonstração das correções, fenômeno tipicamente oral e que se faz presente na obra de Bandeira.

A correção, no texto oral, é uma marca da reelaboração textual facilmente percebida, uma vez que, na língua falada, o planejamento e a produção textuais

Oralidade e poesia em sala de aula **73**

são concomitantes. Já o texto escrito, por seu turno, justamente pela não simulta-
neidade do ato de planejar com o de produzir, tem condições de ser apresentado
sem tais marcas de reelaboração.

Contudo, tal tendência é colocada de lado quando se observam alguns
textos poéticos de Manuel Bandeira. Neles, possivelmente tentando criar efeitos
de sentido próximos à modalidade oral, o poeta usa, na voz de seu enunciador
(ou, em outras palavras, na "voz de seu eu lírico"), certas marcas que lembram
"situações linguísticas orais".

No trecho do poema "Oração a Teresinha do Menino Jesus", Bandeira faz
uso desse recurso:

Oração a Teresinha do Menino Jesus

Quero alegria! Me dá alegria,
Santa Teresa!
Santa Teresa não, Teresinha...
Teresinha do Menino Jesus.
(Libertinagem, p.138)

Nesse trecho, o poeta, para sugerir uma eventual intimidade com Santa
Teresa, se corrige por meio da expressão "Santa Teresa não", apresentando, logo
em seguida, o enunciado-reformulador "Teresinha". Assim, há, no trecho "Santa
Teresa não, Teresinha...", a regra demonstrada no quadro abaixo:

Quadro – A correção no poema "Oração a Teresinha do Menino Jesus"

PARTES DO PROCESSO DE CORREÇÃO	EXEMPLO DO POEMA
Enunciado-fonte da correção	Santa Teresa
Marcador de correção	Não
Enunciado-reformulador	Teresinha

Peregrinação

Fazia as sobrancelhas como um til;
A boca, como um o (quase).
(Estrela da Tarde, p. 242)

Em "Peregrinação", é evidente o recurso oral reelaborativo da autocorreção.
Após afirmar que "[alguém] fazia a boca como um o", o enunciador se corrige e
diz que "fazia com a boca 'quase' um o". Aqui, a correção não é um mero fator
de reelaboração textual. Ao contrário, é por meio do ato de se corrigir que o enunciador ajusta a informação, buscando uma maior precisão referencial.

74 Ensino de Língua Portuguesa

Nesse caso específico, o poeta poderia ter apresentado a seus leitores um verso em que haveria essa precisão referencial. Entretanto, talvez buscando criar um caráter mais espontâneo, o autor constrói o verso em destaque, baseado fortemente na oralidade, que se torna um recurso linguístico essencial na produção poética.

No poema "Maísa", há dois excertos que podem ser destacados:

(1)

Maísa
Os olhos de Maísa são dois não sei quê dois não sei como diga dois Oceanos Não Pacíficos
(Estrela da Tarde, p. 257)

(2)

Essa é a Maísa da televisão
A Maísa que canta
A outra eu não conheço não
Não conheço de todo
Mas mando um beijo para ela.
(Estrela da Tarde, p. 258)

No primeiro trecho, a dinâmica oral é clara. A falta de pontuação que nos conduz à ideia de hesitação e as expressões populares "dois não sei quê", "dois não sei como diga" também criam certa ilusão da oralidade. Na realidade, as duas expressões são substituídas pela definição clara dos olhos de Maísa: "dois Oceanos Não Pacíficos".

Já no segundo trecho em destaque, há uma retificação do enunciado-fonte. Primeiramente, o enunciador nega conhecer a Maísa que canta. Essa negativa é reforçada pela duplicação do "não", recurso também oral. Em seguida, reformulando o texto, o enunciador nos diz que "não conhece de todo". Há, assim, uma correção com o objetivo de precisar o enunciado.

Saudação a Vinícius de Moraes
Hoje que o sei,
Te gritarei
Num poema bem,
Bem, não! no mais
Pantafuço
Que já compus
(Mafuá do malungo, p. 330)

A respeito do texto oral, Marcuschi (2000) postula que "é muito comum o uso do marcador 'não' para refazer algum aspecto do dito, seja lexical ou semântico" (p. 31). Em "Saudação a Vinícius de Moraes", é justamente isso que ocorre. A forte ruptura ocasionada pela expressão "bem não!" é o início do enunciado-reformulador "no mais/ Pantafuço/ Que já compus".

O mesmo ocorre no excerto a seguir, retirado do poema "O palacete dos amores".

> **O palacete dos amores**
> Compunham quadro de um sinete
> Tal, que os amores eram mato
> Nos três pisos do palacete.
>
> Mato não a – jardim: por maiores
> Que fossem, sempre houve recato
> No palacete dos amores
> (*Mafuá do Malungo*, p. 331)

No trecho, o enunciador, ao afirmar que "os amores eram 'mato'", corrige-se, usando o marcador discursivo "não" no sintagma corretivo "mato não". Em seguida, há a reformulação com a apresentação da expressão que seria a correta: "jardim".

Marcas da oralidade no texto poético: o uso do discurso oral

O discurso oral também pode ser observado em alguns poemas de Bandeira. Aspectos como a disfluência discursiva, os diálogos orais e a autoridade no discurso podem ser notados em vários poemas. Analisarei, neste capítulo, um desses aspectos: a questão da autoridade no discurso. Para tanto, o discurso é concebido como o uso da linguagem como forma de prática social e não como atividade puramente individual ou como apenas reflexo de variáveis situacionais.

Tal concepção vem ao encontro daquilo que se pretende destacar em nossa análise do discurso oral, que é, por si só, uma ação sobre o outro. O *discurso oral* é entendido como modo de ação linguístico, que ocorre por meio da oralidade, na presença espaçotemporal ou apenas temporal (no caso das conversas de telefone) de um interlocutor, que será constantemente considerado como coenunciador do discurso, em uma atividade interativa. A coenunciação ocorre justamente pelo fato de serem os dois parceiros (falante e ouvinte, para ser mais preciso) sujeitos ativos na ação sobre o outro e sobre o mundo.

O discurso oral é produzido na/pela relação interativa entre os interlocutores. E o comportamento desses interlocutores frente ao discurso é função da autoridade dos enunciadores, do *status* que lhes é reconhecido e da legitimidade que a eles é atribuída. Assim, podemos falar em um *raciocínio de autoridade*, que é precisamente um raciocínio em que a validade de uma proposição decorre da autoridade de seu enunciador, conforme diz Maingueneau (2000).

No que tange aos exemplos analisados é possível falar de certa ilusão do discurso oral. Isso quer dizer que Bandeira, em alguns poemas, tenta descrever situações sociointeracionais específicas da oralidade. Os textos, assim, são construídos a partir de estratégias discursivas naturais em situações orais do cotidiano.

Peguemos o texto "Pneumotórax", conhecido poema de Bandeira. Nele, a ilusão da oralidade ocorre por meio da sugestão do discurso oral, produzido a dois:

> **Pneumotórax**
>
> Febre, hemoptise, dispneia e suores noturnos.
> A vida inteira que podia ter sido e que não foi.
> Tosse, tosse, tosse.
>
> Mandou chamar o médico:
>
> – Diga trinta e três.
> – Trinta e três... trinta e três... trinta e três...
> – Respire.
>
> ....
>
> – O senhor tem uma escavação no pulmão esquerdo e o pulmão direito infiltrado.
> – Então, doutor, não é possível tentar o pneumotórax?
> – Não. A única coisa a fazer é tocar um tango argentino.
> (Libertinagem, p. 128)

Primeiramente, são notórios na construção do discurso alguns índices orais. Uma dessas marcas é a repetição do termo "tosse", que dá ênfase ao enunciado. O diálogo entre médico e paciente é também uma outra evidência da busca de proximidade com a estrutura oral.

Além disso, no diálogo criado, há marcas de autoridade do discurso, que representam os papéis sociais dos interlocutores. Trata-se de uma consulta médica, em que o discurso médico é marcado pela legitimidade. O uso dos verbos "diga" e "respire" no imperativo afirmativo, bem como a frieza em responder do que o paciente realmente sofre são indícios dessa autoridade.

A fala do paciente é marcada pela obediência ao médico e pela confiança do paciente com relação à consulta. Percebe-se, assim, o discurso dominante do médico frente ao discurso dominado do paciente, o que é muito comum nas interações orais produzidas em situações de exames e consultas de saúde.

Perspectivas para o ensino de língua e literatura

Nos exemplos apresentados, vimos que Manuel Bandeira usa recursos orais de forma equilibrada, aproximando-se da simplicidade, da familiaridade e do ritmo da fala cotidiana. Daí a originalidade dos poemas em questão.

O emprego da oralidade, deste modo, pode garantir uma maior proximidade com o leitor contemporâneo, que é, ao mesmo tempo, além de leitor, usuário da modalidade linguística empregada, em diversos momentos, pelo poeta.

Todas essas marcas orais e os efeitos de sentido por elas criados poderão ser aproveitados, em sala de aula, pelo professor, que terá a possibilidade de levar os alunos a muitos "caminhos de reflexão".

No que se refere aos recursos orais no texto poético, um debate na aula de Língua Portuguesa ou de Literatura pode ser motivado por diversas questões, por exemplo:

- Os alunos e o professor usam essas marcas orais com frequência? Em quais situações?
- Qual a finalidade dessas marcas no texto poético? O que elas representam? O que significam? Qual o sentido dessas marcas no poema?
- Quais as diferenças entre o uso dessas marcas no texto poético e o uso dessas marcas na fala do cotidiano?
- Que tipo de "enunciador" (que pode também ser chamado de "eu lírico") é responsável por esse discurso?
- O texto poético, analisado a partir dessas marcas, é belo? O que o aluno sentiu ao perceber essa linguagem do cotidiano presente no poema?
- Os assuntos abordados nos textos são coerentes com os usos linguísticos orais empregados?

Muitas outras possibilidades de questionamento e de discussão podem ser criadas pelo professor, tendo em vista os objetivos da aula, o texto poético a ser abordado e os interesses dos alunos e do docente.

Por fim, é necessário salientar que há muitas outras possibilidades para o trabalho relacionado à oralidade no texto poético. A análise das marcas orais presentes em um texto escrito pode ser feita em conjunto com outras abordagens.

De fato, o que importa é dar ao aluno a possibilidade de se transformar em um sujeito-leitor, consciente de sua linguagem, de seu mundo, dos sentidos que permeiam a linguagem e o mundo dos outros sujeitos.

Bibliografia

BANDEIRA, Manuel. *Estrela da vida inteira*. São Paulo: Círculo do Livro, 1998.

FAIRCLOUGH, Norman. *Discurso e mudança social*. Brasília: Ed. UnB, 2001.

HOUAISS, Antônio. *Dicionário Houaiss da Língua Portuguesa*. Rio de Janeiro: Perspectiva, 2001.

MAINGUENEAU, Dominique. *Termos-chave da análise do discurso*. Belo Horizonte: Ed. UFMG, 2000.

MARCUSCHI, Luiz Antônio. *Análise da conversação*. 5. ed. São Paulo: Ática, 2000.

NEGREIROS, Gil. *Marcas da oralidade na poesia de Carlos Drummond de Andrade*. São Paulo, 2003. Dissertação (Mestrado em Língua Portuguesa) – Pontifícia Universidade Católica de São Paulo.

_____. *Marcas de oralidade na poesia de Manuel Bandeira*. São Paulo: Paulistana, 2009.

NEVEU, Franck. *Dicionário de ciências da linguagem*. Petrópolis: Vozes, 2008.

PINTO, Edith P. *História da língua portuguesa*: século XX. São Paulo: Ática, 1988.

URBANO, Hudinilson. *Oralidade na literatura*: o caso Rubem Fonseca. São Paulo: Cortez, 2000.

Recursos de oralidade nos quadrinhos

Paulo Ramos

Fig. 1 – Mutts, de Patrick McDonnell

A tira cômica acima é da série Mutts, de Patrick McDonnell. As histórias mostram o dia a dia de um cachorrinho, Duque, e de seu parceiro de bagunças, o gatinho Chuchu. Nesse exemplo, o sono do cãozinho é interrompido pelo ronco do colega. O ruído é mostrado por meio da onomatopeia "purrrrr", lida no primeiro e segundo quadrinhos. O som começa alto e vai diminuindo. A mudança de tonalidade é representada com a diminuição da letra "r".

A alteração do som assusta Duque e faz o bichinho despertar o parceiro. "Ei, Chuchu, acorda!", diz, em voz alta, no balão do terceiro quadrinho. O recurso usado para indicar o volume alto é o uso das letras em negrito. No final da história, conclui seu raciocínio: "Acho que o seu motor pifou". O desfecho inesperado – a associação do ronco a um motor – leva ao efeito de humor, característica do gênero tira cômica.

Nem sempre se percebe, mas as histórias em quadrinhos são riquíssimas de recursos de representação da oralidade. Para perceber, basta treinar o olhar, como bem ilustra a tira de Mutts. Em quatro quadrinhos, podem-se ler diferentes recursos da língua falada adaptados para a linguagem dos quadrinhos: mudança de tonalidade, uso dos balões para indicar fala, trecho dito em voz alta, reforçado pelo rosto assustado do cachorrinho.

O uso de elementos da oralidade vai variar de história para história. Mas estarão presentes, em maior ou menor grau. Como dissemos, é questão de saber olhar. É difícil esgotar o tema, dado o volume de exemplos que existem. O pouco, no entanto, já é muito, como pretendemos mostrar nestas páginas.

Fala por meio dos balões

O balão é um dos recursos mais característicos da linguagem das histórias em quadrinhos. É usado para indicar a fala e o pensamento das personagens. O que se passa na mente delas é normalmente representado com o auxílio de um balão de pensamento, em geral em forma de nuvem e com bolhas na direção da pessoa. Os outros contornos do balão, por oposição, costumam indicar a fala.

O exemplo a seguir, de uma história da personagem Zé Carioca, ilustra as duas situações. À esquerda, há o balão de fala ("Puxa! Que fila!"). Ao lado deste, o de pensamento ("Raios! Pensei que eu seria o último da fila!").

Fig. 2 – Balão de fala, à esquerda, e balão de pensamento, à direita

O balão de fala desse exemplo indica tom de voz normal, como o da maioria das conversas cotidianas. Outros balões podem sugerir diferentes modos de falar, dependendo do contorno utilizado. Tracejado conota voz baixa (Fig. 3). Em explosão, fala em tom alto (Fig. 4). Com pontiagudos, som vindo de aparelho eletrônico (Fig. 5).

Fig. 3 – Contorno tracejado indica voz baixa

Fig. 4 – Contorno para fora, simulando uma explosão, caracteriza o balão-berro

Fig. 5 – Trechos pontiagudos no balão sugerem que o som vem do aparelho de televisão

Não existem apenas esses formatos de balão. Há muitos outros, que acompanham a criatividade e a intenção do autor da história. O importante é fixar a ideia de que os balões são o principal recurso dos quadrinhos para representar as falas individuais, bem como os diálogos, trílogos e polílogos (interação que envolve quatro ou mais pessoas). Ou, em outras palavras, eles indicam o que a área da Análise da Conversação chama de turnos conversacionais, nome dado ao que um falante diz durante o processo de interação.

Estratégias da fala percebidas nos turnos também têm sua contraparte nos quadrinhos. Pontuamos uma delas, a título de exemplificação: o assalto de turno. Ocorre quando um falante toma a fala, ou o turno, do seu interlocutor. A seguir, há um caso assim:

Fig. 6 – Exemplo de assalto de turno

O homem que aparece fora do jipe tem a fala interrompida pelo motorista do automóvel. Percebe-se o assalto do turno pela combinação das reticências no fim do primeiro balão – sugerem que o raciocínio não foi concluído – com a expressão "Anda logo!", dita aos gritos no início do balão seguinte.

Também é pertinente destacar que há casos em que a expressividade do balão – e do turno – é indicada por intermédio do apêndice, a seta pontiaguda que vai em direção à personagem. Dois exemplos. No primeiro (Fig. 7), é o apêndice que sinaliza o fato de a conversa se dar por meio do computador. No segundo, (Fig. 8), o contorno torto do apêndice ajuda a reforçar que a personagem está bêbada no quadrinho final de tira cômica de Grump. A bebedeira é o que leva ao efeito de humor.

Fig. 7 – Contorno pontiagudo do apêndice indica que a conversa se dá via computador

Fig. 8 – Apêndice torto no quadrinho final ajuda a caracterizar bebedeira da personagem

O apêndice pode ainda ser a única ponte entre a personagem e o conteúdo da fala. Isso ocorre nos casos em que o autor da história em quadrinhos opta por não usar balões: utiliza apenas as palavras e o apêndice indicando de quem é a fala. Foi um recurso muito explorado pelo brasileiro Henfil nas narrativas que produzia, como nesta, da Graúna:

Fig. 9 – Apêndice que aparece abaixo das palavras indica de quem é a fala

É comum o conteúdo do turno ser acentuado por elementos paralinguísticos, termo dado aos aspectos não verbais da fala. Muitas vezes, o sentido é depreendido a partir de tais recursos. Todos os exemplos vistos até aqui contêm tais recursos, sendo ora mais, ora menos relevantes para a construção do sentido. Mas sempre presentes, não custa registrar.

Representações da fala

Uma das formas de facilitar a exposição dos mecanismos de representação da fala na linguagem dos quadrinhos é observar o balão sob dois aspectos: sua parte externa, como vimos anteriormente, e o que aparece em seu conteúdo, parte que abordaremos agora.

Já vimos exemplos que mostram o papel do balão na indicação da tonalidade da voz. Há, no entanto, outra forma de indicar alteração na voz das personagens. A forma como as letras são grafadas pode conotar que determinada palavra ou expressão foi dita aos gritos. Para isso, os termos são produzidos em negrito

(Fig. 10) ou em um tamanho de letra bem maior do que o comum (Fig. 11), como ilustram os dois casos a seguir:

Fig. 10 – Letras em negrito sugerem que a frase foi dita em voz alta

Fig. 11 – Tamanho das letras indica grito ao falar palavra "gol"

Há um outro caso de uso de negrito que não necessariamente indica que a palavra ou expressão foi dita em voz alta. Vários autores usam o recurso apenas para dar ênfase a determinado termo ou trecho. Como distinguir uma situação da outra? Com o contexto. Veja este exemplo:

Fig. 12 – Tira cômica de Nicolau em que aparecem palavras em negrito

Há na tira duas palavras em negrito, uma no segundo quadrinho ("Escalavrado") e outra no último ("contrário"). É possível inferir, dado o contexto, que não foram ditas necessariamente em voz alta. Elas parecem exercer uma outra função: a de marcar termos-chave para o leitor. No quadrinho final, em particular, a palavra "contrário", negritada, é importante para que se construa o sentido de humor do texto.

Como também ocorre nas análises de textos orais, o contexto é essencial para depreender os reais sentidos do processo de interação. É a situação de ocorrência da fala que ajuda a compreender a representação de outros recursos próprios da oralidade, como a repetição de palavras, vogais ou consoantes (Fig. 13), os prolongamentos de sílabas (Figs. 14 e 15) ou truncamento, caso em que a pronúncia de um termo é interrompida (Fig. 16).

Fig. 13 – "Eu... eu": caso de repetição de palavra

Fig. 14 – Prolongamentos do "a" e do "m" ajudam a caracterizar espirro

Fig. 15 – Prolongamentos da vogal final da palavra "Sandra" e do som do telefone

Fig. 16 – Palavra "Mirandinha" é interrompida: caso de truncamento

Também é o contexto que vai ajudar o leitor a construir o sentido nos casos de pausas ou dos silêncios em determinados pontos da narrativa. Pode haver quadrinhos sem qualquer representação sonora (Fig. 17) ou então com a fala dos balões marcada por pausas ou hesitações, indicadas com o uso de reticências (Fig. 18).

Fig. 17 – Trecho de história em quadrinhos em que predomina o silêncio

Fig. 18 – "Eu... o quê? Eu não... eh...": reticências indicam pausa durante a fala

Caracterização da fala das personagens

Há diferentes convergências entre as histórias em quadrinhos e outras manifestações artísticas, como o cinema, o teatro e a literatura. Uma delas é a forma de caracterização das personagens por meio de recursos verbais. O léxico, o conjunto de palavras escolhido, detém lugar privilegiado nesse processo.

A boa seleção dos termos a serem ditos pelas personagens podem torná-los ainda mais verossímeis aos olhos do espectador, no caso do cinema e do teatro, ou do leitor, cenário criado pela literatura e pelos quadrinhos. Do contrário, corre-se o risco de se desenvolver uma situação contraditória – uma criança falando como adulto, por exemplo – ou então pouco crível.

Como seria vista pelo leitor a cena a seguir se a personagem – um adolescente questionador e rebelde – fosse caracterizada de forma diferente desta?

Fig. 19 – Fala própria de adolescente ajuda a caracterizar personagem

Há diferentes recursos vistos na sequência, em que a personagem conversa com sua irmã, também adolescente, como o uso de gíria ("mané") e de reduções ("cê"; "tá"; "apanhá"). Discute-se muito no ensino o papel da norma padrão. Comenta-se pouco, no entanto, o uso das variantes linguísticas, das distintas formas de falar, inclusive para explicar eficientemente uma cena como essa. É um recurso perfeitamente válido e ajuda a tornar mais crível a situação narrada.

A variedade de usos da língua – chamada teoricamente de níveis de fala – pode ocorrer por fatores como posição geográfica ou aspectos socioculturais (idade, profissão, nível de escolaridade, sexo, situação de produção). O nível de fala mais informal foi um dos elementos que ajudaram a tornar o super-herói Coisa o mais popular do grupo Quarteto Fantástico, feito repetido nas adaptações para o cinema. A seguir, um trecho de história com a personagem:

Recursos de oralidade nos quadrinhos **89**

Fig. 20 – Trecho de história em quadrinhos com a personagem Coisa

Pode-se observar que há um grupo de recursos verbais para a caracterização do nível de fala informal da personagem: seleção lexical ("direitinho"); presença de gíria ("boneca"); reduções verbais e pronominais ("tô"; "tá"; "cê"); mescla de pronome de tratamento "você" ("cê"), em terceira pessoa, com pronome de segunda pessoa ("te"; "ti"). Vê-se que não são apenas recursos de ordem lexical. A fala de sua interlocutora também apresenta um mecanismo vinculado à sintaxe de colocação: o início de frase com pronome átono ("me fala"), algo próprio da fala contemporânea.

Evidentemente, pode ocorrer o oposto: uma personagem que tenha como marca um nível de fala mais próximo à variante padrão e, por isso, tendencialmente mais formal. Outro super-herói serve de exemplo, o Poderoso Thor. Os tradutores brasileiros de suas aventuras costumam atrelar o modo de falar dele à sua herança de deus nórdico.

Fig. 21 – Poderoso Thor é exemplo de nível de fala formal

Como o exemplo mostra, os tradutores da personagem optaram por pautar a fala do herói com a segunda pessoa do singular, concordância pouco usual na maior parte do país: "prepara-te", no imperativo, e "se fores" e "não hás". O recurso linguístico contribui para dar um ar mais nobre a Thor.

As variantes regionais também são rico recurso para caracterizar as personagens e para dar a elas uma identidade verbal. Dois exemplos ajudam a ilustrar o mecanismo linguístico nas histórias em quadrinhos. O primeiro é da série Turma do Xaxado, de Antônio Cedraz, ambientada no interior nordestino. O segundo é do psicanalista gaúcho Analista de Bagé, personagem criada por Luis Fernando Verissimo e desenhada para os quadrinhos por Edgar Vasques. Cada uma das histórias procura representar as variantes da região onde se passam as narrativas:

Fig. 22 – Tira de Turma do Xaxado representa fala de cidade do interior nordestino

Fig. 23 – Analista de Bagé é caracterizado com fala própria de gaúcho

No caso da tira de Turma do Xaxado, a personagem Zé Pequeno, mostrada à direita nos três quadrinhos, é representada como um dos moradores da região rural, pautada pela seca. Os recursos para caracterização da fala dele passam por diferentes marcas, manifestadas em termos como "ôio" ("olho"), "ôxi", "trabaio" ("trabalho"), "incruziada" ("encruzilhada"), eliminação do "r" final dos verbos ("fazê"; "sabê"), troca de "e" por "i" nas palavras "qui", "im" e "incruziada", substituição da vogal "o" pela "u" em "num". Nota-se que são aspectos que passam pelas áreas fonético-fonológica, morfológica e lexical. O parceiro dele na tira, Xaxado, também apresenta marca no trecho "tu não fez", de ordem sintática.

O pronome de segunda pessoa do singular, uma das marcas da variante usada no Rio Grande do Sul, faz-se presente no curto trecho de Analista de Bagé usado como exemplo ("acho que *te* curei"). Mas, no texto, a principal marca para identificar a fala típica do gaúcho é outra: o "tchê" apresentado no final do balão. O contexto paralinguístico reforça a caracterização. O psicanalista oferece ao paciente chimarrão, bebida símbolo da região.

Os quadrinhos representam ainda outra característica da língua falada, a de variar ao longo do tempo. Histórias estrangeiras, traduzidas para o português em diferentes épocas, costumam render bons exemplos. Um deles é reproduzido a seguir. Foi extraído de uma mesma aventura do super-herói Homem-Aranha, publicada aqui no Brasil primeiramente em outubro 1973 pela extinta Editora Brasil-América Ltda. (EBAL) e relançada 31 anos depois, pela multinacional Panini.

Fig. 24 – Sequência de história de Homem-Aranha publicada no Brasil em 1973

Fig. 25 – Trecho da mesma história de Homem-Aranha, reeditada no país em 2004

Há várias diferenças entre as duas traduções, tanto de conteúdo como de forma. Algumas, no entanto, parecem ser mais relevantes para exemplificar os distintos níveis de fala da mesma personagem, na mesma história, não custa reforçar.

No primeiro trecho, publicado pela EBAL, o Homem-Aranha diz no segundo quadrinho "Afastem-se, 'tiras'!". O uso de maiúsculas em "afastem-se" indica fala em voz alta. O verbo sugere que o herói se dirige aos dois policiais, chamados de "tiras". O termo é grafado entre aspas por ser considerado coloquial à época. O pronome aparece após o verbo, conforme a norma padrão. O mesmo registro é encontrado no terceiro e último quadrinho, quando o policial fala "largue-me, sargento!".

Nota-se, portanto, um cuidado de aproximar a fala da personagem da norma padrão da língua, o que lhe confere maior formalidade. Tal comportamento não ocorre no exemplo seguinte, em que se constrói um nível de fala mais coloquial se comparados os mesmos trechos.

Na sequência publicada pela Panini, o segundo quadrinho traz esta fala: "cai fora, tira!". O balão em explosão e o negrito usado nas três palavras – de forma mais acentuada em "cai fora" – conotam que a frase foi dita em voz alta, aos gritos. Os recursos utilizados acentuam a expressividade da fala do super-herói. A opção pelo uso de "cai fora" em vez de "afastem-se" dá maior coloquialidade. O mesmo vale para o pronome átono "me" antes do verbo no quadrinho final: "me larga, sargento!".

Podem-se observar outras características, como dissemos. Mas essas já ilustram como um mesmo produto – no caso, uma mesma história – pode ser caracterizada de formas verbalmente distintas pelas duas editoras no intervalo de 31 anos. As personagens, o conteúdo e os desenhos permanecem os mesmos. A fala, não. Mudou, assim como muda a língua ao longo do tempo.

Uso de onomatopeias

Na linguagem dos quadrinhos, a representação da oralidade não se dá apenas via fala das personagens. Os sons da cena também são caracterizados ao longo das narrativas por meio de onomatopeias. Neste texto, já vimos casos delas em cinco exemplos, o das figuras 1, 12, 14, 15 e 21. Seguem mais três:

Fig. 26 – Trecho da história em quadrinhos sobre a Revolução Russa

Fig. 27 – Sequência de *Foices & facões*: a batalha do jenipapo

Fig. 28 – Quadrinho da série *Os mortos-vivos*

Os três casos trazem cenas de tiros, mas com representações distintas. "Paw" e "bang" no primeiro, "blam" no segundo, "pkow", e também "blam", no terceiro. Os exemplos ajudam a ilustrar a diversidade de usos possíveis para as onomatopeias nas histórias em quadrinhos. O contexto verbal escrito e visual, também nesse caso, é essencial para ajudar o leitor a depreender o sentido produzido pelo texto.

O uso das onomatopeias pode ocorrer também dentro dos balões, indicando um ruído emitido por determinada personagem. O exemplo a seguir é peculiar, porque apresenta uma mesma onomatopeia, "smac", no balão e no cenário externo. O recurso sugere que o som foi produzido tanto pela pessoa que beija quanto pelo beijo em si.

Fig. 29 – "Smac" dentro e fora do balão sugere duplo som da onomatopeia

Os balões são o local de representação de outros sons emitidos pelas personagens, como riso e gargalhadas (Fig. 30) ou o barulho de um balão de gás sendo enchido pelo sopro e, depois, estourado (Fig. 31).

Fig. 30 – Risos e gargalhadas em trecho de história da revista O contínuo

Fig. 31 – Personagem enche balão em tira da série Macanudo

Há histórias em quadrinhos que optam pelo não uso de onomatopeias. Questão de estilo. O recurso, porém, é quase regra nos mangás, nome dado aos quadrinhos japoneses, e compõe o cenário de tais produções. Nas versões em português, os editores costumam traduzir as onomatopeias, como nos casos a seguir.

Figs. 32 e **33** – Onomatopeias traduzidas em sequências do mangá *Ranma 1/2*

Oralidade e quadrinhos no ensino

Por muitos anos, perguntou-se se as histórias em quadrinhos poderiam ser usadas no ensino. Hoje, a questão a ser feita é outra: de que modo se devem usar os quadrinhos na sala de aula. Isso porque os diferentes gêneros da área já foram oficialmente inseridos em diferentes textos de políticas educacionais.

A Lei de Diretrizes e Bases da Educação Nacional (LDB), promulgada em 20 de dezembro de 1996, já sinalizava para a necessidade de "linguagens contemporâneas" serem incorporadas na realidade pedagógica brasileira. Nos anos seguintes, os Parâmetros Curriculares Nacionais (PCN) tornaram a presença dos quadrinhos mais explícita. O tema aparece nos parâmetros de Língua Portuguesa, Artes e de Linguagens, Códigos e suas Tecnologias.

O domínio de outras linguagens, entre as quais a dos quadrinhos, tem sido exigido no Exame Nacional do Ensino Médio (ENEM), promovido em todo o país pelo governo federal. São comuns questões pautadas em charges, tiras cômicas e cartuns, três dos gêneros das histórias em quadrinhos.

Outro passo para a inclusão se deu com a decisão do governo federal de incluir obras em quadrinhos na lista do Programa Nacional Biblioteca da Escola (PNBE), que compra lotes de livros para escolas de todo o país. O programa começou a comprar quadrinhos em 2006. Até 2010, adquiriu 46 títulos da área, de diferentes gêneros e autores.

Uma dessas obras é *Um contrato com Deus e outras histórias de cortiço*, do escritor e desenhista norte-americano Will Eisner (1917-2005). O livro foi selecionado para alunos do ensino médio e traz quatro contos vividos na Nova York dos anos 1930, cidade onde o autor cresceu.

Propomos a análise de um dos contos, "O Zelador", a título de ilustração de como as formas de representação da oralidade trabalhadas até aqui podem ser aplicadas junto aos estudantes. É preciso, antes, fazer uma ressalva: o que será exposto não esgota o assunto nem tem a preocupação de servir como um guia a ser seguido pelos docentes. A proposta, bem mais modesta, é apenas a de evidenciar como tais recursos da língua falada se manifestam nos quadrinhos e como estes podem ser úteis para discussões a respeito da oralidade.

A história em análise se passa num cortiço, que fica no número 55 de uma avenida chamada Dropsie, local recorrente nos contos em quadrinhos de Eisner. O síndico do prédio é o misterioso e temido sr. Scuggs, o qual abordava os inquilinos com um ameaçador cachorro. Segundo descreve o autor, "ninguém gostava dele".

Fig. 34 – Síndico se irrita com batida nos encanamentos do prédio do cortiço

Uma das moradoras, dona Farfell, bate nos encanamentos para pedir que o síndico ligue a caldeira e permita que tenha água quente no apartamento. Irritado, ele sobe as escadas para tirar satisfações. Encontra a senhora e a sobrinha, de 10 anos. Os desenhos sugerem que Scuggs fica encabulado, mas com a imagem da menina na mente.

A garota, depois, invade o cômodo onde o síndico vive. Matreira e ousada, propõe um acordo: mostra a ele o que tem embaixo do vestido se receber por isso cinco centavos. Enquanto ele pega o dinheiro, ela envenena seu cachorro e consegue fugir com a caixa de dinheiro de Scuggs. Este fica de mãos atadas: ela ameaça contar o que ocorreu a todos os inquilinos se ele fizer alguma coisa.

Fig. 35 – Menina envenena cachorro do síndico e rouba dinheiro dele (último quadrinho)

Sem suportar a falsa acusação e, ante à tentativa de a polícia invadir seu cômodo, ele decide se matar com um tiro na cabeça. A garota é preservada pela tia: "Por favor, seu guarda, não na frente dela! Ela só tem 10 anos...".

O tema da história pode render um bom debate com a sala, desde que seriamente trabalhado pelo docente. Após bem compreendido, pode-se transpor a discussão para a realidade brasileira. Paralelamente, podem ser abordados os diferentes recursos de oralidade presentes no conto. Os alunos podem ser instigados a refletir sobre o papel dos balões na narrativa. Alguns temas possíveis a serem trabalhados:

- Como seria a condução da história sem a presença deles?
- Quando a personagem fala mais alto? Como se dá essa representação nos quadrinhos?
- Qual o papel da onomatopeia na história, em particular no momento em que dona Farfell bate nos encanamentos pedindo água quente?

Há trechos sem a presença dos balões. Que efeito o autor consegue com o silêncio?

- Na fala do síndico com a garota, no condomínio dele, há várias reticências em seus balões. Qual o efeito que isso sugere no leitor?

- Como cada uma das personagens foi caracterizada verbalmente? Tal representação condiz com a imagem de cada uma mostrada nos desenhos?

A prática pode ser desdobrada em outras aulas, intercaladas com atividades de pesquisa, individuais ou em grupo. Um tema que pode ser proposto à sala é investigar que outros elementos caracterizam a linguagem dos quadrinhos. Se a escola tiver uma biblioteca, e com quadrinhos, seria o lugar ideal para realizar a investigação. Ao mesmo tempo em que se procuram as respostas, leem-se as histórias e incentiva-se a leitura de forma autônoma, conforme os gostos de cada um.

Com base nas respostas, o professor pode propor que sejam discutidos quais elementos próprios da fala estão presentes no material trazido à sala. Cada estudante ou grupo de alunos pode ter de simular verbalmente o que encontrou nas revistas e nos livros pesquisados. Uma onomatopeia, por exemplo, pode ser reproduzida diante dos colegas. Em tom de brincadeira e com humor, apreendem-se os conteúdos, devidamente orientados pelo docente.

Numa outra etapa, os alunos podem ser instigados a criar as próprias narrativas, em quadrinhos ou não. Mas com uma recomendação: como cada um caracterizaria as suas personagens? Que recursos verbais seriam utilizados para tornar um adolescente rebelde de fato rebelde, para ficar em um caso?

Se a sala aceitar, o professor pode estimular a criação de revistas que agreguem um grupo de histórias feitas pelos alunos. Em tempos de internet, os estudantes costumam dominar muito mais do que os docentes os infinitos recursos virtuais. Mas, na falta desse suporte, a revista pode ser feita com folhas de sulfite mesmo, xerocadas depois e distribuídas à sala.

Note que há uma intencional progressão de usos e domínios de gêneros narrativos nessa atividade, que busca a familiarização deles e também a discussão de temas ligados à oralidade. Parte-se da leitura e discussão de um conto em quadrinhos, levado às escolas pelo governo federal, e migra-se para a pesquisa de outras obras semelhantes e a produção delas, finalizada numa revista criada pelos próprios estudantes.

A história em pauta, direcionada ao ensino médio, gerou muita polêmica em escolas de diferentes cidades e estados do país em 2009, ano em que a obra de Will Eisner foi levada às escolas brasileiras. Pais, professores, diretores e imprensa viram no conteúdo temas impróprios aos estudantes.

A atividade proposta mostra o contrário. Basta, claro, bom senso. E contexto. Não dá para resumir uma história a apenas um quadrinho, sem ao menos dar a ela

100 Ensino de Língua Portuguesa

o benefício da leitura, como fizeram muitos dos críticos. As escolas também não podem esconder dos alunos o que ocorre no mundo. Do contrário, nem oralidade seria tema a ser trabalhado em sala de aula.

Bibliografia

ACEVEDO, Juan. *Como fazer histórias em quadrinhos*. Trad. Sílvio Neves Ferreira. São Paulo: Global, 1990.

BAKHTIN, Mikhail. Os gêneros do discurso. In: *Estética da criação verbal*. Trad. Maria Ermantina Galvão G. Pereira. 3. ed. São Paulo: Martins Fontes, 2000 [1953], pp. 277-326. (Coleção Ensino Superior).

CAGNIN, Antônio Luiz. *Os quadrinhos*. São Paulo: Ática, 1975.

EGUTI, Clarícia Akemi. *A representatividade da oralidade nas histórias em quadrinhos*. São Paulo, 2001. Dissertação (Mestrado em Filologia e Língua Portuguesa) – Faculdade de Filosofia, Letras e Ciências Humanas, Universidade de São Paulo.

GALEMBECK, Paulo de Tarso. O turno conversacional. In: PRETI, Dino (org.). *Análise de textos orais*. 4. ed. São Paulo: Humanitas, 1999, pp. 55-79. (Projetos Paralelos NURC/SP; v. 1).

KOCH, Ingedore G. V.; MARCUSCHI, Luiz Antônio. Processos de referenciação na produção discursiva. *D.E.L.T.A.* São Paulo, v. 14, n. especial, 1998, pp. 169-90.

LAUAND, Jean. O laboratório do Tio Patinhas. *Língua Portuguesa*. ano 1, n. 9, jul. 2006, p. 23.

MCCLOUD, Scott. *Desvendando os quadrinhos*. Trad. Hélcio de Carvalho; Marisa do Nascimento Paro. São Paulo: M. Books, 2005.

PRETI, Dino. Níveis sociolinguísticos e revistas em quadrinhos. *Revista de Cultura Vozes*: Panorama da Sociolinguística. Petrópolis, n. 8, 1973, pp. 33-41.

_____. A gíria na sociedade contemporânea. In: VALENTE, André (org.). *Língua, linguística e literatura*. Rio de Janeiro: EDUERJ, 1998, pp. 119-27.

_____. *Sociolinguística:* Os níveis de fala. 9. ed. São Paulo: EDUSP, 2000.

_____. O diálogo de ficção na mídia: TV, Cinema e Teatro. *Todas as Letras*: Revista de língua e literatura. São Paulo, ano 5, n. 5, 2003, pp. 13-26.

RAMOS, Paulo. *Tiras cômicas e piadas:* Duas leituras, um efeito de humor. São Paulo, 2007. Tese (Doutorado em Filologia e Língua Portuguesa) – Faculdade de Filosofia, Letras e Ciências Humanas, Universidade de São Paulo.

_____. O uso da gíria nas histórias em quadrinhos. In: VERGUEIRO, Waldomiro; RAMOS, Paulo (orgs.). *Muito além dos quadrinhos:* análises e reflexões sobre a 9ª arte. São Paulo: Devir, 2009, pp. 39-68.

_____. *A leitura dos quadrinhos*. São Paulo: Contexto, 2009. (Coleção Linguagem & Ensino).

URBANO, Hudinilson. Marcadores conversacionais. In: PRETI, Dino (org.). *Análise de textos orais*. 4. ed. São Paulo: Humanitas, 1999, pp. 81-101. (Projetos Paralelos NURC/SP; v. 1).

_____. *Oralidade na literatura* (o caso Rubem Fonseca). São Paulo: Cortez, 2000.

VERGUEIRO, Waldomiro; RAMOS, Paulo (orgs.). *Quadrinhos na educação:* da rejeição à prática. São Paulo: Contexto, 2009.

Iconografia

Fig. 1 – MCDONNELL, Patrick. *Mutts*: os Vira-Latas. São Paulo: Devir, 2009, p. 37.

Fig. 2 – ZÉ CARIOCA. São Paulo: Abril, 2008, n. 2230.

Fig. 3 – LYRA, Fábio. *Menina Infinito*. Rio de Janeiro: Desiderata, 2008, p. 27.

Fig. 4 – OG, Daniel. O Pequeno Polegar. In: *Irmãos Grimm em Quadrinhos*. Rio de Janeiro: Desiderata, 2007, p. 33.

Fig. 5 – SUPERMAN. São Paulo: Panini, nov. 2009, n. 84, p. 53.

Fig. 6 – ROCHA, Olavo; CALDAS, Guilherme. *Candyland*. Edição dos autores, p. 31.

Fig. 7 – AGUIAR, José. *Quadrinhofilia*. São Paulo: HQM, 2008, p. 44.

Fig. 8 – ORLANDELI. *Grump*. Disponível em: <www.blogdoorlandeli.zip.net>. Acesso em: 10 nov. 2009.

Fig. 9 – HENFIL. *Fradim.* Rio de Janeiro: Codecri, 1973, n. 3, p. 48. (Coleção Henfil).

Fig. 10 – LAERTE. *O tamanho da coisa.* São Paulo: Circo; Oboré, 1985, p. 89.

Fig. 11 – ZIRALDO. *Todo-poderoso timão.* São Paulo: Globo, 2009, p. 62.

Fig. 12 – LIMA, Lucas. *Nicolau:* primeiras histórias. Araraquara: Junqueira & Marin Editores, 2007, p. 40.

Fig. 13 – VAUGHAN, Brian K.; GUERRA, Pia. *Y, o último homem.* São Paulo: Panini, out. 2009, v. 1, p. 56.

Fig. 14 – MENDONÇA, João Marcos. *Mendelévio.* Belo Horizonte: Em Comum, 2001, n. 1, p. 18.

Fig. 15 – ESTEVES, Daniel et al. *Nanquim Descartável.* São Paulo: HQ em Foco, 2007, n. 1. p. 16.

Fig. 16 – O CONTÍNUO. São Paulo: Núcleo Base, dez. 2008, n. 7, p. 31.

Fig. 17 – INVASÃO SECRETA. São Paulo: Panini, nov. 2009, n. 8, p. 23.

Fig. 18 – DELISLE, Guy. *Shenzhen:* uma viagem à China. Campinas: Zarabatana, 2009, p. 30.

Fig. 19 – AGUIAR, José. *Folheteen.* São Paulo: Devir, 2007, p. 13.

Fig. 20 – BYRNE, John. *Os maiores clássicos do Quarteto Fantástico.* São Paulo: Panini, set. 2008, v. 4, p. 58.

Fig. 21 – SIMONSON, Walt. *Os maiores clássicos do Poderoso Thor.* São Paulo: Panini, set. 2006, p. 139.

Fig. 22 – CEDRAZ, Antônio. *1.000 tiras em quadrinhos da Turma do Xaxado.* Salvador: Editora e Estúdio Cedraz, 2009, p. 25.

Fig. 23 – VERISSIMO, Luis Fernando; VASQUES, Edgar. *O Analista de Bagé em quadrinhos.* Porto Alegre: L&PM, 1983, p. 34.

Fig. 24 – O HOMEM-ARANHA. Rio de Janeiro: EBAL, out. 1973, n. 55, p. 7.

Fig. 25 – OS MAIORES CLÁSSICOS DO HOMEM-ARANHA. São Paulo: Panini, nov. 2004, v. 3, p. 89.

Fig. 26 – DINIZ, André; FERREIRA JR., Laudo. *A revolução russa.* São Paulo: Escala Educacional, 2008, p. 23. (História Mundial em Quadrinhos).

Fig. 27 – AURÉLIO, Bernardo; OLIVEIRA, Caio. *Foices & facões:* a batalha do jenipapo. Teresina: Núcleo de Quadrinhos do Piauí, 2009, p. 33.

Fig. 28 – KIRKMAN, Robert; ADLARD, Charlie. *Os mortos-vivos:* desejos carnais. São Paulo: HQM, 2009, v. 4, p. 11.

Fig. 29 – MENDONÇA, João Marcos. *Mendelévio.* Belo Horizonte: Em Comum, 2001, n. 1, p. 30.

Fig. 30 – O CONTÍNUO. São Paulo: Núcleo Base, dez. 2008, n. 7, p. 9.

Fig. 31 – LINIERS. *Macanudo.* Campinas: Zarabatana, 2009, v. 2, p. 24.

Fig. 32 – TAKAHASHI, Rumiko. *Ranma ½.* São Paulo: JBC, 2009, n. 1, p. 25.

Fig. 33 – Idem, p. 108.

Fig. 34 – EISNER, Will. *Um contrato com Deus e outras histórias de cortiço.* São Paulo: Devir, 2007, p. 118.

Fig. 35 – Idem, p. 128.

Parte 2
Escrita

Conceber a escrita em perspectiva interacional significa dizer que: i) quem escreve o faz para um leitor ou um conjunto de leitores e pressupõe conhecimentos compartilhados com esse(s) leitor(es); ii) quem escreve tem um objetivo para ser alcançado e com base nisso age estrategicamente no curso de sua produção; iii) quem escreve vai ajustando a sua escrita ao longo da atividade, processo que focaliza a reescrita; iv) o sentido da escrita advém de uma conjugação de fatores relacionados ao escritor, ao leitor, ao texto. Ao pressupor não apenas o produto, mas também o processo; não apenas o conhecimento da língua, mas também um conjunto de conhecimentos de natureza variada; não apenas o explícito, mas também o que se encontra implicitado no texto; não apenas o sujeito que escreve, mas também o sujeito leitor e sua bagagem cognitiva, a escrita se constitui em um grande desafio, tanto para o professor que a tem como objeto de ensino, quanto para o aluno que a pratica com variados propósitos interacionais.

Escrita e trabalho docente na alfabetização

Sandoval Gomes-Santos
Patrícia Sousa Almeida

A escrita é objeto de investigação de grande prestígio em vários dos domínios do campo da linguagem e da educação, da linguística aplicada à psicolinguística, dos estudos textuais, enunciativos e discursivos aos estudos em didática das disciplinas escolares, entre outros.

No Brasil, esse prestígio se configurou, a partir dos anos 80 do século passado, em diferentes perspectivas, como ilustram estudos como os de Franchi (1984), sobre a redação na escola; os de Gnerre (1985), sobre escrita, cultura e sociedade; e os de Kato (1986), sobre aspectos psicolinguísticos da aquisição da escrita.

A presente contribuição se inscreve nesse percurso de reflexão sobre a escrita escolar no Brasil, tendo seu foco voltado para um aspecto de que pouco se ocuparam as pesquisas – *a escrita que se ensina* (Almeida, 2009). Em outros termos, neste capítulo, propomos considerar os modos com que a escrita se constitui especificamente nas formas do trabalho docente, como objeto de ensino em uma turma de alfabetização, ou seja, o estatuto de que se reveste no trabalho de ensino, por meio do qual se transforma em *objeto ensinado* (Dolz, Ronveaux & Schneuwly, 2007).

> Para outras análises com foco no trabalho docente, cf. Gomes-Santos & Almeida (2009) e Gomes-Santos & Chaves (2008).

A seguir, apresentamos alguns elementos teóricos implicados na investigação do **ensino** da escrita nas formas do trabalho docente, de modo a caracterizar o lugar de observação da escrita escolar em que posicionamos este estudo.

Escrita e trabalho docente: instrumentos e gestos didáticos

A atividade docente é concebida aqui como um trabalho: aquilo que se realiza em função de transformar um objeto, com o auxílio de um instrumento, e que transforma também o próprio trabalhador.

> Sugere-se a leitura dos trabalhos de Tardif & Lessard (2005) e de Schneuwly (2000).

O que são instrumentos didáticos e para que servem?

Sendo trabalho, a atividade docente requer a utilização de instrumentos que medeiem a ação do trabalhador e a transformação do objeto. O professor confecciona – geralmente antes de entrar em sala de aula, e esse "antes" geralmente corresponde àquele tempo de trabalho feito em casa – recursos materiais de ensino como cartazes, planos, provas, cópias de textos e de tarefas escritas etc.; constrói tarefas e discursos, como exposição de conteúdo, suposição e exemplificação; e organiza textos, desenvolvimento das tarefas, leitura de textos etc.

Os instrumentos do trabalho docente têm uma particularidade: não se assemelham aos instrumentos de serviços fortemente estáveis (o bisturi e o estetoscópio dos médicos; a bola e o aparelho de infravermelho dos fisioterapeutas; a seringa e a luva do enfermeiro) nem aos de trabalhos mecânicos e/ou produtivos (o martelo, a chave de fenda, a enxada etc.). Os instrumentos da docência não têm existência objetiva, não estão sempre totalmente prontos para serem utilizados em quaisquer circunstâncias, visto que seu emprego acontece em contextos fluidos de interação nos quais nem tudo pode ser previsto e cada contexto particular exige formas particulares de transformar os objetos.

O fato de os instrumentos do trabalho do professor serem flexíveis, dinâmicos e bastante plásticos não significa que apareçam de modo aleatório, casual ou assistemático na sala de aula. Como um dos componentes centrais no processo de promoção da aprendizagem, de mediação do processo de aprendizagem, os instrumentos didáticos ajudam o professor a realizar a atividade de ensino, a dar corpo, na sala de aula, a dois grandes processos pelos quais um saber é ensinado (Chevallard, 1985): um desses processos ocorre quando o objeto de ensino é tornado *presente* na sala de aula. Por vezes, um único enunciado prefaciador instaura a presença do objeto de ensino: "Hoje nossa aula é sobre...". Outras vezes, a distribuição de um texto em folha avulsa ou a exposição escrita de conteúdos na lousa são os dispositivos que *presentificam* o objeto, instauram aquilo que se propõe ensinar-aprender.

O segundo processo ocorre quando o objeto de ensino, uma vez presentificado na cena didática, passa a ser pontuado, ou seja, passa a ser objeto de estudo distribuído em pontos, em seus tópicos constitutivos. Vejamos alguns exemplos:

Escrita e trabalho docente na alfabetização **107**

- um objeto gramatical, como *encontros de letras*, pode ser topicalizado em componentes como: *encontro vocálico e encontro consonantal*; do mesmo modo que o estudo da *coordenação* implicaria estudar, por exemplo, os seguintes objetos: *período* (simples, composto) e *conjunção*;
- um objeto discursivo, como *texto narrativo*, pode ser distribuído nos seguintes pontos: *personagens, cenário, tempo, sequenciação narrativa*; assim como o tema *trovadorismo* suporia tópicos como: *cantigas de amor, cantigas de amigo, amor cortez, coita amorosa*;
- um objeto fono-ortográfico, como *acentuação*, poderia ter como tópicos: *acento agudo, acento circunflexo, acento grave*.

> Sugere-se a leitura dos trabalhos de Schneuwly (2000, 2001).

Em outros termos, para que os objetos de ensino sejam alçados à condição de objetos ensinados, eles passam por dois processos complementares:

- *presentificação* – o objeto é evocado à cena didática a fim de garantir o encontro do aluno com ele, enquanto objeto a aprender, por meio da utilização de instrumentos semióticos materiais (textos, tarefas, objetos materiais, livro didático etc.);

> Segundo Schneuwly (2000, 2001), os instrumentos discursivos podem ocasionalmente permitir o encontro do aluno com o objeto, assim como os instrumentos materiais podem assegurar o direcionamento da atenção para os elementos selecionados pelo professor.

- *elementarização/topicalização* – a atenção dos alunos é direcionada intencionalmente para as dimensões essenciais do objeto, elementarizado pelo professor, por meio de **instrumentos semióticos discursivos** (exposição oral, explicação, exemplificação, suposição, entre outros).

Os gestos profissionais ou didáticos

Os objetos a ensinar se tornam objetos ensinados na medida em que são coconstruídos na interação escolar, por intermédio, em grande medida, dos gestos profissionais do professor, a quem se confere a competência em gerir os processos de ensino e de aprendizagem.

Os gestos profissionais correspondem aos movimentos observáveis no trabalho do professor que contribuem para a realização de um ato de ensino, visando à aprendizagem de um objeto pelos alunos. A depender dos dispositivos didáticos implementados pelo professor, do estilo docente, do material didático, do objeto a ensinar, entre outros componentes, alguns dos gestos podem se manifestar em certos contextos didáticos e em outros não.

Que gestos seriam esses? Aeby Daghé & Dolz (2007) apresentam os seguintes:

- *apelo à memória e antecipação didática* – consiste em trazer à tona trabalho(s) anterior(es) ou vindouro(s), este(s) último(s) sob a forma de antecipação, sobre um dado objeto, a fim de estabelecer coerência entre o trabalho a desenvolver naquela aula e o todo da sequência;

- *formulação de tarefas* – consiste na causa e na entrada em um dispositivo didático; sendo a tarefa o instrumento que institui o objeto de ensino e cria as condições que permitem ao professor presentificá-lo em sala de aula e ao aluno apropriar-se dele;

- *emprego de dispositivos didáticos* – consiste em utilizar um aparato de instrumentos de ensino (suporte material, instruções e modos de trabalho) para mostrar as diferentes dimensões do objeto, no interior dos processos de presentificação e de elementarização/topicalização;

- *regulação e avaliação* – consiste ora em "obter informações sobre o estado de conhecimento dos alunos, podendo se situar no início, no curso ou no fim de um ciclo de aprendizagem", sendo esta a *regulação interna*, e ora em conduzir a própria construção do objeto, operando no interior das atividades escolares e favorecendo uma troca com o aluno, sendo esta a *regulação local*. A avaliação é um tipo particular de regulação;

- *institucionalização* – consiste em explicitar e convencionar o status de um saber a ser aprendido e utilizado pelo aluno e exigido pelo professor, caso este o queira (Sensevy, 2001, apud Aeby Daghé & Dolz, 2007). Em outras palavras, consiste em estabelecer conceito a um saber, atribuindo-lhe a generalização que pode ser mobilizada em contextos outros, diferentes do contexto no qual o objeto foi presentificado e elementarizado/topicalizado.

Na seção a seguir, retomamos um **episódio**, descrito em Almeida (2009), que ilustra o investimento na reflexão sobre a escrita que se ensina. Com base nele, pretendemos apontar para as implicações da descrição e análise de práticas de ensino da escrita para o campo dos estudos sobre linguagem e educação.

> Episódio tomado como "um evento com duração variável cuja extensão temporal é definida pelo fato de que o contexto permanece idêntico, direcionado a um mesmo objetivo didático" (Schneuwly, 2000: 25). Um episódio pode agregar duas ou mais aulas, essas consideradas uma *unidade administrativa* com duração de 45 ou 50 minutos, em geral.

O ensino da escrita em uma turma de alfabetização: a narrativa autobiográfica

O episódio considerado ocorreu em uma turma composta por 22 (vinte e dois) alunos, com idade entre 8 e 11 anos de idade, todos com experiência escolar por serem repetentes, de uma a três vezes, na primeira série. Praticamente todos eles são pré-silábicos, ainda se encontrando, portanto, em início de processo de

> Nome fictício, a fim de preservar a identidade da docente.

> A discussão em torno da geografia do bairro (com suas características, seus problemas e suas limitações), da família e da profissão estaria, de acordo com a professora, ligada às disciplinas Geografia e História.

alfabetização, e são alunos de Lúcia pela primeira vez. A sala de aula funciona no prédio anexo a uma escola municipal de ensino fundamental localizada no bairro Curuçambá, periferia de Ananindeua, cidade que integra a região metropolitana de Belém, no estado do Pará.

O conjunto de aulas em que se constitui o episódio teve como objeto de ensino uma *narrativa autobiográfica*. O texto "Zeca", retirado de um livro didático, havia sido escolhido pela professora para, em uma **abordagem interdisciplinar**, tratar da vida dos alunos.

Zeca

[...] Meu nome é José Carlos, mas todos me chamam de Zeca. Tenho 10 anos, nasci e sempre morei em São Paulo. Sou um bicho de cidade grande, criado em apartamento, acostumado com trânsito, barulho e poluição.

Meu pai é gerente de banco e minha mãe, professora. Família de orçamento apertado... Desde pequeno, estudo na escola municipal do nosso bairro. Tenho muitos amigos e, talvez por isso, não tenho muitos medos. Conheço todo mundo que mora nos arredores do nosso prédio. Bicicletando para cima e para baixo, sou uma figurinha conhecida no pedaço. Pronto! Esse aí sou eu. [...]

Fonte: TELLES, Carlos Queiroz. *Asas brancas*. 2. ed. São Paulo: Moderna, 2002, pp. 6-8. (Girassol). In: PROJETO PITANGUÁ: Português 2ª série. São Paulo: Moderna, 2005, p. 15.

> Recurso denominado assim pela docente para designar o texto escrito com caneta piloto em uma folha de papel 40 kg.

Para tal trabalho, a docente planejou atividades de leitura do texto, que foi copiado por ela em um **papelógrafo** e afixado em uma das paredes da sala de aula, e de produção de narrativas pelas crianças. No eixo da produção, depois de observar a estrutura de uma narrativa autobiográfica, os alunos seriam convidados a narrar oralmente suas autobiografias, que seriam registradas em suporte escrito por ela, em seguida digitadas em computador, impressas e reunidas em uma coletânea para fazer parte do acervo bibliotecário da escola.

Das múltiplas leituras

O episódio aqui considerado foi antecedido por um conjunto de atividades: primeira leitura, para que os alunos se "familiarizassem" com o texto; segunda leitura, para discutir a significação de palavras do texto desconhecidas, como a palavra "orçamento"; terceira leitura, para buscar pontos de identificação/distinção da vida do menino do texto com a vida dos alunos, como o lugar e as condições onde moram,

110 Ensino de Língua Portuguesa

seguida de um "olhar mais de perto" sobre a vida de Zeca, para entendê-la. Fazia parte desse "entender" observar a profissão do pai do menino – gerente de banco.

A quarta leitura do texto teve a finalidade de conduzir à reflexão sobre a profissão da mãe de Zeca e, em seguida, sobre a profissão das mães dos alunos. Para dar continuidade às atividades com o objeto em questão, a professora recorreu à *memória didática*, gesto profissional correspondente à retomada de reflexões anteriores permitidas pelas primeiras leituras, com o propósito de garantir a continuidade do tratamento do objeto ensinado. A partir do elenco de leituras anteriores, conforme trecho transcrito a seguir, feito pelas crianças por solicitação da professora, é que parece fazer sentido o tópico da aula.

(1)

0:00:15	P:	(...) nós já lemos o texto aqui do: Zeca quantas vezes?
0:00:46	AA: AA:	três... três... {duas...três
0:00:48	P:	duas vezes ou três vezes?
0:00:50	AA: AA:	du:as {trê::::s
0:00:51	P:	TRÊS vezes... não foi? três vezes... cada vez...
0:00:54	A?:	{( )
0:00:56	P:	cada vez que nós lemos... nós vamos refletindo uma/ alguma coisa diferente dentro do texto... a última leitura que nós fizemos nós refletimos sobre o quê? nós falamos sobre o quê?
0:01:09	A?:	(do texto)
0:01:11	P:	mas o quê do texto?
0:01:12	A?:	(o texto do Zeca)
0:01:15	P:	pois é...mas dentro do texto Zeca nós falamos sobre o quê?
0:01:19	An:	(do nome dele)
0:01:20	P:	Iz... nós já falamos sobre o Zeca...já falamos mais o quê?
0:01:27	An:	do bairro de:le
0:01:28	P:	do ba:irro
0:01:29	An:	da famí:lia
0:01:31	P:	do que mais?
0:01:32	A?:	falamos da cida:de onde ele mora
0:01:33	P:	da cidade onde ele mora [...]

Escrita e trabalho docente na alfabetização **111**

> Relevante ratificar que a maior parte da turma é pré-silábica, não dominando o código a ponto de decifrá-lo (a leitura, neste caso, é no sentido da decodificação). Contudo, havia passagens do texto que os alunos pronunciavam praticamente junto com a professora. Isso pode ter ocorrido devido ao fato de o texto já ter sido lido anteriormente por três vezes, sendo que, a cada leitura do texto "Zeca", foram atribuídos sentidos ao texto, tanto pela professora como pelos alunos, o que talvez tenha colaborado para a memorização de fragmentos dele.

Retomadas as leituras anteriores, foi anunciada a atividade do dia: falar do trabalho das mães, conforme fragmento abaixo. Lúcia convoca, por meio do gesto de *topicalização/elementarização*, uma entre as dimensões constitutivas do objeto, a saber: aquilo de que trata uma narrativa autobiográfica (aspectos da vida pessoal do autor, inclusive a referência à figura materna). Mais uma **leitura** é feita pela professora com a classe; ela lê e os alunos a acompanham de acordo com aquilo de que se lembram do texto. Ao chegar no trecho em que Zeca fala da profissão de sua mãe – professora –, a leitura dá lugar à instrução oral: dizer o que faz uma professora.

(2)

> P: então nós vamos pegar hoje *só esse pedaço aqui*... nós vamos refletir sobre a profissão da mãe do Ze:ca... e depois vocês vão relatar cada um de vocês que se sentir à vontade vai relatar sobre a profissão da mãe de vocês... a mãe do Zeca é professora... *qual é o trabalho que uma professora desenvolve?... qual é o trabalho que ela faz?*
> An: ensinar o aluno ( )
> P: ela ensina os alu:nos
> An: [escreve:r pro aluno aprender a le:r a escreve:r
> P: espera... deixa ele terminar aí tu fala ((se dirigindo ao aluno que está ao lado de An))
> An: aprender a ler a escrever a ler... a sabe:r a sabe:r o alfabe:to
> P: *o que mais Po?*
> Po: ( ) (pros) colegui:nhas... ( ) pra respeitar todos os colegui:nhas... pra brincar dire:ito na hora do recreio na hora que for pra mere:nda e ficar quieto
> An: e aprender pra não ficar bu:rro
> P: *mas as pessoas podem ser burros?*
> AA: nã::o
> P: *quem não sabe ler é burro?*
> AA: nã:::o
> P: *burro...é... o quê?*
> A?: cavalo
> P: burro é um tipo de animal parecido com cavalo né? da família do cavalo...então uma pessoa nunca vai poder ser um burro...um burro é um burro é um animal... nunca vai pra escola nunca vai aprender a ler nunca vai aprender a escreve:r (...)

A um determinado ponto da interação didática, em resposta à pergunta elaborada pela professora ("qual é o trabalho que uma professora desenvolve?... qual é o trabalho que ela faz?"), o aluno An afirma que a professora ajuda a "aprender pra não ficar burro", ao que a docente intervém, com perguntas que demonstram sua discordância em relação àquela afirmação ("mas as pessoas podem ser burros?; quem não sabe ler é burro?; burro...é... o quê?"), no intento de conduzi-lo a uma ideia inversa à apresentada anteriormente, isto é, de fazê-lo mudar uma concepção.

Após essa atividade de leitura de uma parte do texto, sobre a profissão da mãe de Zeca, a professora propõe à turma a primeira tarefa do dia: falar da profissão da mãe. O gesto profissional que consta no excerto (3), portanto, é a *formulação de tarefa*, que presentifica o objeto por meio de uma instrução aos alunos.

(3)

> P: ...então...o trabalho da professora é com os alunos ajudando eles a aprender algumas coisas a organizar algumas coisas que eles já sabem...num é?...o trabalho num é só com trabalho da leitura e da escrita e do estudo na sala de aula mas têm outras coisas que é trabalho da professora né? conforme o que vocês disseram...(mas) nós vamos ver agora...como a mãe do Zeca é professora...como eu...como a p/ como a professora Patrí:cia...que tá aqui hoje com a gente...a mãe de vocês pode ser que alguma seja professora mas existem outras profissões que as mães das pessoas que as mães dos alunos...trabalham né?...então é isso que nós vamos fazer agora contar uns pros outros...tá?...vamos lá Ev...Ev vamos lá?...nós vamos contar uns pros outros aquilo que é a profissão da:: da mãe da gente da mãe de vocês tá bom?...*quem gostaria de começar falando:* (...)
> A?: ( )
> P: (...) *quem gostaria de começar falando da profissão da sua mãe?*

Para analisar a pergunta do excerto acima ("quem gostaria de começar falando da profissão da sua mãe?"), convém retomar o que já foi afirmado a respeito do conhecimento da turma sobre a escrita: a grande maioria é pré-silábica, ainda não reconhece todas as letras do alfabeto e ainda não lê e/ou escreve palavras (a não ser o próprio nome). Nesse contexto, a formulação oral de uma tarefa, seguida de uma pergunta para que os alunos a iniciassem, é tão rotineira e frequente quanto a utilização da interação oral nos demais gestos didáticos.

Em (4), a seguir, é novamente An quem intervém para falar do trabalho que sua mãe realiza (em casa):

(4)

> An: ela é trabalhado:ra ela corre atrás de traba:lho ela faz as coisas em ca:sa ela cuida do meu irmãozi:nho ela faz mingau pro meu irmãozi:nho ela ainda tá correndo atrás de emprego
> P: ela ainda o quE?
> An: ela: faz mingau pro meu irmãozinho e tá correndo atrás de emprego
> P: inda tá correndo atrás de emprego?
> An: ((o garoto sinaliza que sim com a cabeça)) porque se ( ) ela num arranjá emprego a gente vamo embora lá pra Igarapé-Miri pra casa dos nossos parente

> Sobre as perguntas, destacamos os estudos de Fávero, Andrade e Aquino (2006) e de Silva (2006).

As duas **perguntas** da professora ("ela ainda o quE?; inda tá correndo atrás de emprego?") foram utilizadas com a função de pedir esclarecimento, pelo fato de a professora talvez não haver ouvido claramente os enunciados do aluno. Considerando a forma de realização da tarefa (oral), é esperado que ocorra esse tipo de pergunta para garantir a compreensão da professora sobre a percepção do aluno, assim como a continuidade da participação dele no desenvolvimento da tarefa. É curioso que a repetição da pergunta é compreendida pelo aluno como solicitação de informações novas, o que opera na progressão temática de seus enunciados, em uma direção que revela uma *réplica ativa* (Bakhtin/Voloshinov, 2004[1929]) em relação ao *tema-objeto de ensino*. Essa *réplica* ou *apreciação valorativa* do aluno aparece indiciada na associação não óbvia entre "falta de emprego" e "retorno à casa da família", em município do interior do estado do Pará – Igarapé-Miri – de onde a mãe já havia saído em busca justamente de melhoria de suas condições materiais de sobrevivência.

Contar ou escrever: quem é o autor?

Antes de dar início às produções, na aula do dia 24 de março, a professora afirma que Carlos Queiroz Teles é o autor de "Zeca" por ele ter escrito o texto.

(5)

0:00:03.7	P:	(não é o professor Carlos de vocês) é outro Carlos
0:00:05.5	A?:	precisa do caderno tia?
0:00:06.8	P:	não precisa do caderno é só pra prestar atenção... esse *Carlos aqui que escreveu o texto... é o Carlos Queiroz Teles... esse é o autor do texto* desse texto aqui em cima olha... ((ela mostra o texto que está em um papelógrafo afixado na parede)) quem é que vai ser o autor das histórias de vocês?

Provavelmente em função da afirmação de Lúcia (destacada na transcrição) é que os alunos responderam, em relação à pergunta "quem vai ser o autor das histórias de vocês?", que o autor das narrativas seria a professora, pois ela anunciara anteriormente que o papel de escrever as histórias contadas pelas crianças lhe caberia. Diante das respostas, a docente realizou uma *regulação*, gesto didático que operou no interior da atividade para testar o conhecimento da turma sobre o conceito de autoria.

(6)

0:00:06.8	P:	não precisa do caderno é só pra prestar atenção esse Carlos aqui que escreveu o texto... é o Carlos Queiroz Teles... esse é o autor do texto desse texto aqui em cima olha... ((ela mostra o texto que está em um papelógrafo afixado na parede)) quem é que vai ser o autor das histórias de vocês?
0:00:27.3	Ma:	a senhora
0:00:28.3	P:	Eu que vou ser a autora das histórias de vocês?
0:00:30.3	AA:	é::
0:00:31.6	P:	Eu que vou *contar* as histórias de vocês?
0:00:33.9	AA:	é... não... não
0:00:35.3	P:	quem é que vai *contar* as histórias de vocês?
0:00:36.7	A?:	Nós
0:00:37.5	A?:	a gente
0:00:38.6	P:	cada um vai contar a su:a
0:00:41.2	AA:	histó:ria
0:00:42.2	P:	quem é que vai ser o autor então?
0:00:43.9	A?:	Eu
0:00:44.2	A?:	Nós

A *regulação*, nesse episódio, implicou mudança de escolha linguística. A linguagem de Lúcia, mais especificamente o uso do verbo *escrever* como ação atribuída ao autor, parece ter determinado a reação dos alunos, enquanto esta determinou uma alteração no discurso da professora: o autor é aquele que realiza a ação de *contar*, não mais a de *escrever*. A partir do momento em que se opta pelo termo *contar*, as crianças passam a atribuir a si a autoria das narrativas a serem produzidas.

A produção das narrativas teve início com o registro das histórias de Iz, Adt e An. A pretensão inicial da docente era fazer o máximo de produções que o tempo de cada dia de aula permitisse. Todavia, na referida data, resolveu que seriam feitas apenas três por dia devido à dificuldade da turma de se envolver na atividade (houve muita dispersão no decorrer da aula).

Em relação às produções das narrativas autobiográficas da turma, a professora praticamente não interveio nas escolhas textuais e discursivas dos alunos. Os alunos quase sempre iniciavam seus textos com a estrutura sintática "Meu nome é...", seguida de referência à idade e de menção ao pai (ou padrasto), à mãe, à profissão destes, ao lugar onde moram, à escola na qual estudam – aspectos da vida da personagem Zeca, aos quais a professora deu relevo durante as leituras – etc. Apropriaram-se, portanto, de uma estrutura recorrente em autobiografias e usada no texto estudado: "Meu nome é José Carlos [...]. Tenho 10 anos [...]". Em termos bakhtinianos (Bakhtin 2003[1953]), trata-se de um processo de apropriação no qual a palavra-alheia transforma-se, dialogicamente, em palavra-pessoal-alheia e, depois, em palavra-pessoal, pois os alunos se apropriam de algumas estruturas sintáticas usadas em "Zeca", como que imitando tais estruturas, para produzir seus textos; a partir do momento em que essa apropriação se consolida, as palavras usadas no texto de referência deixam de ser alheias e passam a ser palavras pessoais das crianças.

Na produção da aluna Da, no entanto, Lúcia interferiu; a menina destinou grande espaço em seu texto para citar os nomes de seus primos e de suas primas. A professora sugeriu, então, por meio de uma pergunta, a mudança de tópico, recusada por Da.

(7)

0:12:57.8	P:	ei Da eu perguntei se *você não que falar mais sobre você mesma o que você gos:ta o que você não gosta o que gosta*
0:13:05.9	Da:	não eu quero falar dos meus primos
0:13:07.8	P:	ãh?
0:13:08.3	Da:	quero falar dos meus primos
0:13:09.8	P:	falar dos seus primos?
0:13:10.8	Da:	É

Após essa troca conversacional, Da deu continuidade à sua produção, falando de seus primos. Talvez nesse momento a professora devesse chamar a atenção da aluna para uma das características do texto "Zeca": mesmo citando o pai e a mãe, o cerne da história é o próprio menino. A referência à família nessa narrativa autobiográfica importa na medida em que se configura em uma apresentação de si aos outros. Este aspecto (construção de uma imagem de si mesmo a outrem) parece ser umas das dimensões desse gênero consideradas por Lúcia; no entanto, o direcionamento da atenção da criança para tal aspecto assumiu um caráter de sugestão, dando margem à aceitação ou à recusa da mudança de tópico.

116 Ensino de Língua Portuguesa

A intenção de Lúcia, ao lançar mão da narrativa autobiográfica em sua turma de 1ª série composta somente por crianças que estavam repetindo essa série e que ainda se encontravam em processo de alfabetização, era de colaborar com a recuperação da autoestima dos alunos. Valorizar suas vidas, suas experiências pessoais, sua capacidade de produzir uma autobiografia eram, então, estratégias da professora para despertar a autoconfiança da turma. Esse objetivo – definido desde o início do ano letivo pela docente por conta da tomada de conhecimento de que o grupo a quem lhe caberia a tarefa de alfabetizar já cursava aquela série há um, dois, três e até quatro anos – provavelmente explique o porquê de Lúcia ter-se voltado, quando da elementarização do objeto, para apenas uma das dimensões discursivas do gênero: o "sobre o quê" e o "sobre quem" se fala em uma autobiografia, como naquela intitulada "Zeca". O vetor desse trabalho, portanto, foi a motivação, apontada por Chervel (1998) como uma prática característica da cultura escolar, voltada para o estímulo à participação da turma no desenvolvimento das atividades didáticas.

Considerações finais

Considerada a descrição do episódio de ensino da escrita apresentado, cabe problematizar as implicações do olhar sobre essas práticas de ensino para o campo dos estudos sobre linguagem e educação.

Tais implicações remetem, do ponto de vista teórico e metodológico, ao problema de como articular conceitos e dispositivos de descrição e análise de dados com vistas ao incremento da reflexão sobre *a linguagem na escola*, contemplando a dimensão sociológica, discursiva e didática das práticas escolares.

Nessa direção, investimentos como o apresentado aqui pressupõem a escola como lócus de interação pela linguagem e, nessa direção, como espaço em que as práticas de uso da linguagem se complexificam em função das múltiplas linguagens que nele circulam. Exemplo disso é o modo com que a oralidade se solidariza com a escrita no episódio de ensino da autobiografia, para além de qualquer ilusão grafocêntrica, de qualquer dicotomização entre fala e escrita e muito além da concepção que reduz o papel da escola ao que se concebe como objeto de ensino por excelência – a tríade norma culta, modalidade escrita e registro formal (Gomes-Santos, 2003).

São investimentos dessa natureza que nos podem ajudar a redimensionar o papel que a escola precisará assumir como agência social de produção-consumo de bens culturais central em complexas sociedades letradas como a brasileira.

Bibliografia

Aeby Daghé, Sandrine; Dolz, Joaquim. Des gestes didactiques fondateurs aux gestes spécifiques à l'enseignement/apprentissage du texte d'opinion. In: Bucheton, Dominique; Dezutter, Olivier (éds.). *Le développement des gestes professionnels dans l'enseignement du français*: un défi pour la recherche et la formation. Bruxelles: De Boeck, 2007. (mimeo.)

Almeida, Patrícia S. *A escrita que se ensina*: o trabalho docente em uma turma de alfabetização. Belém, 2009. Dissertação (Mestrado em Letras: Estudos Linguísticos) – Instituto de Letras e Comunicação, Universidade Federal do Pará.

Bakhtin, Mikhail ; Volochinov, Valentin N. *Marxismo e filosofia da linguagem*: problemas fundamentais do método sociológico na ciência da linguagem. São Paulo: Hucitec, 2004 [1929].

Bakhtin, Mikhail. Os gêneros do discurso. In: *Estética da Criação Verbal*. São Paulo: Martins Fontes, 2003 [1953], pp. 261-306.

Chervel, André. *La culture scolaire*: une approche historique. Paris: Belin, 1998.

Chevallard, Yves. *La transposition didactique*. Grenoble: La Pensée Sauvage, 1985.

Dolz, Joaquim; Ronveaux, Christophe; Schneuwly, Bernard. Le synopsis: un outil pour analyser les objets enseignés. In: Perrin, Marie-Jeanne; Reuter, Yves (éds.). *Les méthodes de recherche en didactique*. Villeneuve d'Ascq: Presses Universitaires du Septentrion, 2007, pp.175-90.

Fávero, Leonor L.; Andrade, Maria Lúcia C. V. O.; Aquino, Zilda G. O. O par dialógico pergunta-resposta. In: Jubran, Clélia C. A. S.; Koch, Ingedore G. V. (orgs.). *Gramática do português culto falado no Brasil*. Campinas: Ed. Unicamp, 2006, v. 1, pp. 133-66.

Franchi, Eglê. *E as crianças eram difíceis... a redação na escola*. São Paulo: Martins Fontes, 1984.

Geraldi, João Wanderley (org.). *O texto na sala de aula*: leitura e produção. Cascavel, PR: assoeste, 1984.

Gnerre, Maurizio. *Linguagem, escrita e poder*. São Paulo: Martins Fontes, 1985.

Gomes-Santos, Sandoval N. *Recontando histórias na escola*: gêneros discursivos e produção da escrita. São Paulo: Martins Fontes, 2003.

Gomes-Santos, Sandoval N.; Almeida, Patrícia S. Pergunta-resposta: como o par dialógico constrói uma aula na alfabetização. *Revista Brasileira de Linguística Aplicada*. Belo Horizonte: ufmg-fale, v. 9, n. 1, 2009, pp. 133-49.

Gomes-Santos, Sandoval N.; Chaves, Maria Helena R. O gênero seminário escolar como objeto de ensino: instrumentos didáticos nas formas do trabalho docente. In: *Arenas de Bakhtin*: linguagem e vida. São Carlos, sp: Pedro e João Editores, 2008, pp. 251-68.

Kato, Mary A. *No mundo da escrita*: uma perspectiva psicolinguistica. São Paulo: Ática, 1986.

Rojo, Roxane. Prefácio. In: Cardoso, Cancionila J. *A socioconstrução do texto escrito*: uma perspectiva longitudinal. Campinas: Mercado de Letras, 2002.

Schneuwly, Bernard. Les outils de l'enseignant: un essai didactique. *Repères*. Paris, Université de Genéve, n. 22, 2000, pp. 19-38.

_____. La tâche: outil de l´ enseignant. Métaphore ou concept? In: Schneuwly, Bernard; Dolz, Joaquim et al (dir.). Les taches et leurs entours en classe de français. *Actes du 8º Colloque International de la DFLM*. Neuchâtel: irdp, sept. 2001. cd-rom.

Schneuwly, Bernard; Cordeiro, Glaís S. ; Dolz, Joaquim. A la recherche de l'objet enseigné: une démarche multifocale. *Les dossiers des sciences de l'éducation*. n. 14, 2006, pp. 77-93.

Sensevy, Gérard. Théories de l'action et action du professeur. In: Baudoin, Jean-Michel; Friedrich, Janette (éds.). *Théories de l'action et education*: Raisons Educatives. Bruxelles: De Boeck Université, 2001, pp. 203-24.

Silva, Luiz Antônio. Perguntas e respostas: oralidade e interação. In: Preti, Dino (org.). *Oralidade em diferentes discursos*. São Paulo: Humanitas, 2006, pp. 261-95. (Projetos Paralelos nurc/sp, v. 8).

Tardif, Maurice; Lessard, Claude. *O trabalho docente*: elementos para uma teoria da docência como profissão de interações humanas. Rio de Janeiro: Vozes, 2005.

Avaliação e reescrita de textos escolares: a mediação do professor

Lívia Suassuna

O retorno da produção do aluno – uma ação indispensável

Neste capítulo, tratarei das formas de intervenção do professor e de correção do texto do aluno, reconhecendo a importância da forma dialógica de mediação pedagógica e o papel do par mais desenvolvido nos processos interativos e de ensino-aprendizagem.

Alguns estudos recentes sobre situações de discussão e reconstrução de textos em sala de aula vêm mostrando a influência dos modos de participação do outro na construção de habilidades de enunciação de sujeitos em processo de desenvolvimento da prática discursiva escrita e formal. Nesse sentido, é fundamental o diálogo com o outro na reflexão do aluno sobre a própria escrita, bem como no trabalho de reelaboração do texto.

Parece ser consensual que, para ser bem-sucedido, o enunciador deve apropriar-se das várias habilidades de estruturação do discurso, entre as quais está a capacidade de distanciamento do próprio texto, para observá-lo e avaliá-lo quanto ao seu funcionamento junto a um leitor virtual (deslocamento do papel de enunciador para o papel de leitor). Essa capacidade, aliás, seria a base da formação de uma atitude autônoma na produção da escrita.

Cumpre destacar, em todo esse processo, o papel do professor, o qual, mais do que um identificador de problemas textuais, é um propiciador e facilitador da reflexão, na medida em que permite que o redator (aluno) seja exposto à interpretação do outro, passando a compreender melhor como seu discurso está sendo lido e de que forma essa leitura foi construída.

120 Ensino de Língua Portuguesa

Por outro lado, pesquisas a respeito das formas de correção/avaliação de redações indicam que parece haver alguma relação entre o procedimento do professor e a qualificação da escrita do aluno. Assim, os resultados de aprendizagem são melhores quando, nos procedimentos de refacção, alunos e professor, num movimento dialógico, tomam como objeto de discurso não apenas o texto produzido, mas também o trabalho com o texto, o que permite uma análise mais adequada dos processos por meio dos quais se dá a apropriação das estratégias e procedimentos discursivos.

Nessa perspectiva, a correção de textos escolares não é uma mera aferição do domínio de regras, mas um trabalho de negociação de sentidos. Se escrever exige ter em mente as condições em que o texto será lido para deixar no papel marcas formais que permitam ao leitor ter acesso ao conteúdo, ler, por sua vez, requer considerar as condições em que o texto foi escrito, trabalhando num processo de cooperação com o autor. Em decorrência dessa concepção, a postura prescritivista deve dar lugar a uma atitude de mediação, buscando-se analisar as falhas e as virtudes, as ideias e as formas dos textos dos alunos, em conexão com suas muitas possibilidades de leitura.

É bom lembrar, no entanto, que essa "atitude relativizadora" não significa ser complacente diante do texto e sim considerar, em sentido amplo, o trabalho textual e discursivo empreendido pelo aluno, levando em conta que o ato de avaliar faz parte do processo de interação simbólica e possibilita, concretamente, o desenvolvimento de habilidades linguísticas importantes.

Uma avaliação criteriosa e honesta confere ao aluno a oportunidade de saber que existem parâmetros que balizam a produção do discurso em geral. Por meio dela, vão sendo explicitadas as regras de utilização da língua escrita, regras essas que podem ser funcionais (relativas às possibilidades e aos limites dados pela situação de discurso, pelo tipo de leitor ou de tema etc.) e formais (relativas às condições de emprego do código escrito, com suas convenções e normatizações). Avaliar, portanto, pode auxiliar o aluno a perceber e a dominar os diferentes processos de interligação entre forma e conteúdo que são específicos da escrita, levando sempre em conta a dimensão interativa do texto.

Torna-se indiscutível, assim, o papel do professor como mediador da aprendizagem. Essa mediação do professor é um fator determinante do sucesso que o aluno possa ter em seu processo de aquisição e desenvolvimento da escrita. As leituras que tomam os textos dos alunos como unidades de sentido têm se revelado mais produtivas do que aquelas que apenas focalizaram partes do texto ou seus aspectos gramaticais.

Além do mais, os procedimentos que os sujeitos aplicam à linguagem dependem do tipo de interação social em que estão envolvidos e da significação atribuída às tarefas propostas. A mediação do outro e com o outro parece, portanto, fundamental na apropriação de práticas discursivas cada vez mais complexas.

É sabido que, para redatores maduros em geral, a opinião do outro e a reconstrução do texto são etapas inerentes ao trabalho de escrita. Esse segundo olhar pode ser de grande valor na transição entre o que o redator pretendia produzir, o que pensa ter produzido, o que produziu realmente e o que deveria ter sido produzido para o bem-sucedido funcionamento do texto junto ao leitor. Se assim é, a transformação do ensino e de seus resultados passa pela redefinição das formas de ação e participação na sala de aula, por relações verdadeiramente dialógicas, pela construção de "redes potenciais de interesse solidário".

A reconstrução do texto – oportunidade de aprender e pensar o ensino

As situações didáticas de discussão e reelaboração coletiva de textos se constituem, pois, numa alternativa à prática tradicional de ensino de Língua Portuguesa, especificamente dos conteúdos gramaticais. O professor, interlocutor efetivo dos alunos, fará perguntas a esses textos, motivadas, sobretudo, pelos problemas neles encontrados. É no esforço de responder aos questionamentos do professor e dos pares que o aluno propõe novas versões para a sua produção, para o que terá de desenvolver e acionar estratégias linguísticas e discursivas as mais diversas.

Se o professor deseja dialogar com o texto do aluno, isso acaba por ser mais útil à compreensão dos recursos expressivos manuseados na construção e reconstrução do texto do que uma mera ação corretiva. O aluno, por meio dessa metodologia, assume o papel de leitor crítico do próprio texto, explicita seus conhecimentos e dúvidas, procura soluções, raciocina sobre o funcionamento da língua, podendo, assim, aprender de forma mais duradoura as peculiaridades da escrita, além de compreender e incorporar procedimentos enunciativos típicos da interação a distância.

Lendo, escrevendo, relendo e reescrevendo, ele procura cumprir o propósito primeiro de sua escrita, que é a interação/intercompreensão. Trata-se de, quando necessário, alterar as formas de dizer para garantir o próprio dizer, mediante tentativas de dar sentido ao que se escreve, de assegurar que se compreenda aquilo que se diz. Convém ainda destacar que essa análise do dizer e das formas de dizer teria efeitos positivos também na capacidade de leitura do aluno, já que ele, alternando os papéis de escritor e leitor, estaria compreendendo melhor os mecanismos de construção do sentido.

A condução do trabalho de avaliação/reescrita de textos estaria pautada num projeto didático específico para a disciplina Língua Portuguesa, conforme a con-

122 Ensino de Língua Portuguesa

cepção de linguagem adotada, e se articularia com um projeto político-pedagógico mais amplo (da escola e/ou da rede de ensino), sustentado em teorias sociopolíticas e de ensino-aprendizagem. O planejamento do trabalho do professor possibilita fazer a mediação entre a teoria pedagógica e a prática de ensino em sala de aula. Nele, estariam explicitados os padrões (conteúdos, habilidades, competências...) com os quais seriam cotejados os desempenhos e os níveis de aprendizagem dos alunos.

Assim sendo, a avaliação se apresenta como possibilidade de refletir sobre o processo de ensino, como elemento de uma dinâmica de:

- produção e interpretação de informações;
- concepção de intervenções didáticas adequadas à natureza e à solução das dificuldades e dos problemas encontrados;
- condução das intervenções propriamente ditas. Os textos produzidos e discutidos em sala de aula ou a partir dela trazem elementos que poderão compor o conjunto de conteúdos a serem trabalhados ou revisados.

A título de exemplo, mostrarei a seguir alguns desempenhos de alunos em resposta a testes de avaliação de sistema escolar. Em seguida, indicarei sugestões de intervenção didática a partir dos textos examinados. Obviamente, em se tratando de um teste de avaliação de rede escolar, as sugestões aqui apresentadas servirão apenas como exemplos de possíveis alternativas metodológicas. A intenção é apenas mostrar possibilidades de trabalho com a linguagem na sala de aula, tentando comprovar a validade dos princípios teóricos acerca da avaliação que foram mencionados acima.

O texto principal do teste em questão era a conhecida fábula "A formiga boa", de Monteiro Lobato. Para a resolução das questões 18, 19, 20 e 21 do teste, os alunos deveriam tomar como base um texto complementar, retirado de um livro, e cujo título era "O fascinante mundo das formigas". Tratava-se de um texto informativo/científico, com dados diversos sobre as formigas, como seus hábitos, características físicas, *modus vivendi*, espécies, funções dentro do formigueiro e outros. O comando da questão 21 (produção de texto) era o seguinte:

---

21) No texto *O fascinante mundo das formigas*, você leu algumas informações interessantes sobre esses insetos. Agora, *escolha um animal* que você conhece e *escreva o que você sabe sobre ele*. Lembre-se de completar adequadamente o título sugerido.

O fascinante mundo _____

As sequências didáticas e sugestões metodológicas que serão mostradas a seguir emergiram das respostas a essa última questão. Apresentarei duas situações distintas, mas isso não significa que haja uma ordem de importância dos fenômenos apreciados ou que cada um deles deva ser tratado de modo isolado. A abordagem de uma questão específica de um texto não o esgota, devendo as situações aqui examinadas ser entendidas como possibilidades de trabalho, entre outras tantas. Os aspectos dos textos que serão salientados funcionarão, na verdade, como "lugares" de orientação da mediação pedagógica e não como conteúdos delimitados e independentes entre si. A seleção dos elementos linguísticos e discursivos a serem tratados pelo professor dependerá das necessidades e possibilidades de aprendizagem dos alunos, tendo-se sempre em conta que é preciso tomar o texto como unidade de sentido, resultado de um projeto de dizer de um locutor situado historicamente.

Exemplo 1 – Atribuição de título ao texto

Do banco de dados, foram selecionados os seguintes modos de atribuição de título ao texto:

1.1 O aluno elabora um título adequado, usando um substantivo genérico, no plural, mas redige um texto sobre um animal particularizado, na forma de narrativa:

Texto 21 – Tarde – 13 anos

O fascinante mundo <u>das abelhas</u>

a abelha era uma jovem muito
alegre e tinha muitas amigas mais
um dia chegou outras amigas e elas
deixaram ela de lado. Mas um dia
elas reconheceram e ficaram juntas
de novo.

1.2 O aluno elabora um título que, apesar de estar no singular, é genérico demais para a tarefa que havia sido solicitada; além disso, redige um texto particularizado, sobre um animal específico:

Texto 85 – Noite – 17 anos

O fascinante mundo <u>do animal</u>

Um animal que eu conheço
e um mico um mico quer
dizer um macaco
ele como na mageira da minha
casa

1.3 O aluno deixa a lacuna do título em branco:

> **Texto 54 – Tarde – 12 anos**
>
> O fascinante mundo _____
>
>   Em um formigueiro
> vivem Treis Tipos diferentes
> de formiga uma varia
> rainha

1.4 O aluno, seja qual for o animal que tenha escolhido para descrever, copia o título do texto gerador:

> **Texto 73 – Noite – 17 anos**
>
> O fascinante mundo da Formiga
>
> abelhas vivem em colônias
> Formadas por milhares de me-
> mbros que trabalham em equi
> Pe para garantir a sobrevivên
> cia da comunidade

> **Texto 76 – Manhã – 13 anos**
>
> O fascinante mundo das formigas
>
> foca e um nome de um
> calhorinha o dono do
> calhorra ele deixa ela muito
> presa quando elo sou to
> a cachorra ela fico latindo
> que claro que todos calhorra
> lati mais a cachorinho fica
> estanhando ela já min
> mordeu.

Texto 56 – Tarde – 14 anos

O fascinante mundo <u>das formigas</u>

o cachorro Que vive de carne
e oso e comidas mesmo
e tenhe Que Toma vacina porque
se morde alguêm não transmite
doênças fim

Texto 52 – Noite – 20 anos

O fascinante mundo <u>das formigas</u>

O Animal que conhece e que sei
sobre ele é o meu cachorro. ele e simplismente
otimo. Quando eu conhece ele ele estava
na rua sem dono todos que passavam por
ele cada vez que olhava para o cachorro
eles chutava uns tinha pena mas ninguem
levava para casa. eu teve pena dele
e levei até Hoje estou com ele por isso
nunca o despreso. por que ele e carinhoso comigo
como eu sou com ele essa é a História
de um simples animal que eu adoro.

Texto 32 – Tarde – 13 anos

O fascinante mundo <u>das formigas</u>

Eu tenho um cachorro que ele se cama Raufe
ele é um cachorro muito tanido

O que significam ou indiciam essas formas de intitular o texto? Essa nos parece uma pergunta importante porque pode nos levar a supor que tipo de ensino subjaz às produções dos alunos. E interrogar o ensino havido (e/ou não havido) ajuda a descobrir novas formas de intervenção didática, novos modos de operar com a linguagem em sala de aula que ampliem os saberes dos alunos.

Neste caso, especificamente, os desempenhos podem ser entendidos como decorrência de algumas práticas escolares de linguagem. Muitas vezes, são dados a ler – sobretudo em cartilhas – textos artificiais, sem título, meras sequências de frases soltas e desprovidas de sentido. Outra prática comum na escola é a cópia,

126 Ensino de Língua Portuguesa

seja para tirar do quadro os apontamentos e tarefas passados pelo professor, seja para (supostamente) levar o aluno a aprender a escrever corretamente, ou mesmo para ocupar o tempo de atividade. É comum também se pedir ao aluno que, após a leitura, responda à clássica pergunta: "Qual o título do texto?", sem que sejam feitos questionamentos mais interessantes no âmbito das predições, inferências e efeitos de sentido do título. Assim, não é de estranhar que as redações dos alunos apareçam sem título, ou com títulos inadequados, ou, ainda, com títulos simplesmente copiados do texto que lhes serviu de modelo.

Qualquer que seja a situação, caberia ao professor retomar os textos em sala de aula e promover uma discussão coletiva com vistas à identificação e solução dos diferentes tipos de problemas encontrados. Durante o debate, poder-se-ia mostrar que, em algumas situações, o título ficou inadequado porque o tipo de texto também era inadequado (por exemplo, quando foi produzida uma narrativa em vez de uma dissertação). Outro aspecto a ser debatido é a diferença entre informações gerais e particulares, em sua relação com as flexões de singular e plural (por exemplo, o título "O fascinante mundo das formigas" seria mais apropriado para falar das formigas em geral, enquanto espécies animais, do que "O fascinante mundo da formiga"). Toda essa discussão poderia ser feita também por meio de comparações entre os diferentes títulos atribuídos pelos demais alunos aos seus textos, e também por meio da análise de livros científicos e enciclopédias, nos quais figuram textos com função referencial ou informativa predominante. Somando conhecimentos, usos e recursos de linguagem, o professor pode, ainda, experimentar atribuir títulos menos diretos e mais metafóricos a textos informativos ou científicos, tendo sempre em vista os resultados das escolhas para o processo de interação verbal.

Acredito que o deslocamento operado na relação com a linguagem, por meio desses tipos de atividades, constitui-se em procedimento mais produtivo do que apenas a identificação dos problemas e dos conhecimentos necessários à correção do texto. Aliás, é a própria mudança no processo de produção da linguagem, é a interrogação mesma do dizer, problematizando os seus efeitos de sentido, que vai gerar novas aprendizagens.

Exemplo 2 – Tipos e gêneros textuais

Tendo em vista que todos os textos se manifestam sempre num ou noutro gênero textual, um maior conhecimento do funcionamento dos gêneros textuais é importante tanto para a produção como para a compreensão. O trabalho com os gêneros – muitos deles produzidos de maneira sistemática e com grande incidência na vida diária, inclusive os que aparecem nas diversas mídias – constituiria uma boa oportunidade de se lidar com a língua autêntica em seus mais diversos usos.

No entanto, não é de se supor que os alunos aprendam naturalmente a produzir os diversos gêneros escritos de uso diário; também não é comum que se aprendam naturalmente os gêneros orais mais formais. Caberia à escola e aos agentes do ensino fazer deles objetos de ensino. Nesse aspecto, é o caso de indagar se há gêneros textuais ideais para o ensino de língua. É provável que, no plano didático, se possa identificar gêneros com dificuldades progressivas (do nível menos formal ao mais formal, do mais privado ao mais público e assim por diante).

No ensino de uma maneira geral e em sala de aula de modo particular, pode-se levar os alunos a produzirem ou analisarem eventos linguísticos os mais diversos, tanto escritos como orais, e a identificarem as características de gênero em cada um. A caracterização e a adequação tipológica seriam guiadas não pela perspectiva da "etiqueta social", mas pela relação que deveria haver, na produção de cada gênero textual, entre os seguintes aspectos:

- natureza da informação ou do conteúdo veiculado;
- nível de linguagem (formal, informal, dialetal, culta etc.);
- tipo de situação em que o gênero se enquadra (pública, privada, corriqueira, solene etc.);
- relação entre os participantes (conhecidos, desconhecidos, nível social, formação etc.);
- natureza dos objetivos das atividades desenvolvidas.

A partir da amostra estudada, é possível definir conteúdos relativos à tipologia textual para trabalhar em sala de aula com alunos de 5ª série.

2.1 Vários alunos construíram narrativas em vez de dissertações; nesse caso, seria conveniente elaborar uma sequência didática em que, observando exemplos, os alunos pudessem caracterizar um e outro tipo de texto, estabelecendo as principais diferenças entre eles (como os tempos verbais que predominam em cada um, o estilo mais ou menos impessoal, a presença ou ausência de personagens... etc.). Comparem-se, por exemplo, as produções 29 e 80 e observe-se que figuram como adequadas para o cotejo proposto:

128 Ensino de Língua Portuguesa

Texto 29 – Tarde – 13 anos

O fascinante mundo <u>do gato</u>

a muitos anos havia
uma casa abandonada
cheia de gatos. é una
jovem menina estava
passando pela essa
casa.
ela era tão curiosa que
até escutou uma minhada
de um gato que ela
entrou na casa e levou
os gatos para um zoo

Texto 80 – Tarde – 15 anos

O fascinante mundo <u>dos gatos</u>

      Os gatos tem as suas caracteristica e a sua
função como a formiga. A gata quando
ela esta bochuda ela caça os enseto animais
e outros bichos que á. O macho é diferente
tem outra característica que não é ingual
a fêmia. Quando a fêmia da gria ela já
fas outra função caça o bichos e trás
para os seus filho guando já estão
gande aprendi a fazer o que aprederam
com os maior.

    2.2 Num outro momento, o professor proporia aos alunos extraírem de narrativas particularizadas as características e os dados gerais de alguns animais, para, em seguida, com base nessas informações, elaborarem um texto dissertativo em comparação com o narrativo produzido originalmente; um material propício para isso é o texto 61, do qual poderiam ser extraídas e retrabalhadas as informações sublinhadas a seguir:

Texto 61 – Noite – 18 anos

O fascinante mundo de Paola

Paola era uma cachorra muito linda
até que um dia Ela comessou a visar
e então Ela da cruzou com um cachorro
e teve sete filhotes enquanto ela estava
gravida ela dormia dentro de casa
mais quando ela deu cria pasou
a dormir no quintal chuvia vazia
sou e ela continuava no quinta
então seus sete cahorrinho morreram
e ela tornou a dormír no quinta
agora sem teuto sem filhotes e sem
ana;

Um abraço – OB – g
Ass: A – L – N

2.3 Uma terceira alternativa de trabalho sobre tipos textuais seria a caracterização e diferenciação da dissertação e da fábula, para o que se poderia aproveitar o próprio texto gerador do teste.

2.4 Também seria possível introduzir o conteúdo poesia x prosa, ou texto literário x não literário, comparando-se a produção da uma aluna com o poema "As borboletas", de Vinícius de Moraes.

Texto 22 – Tarde – 11 anos

O fascinante mundo das Borboletas

as borboletas são milhares
de especie, elas podem ser
grandes e pequenas. Elas pode
m bate suas asas em poucos
minutos milhares de vezes.

2.5 Vários textos da amostra podem ser classificados como dissertativos, mas (compreensivelmente, até, em se tratando de uma 5ª série) trazem marcas de primeira pessoa; uma atividade interessante de busca de um estilo mais impessoal

130 Ensino de Língua Portuguesa

seria propor aos alunos o "apagamento" dessas marcas e a reconstrução do texto numa linguagem mais típica do gênero dissertação, o que pode ser feito, por exemplo, com o texto 12:

Texto 12 – Noite – 31 anos

O fascinante mundo <u>dos gatos</u>

O gato é um animal muito
meigo exestem gato de varias
especie o siames o vira lata o
angorá e varios outro que
eu não sei a raça, mas ache
todos lindo, eles são domestico
Podemos cuidar deles com
muito carinho, eu gosto de
gato.

Exemplo 3 – Aspectos da coerência

Em termos de coerência, a amostra contém ocorrências que dariam margem para o tratamento de vários tipos de questões, como as apontadas a seguir.

3.1 Não contradição: no texto de número 55, o aluno revelou uma certa capacidade de lidar com informações díspares, de modo a produzir um texto coerente e não contraditório.

Texto 55 – Tarde – 15 anos

O fascinante mundo <u>dos cachorro</u>

      Os cachorros sempre gostam de viverem
muito soutos, e eles tambem gostam muitos
de carinhos. outros já são mais brabos e nem
querem saber de carinhos. tem uns cahorros
que são mansos já tem uns que são mais
brabos que mordem as pessoas.
      os cachorros gostam sempre de comidas leves como
Raçoes ums adoram já outros não.
os cachorros são realmente uns Animais
domesticos mais gostam mais de sisentir A
vontade e muito souto porque faz o que querem

Examinarei mais detidamente o primeiro parágrafo, quando ele estabeleceu um contraste entre os cachorros que gostam de viver soltos e receber carinhos, e aqueles que, ao contrário, são bravos e não querem saber de carinhos. O contraste, no caso, foi marcado pelo emprego de "outros já". O aluno mostra conhecer claramente o valor semântico do operador "já", que, em seu texto, equivale a "por outro lado" ou "em contrapartida". Tomando esse conhecimento como base, o professor então convocaria os alunos a buscar outras formas de expressão que pudessem substituir o "já", que ocorreu outras duas vezes no mesmo texto.

Contudo, esse mesmo aluno, no segundo parágrafo, não foi tão preciso ao afirmar simultaneamente que:

(1) os cachorros são realmente animais domésticos;
(2) os cachorros gostam de se sentir à vontade;
(3) os cachorros gostam de se sentir soltos;
(4) os cachorros fazem o que querem.

Sugiro aqui que o professor encaminhe um trabalho de reconstrução coletiva do texto, levando os alunos a agrupar as informações contraditórias em blocos (períodos ou parágrafos) distintos e explicitar melhor as razões dessas diferenças entre os cachorros (que podem ser decorrentes da raça, do modo como são criados... etc.).

3.2 Continuidade e progressão: alguns textos parecem repetitivos, circulares, sem progressão (vejam-se os exemplos 49 e 23, abaixo):

Texto 49 – Noite – 17 anos

O fascinante mundo <u>das formigas</u>

E interesante o jeito de que ela
carega a comida eu acho a
formiga muito interesante

Texto 23 – Tarde – 11 anos

O fascinante mundo <u>dos cachorros</u>

Os cachorros são amigos
dos homem, eles tomam
conta da casa enquanto
a gente sai ou dorme.
Por isso ele é o melhor
amigo do homem

132 Ensino de Língua Portuguesa

No que respeita ao problema da falta de progressão, pode ser observado, muitas vezes, além da repetição das ideias de um texto, a ocorrência de repetidos e desgastados lugares-comuns (no caso, um exemplo de clichê seria a frase "O cachorro é o melhor amigo do homem."). Aparece aí também, como correlata do clichê, a ausência de reflexão sobre o problema discutido, que é citado sem explicações ou esclarecimentos mais ricos sobre as afirmações feitas. Nesse tipo de situação, a redação fere as condições de suficiência de dados e de imprevisibilidade. No plano formal, as frases são curtas, em ordem direta, ou independentes ou coordenadas entre si, sem que haja um trabalho de arranjo das informações segundo sua novidade ou relevância. A fragilidade coesiva do texto assim construído espelha falhas na coerência e na informatividade.

A circularidade das produções dos alunos também pode ser resultado, a nosso ver, da convivência com os textos artificiais das cartilhas e dos livros didáticos (meros emparelhamentos de frases desconexas), através dos quais os alunos são introduzidos ao mundo da escrita. Outro fato comum é a apresentação de excertos de crônicas, romances, matérias de jornal etc., que sofrem cortes para "caberem" no livro ou se adequarem aos seus propósitos didáticos. Além do mais, os alunos escrevem sem terem tido oportunidade de refletir sobre o tema, para interlocutores desconhecidos e hierarquicamente superiores a eles.

Frente ao problema específico da circularidade, seria produtivo fazer dois tipos de atividades em sala de aula. Primeiramente, o professor traria diferentes exemplos de textos dissertativos/informativos, para identificar, com os alunos, seus esquemas de desenvolvimento. Depois, os textos considerados circulares seriam retomados e, por meio de perguntas e questionamentos, o professor promoveria a sua expansão, com o objetivo de ampliar sua carga informativa e seu grau de novidade. No caso do exemplo 49, perguntar-se-ia à autora:

- Que tipos de animais são as formigas?
- Como e onde as formigas vivem?
- Como se reproduzem?
- Como elas se alimentam?
- Quais são os seus alimentos preferidos?
- O que faz as formigas serem animais interessantes, além do jeito de carregar a comida?

Em seguida, à medida que o texto fosse expandido, seria definido um tipo de informação ou comentário que parecesse apropriado para a finalização/conclusão.

Considerações finais

Disse certa vez Italo Calvino, no livro *Seis propostas para o próximo milênio: lições americanas*: "[...] a obra verdadeira consiste não em sua forma definitiva, mas na série de aproximações para atingi-la." Tendo isso em vista, é possível afirmar que avaliar não se reduz apenas a cobrar de volta o discurso já produzido pela escola e pela ciência. Se a avaliação for, realmente, um trabalho de questionamento e investigação, conseguir-se-á negar a absolutização e a hegemonia de certos conhecimentos sobre outros, de certos discursos sobre outros.

O olhar atento, a escuta refinada seriam constitutivos de um esforço de entender a lógica do outro. O erro não significa, necessariamente, ausência de conhecimentos; ele é indício do processo de construção cognitiva; traduz os trajetos dos alunos, que, muitas vezes, são diferentes daqueles esperados pelo professor; o erro oferece informações sobre o que se sabe e o que ainda não se sabe; permite formular novas perguntas.

A propósito, vale lembrar a tese bakhtiniana de que o dialogismo, a relação com o outro constitui o fundamento de toda discursividade. Avaliar, portanto, seria, antes de mais nada, dialogar com o texto do aluno. Não apenas buscando os conteúdos (ou os erros e problemas) desse texto, mas posicionando-nos como o outro constituído pela interlocução, buscando os sentidos construídos no intervalo entre as posições enunciativas; em suma, refletindo sobre o que o aluno diz.

Reconhece-se hoje que, no modelo de escola e de ensino vigente, a dispersão e a heterogeneidade do discurso tendem a ser reduzidas e homogeneizadas. A natureza corretiva do ensino influencia seus resultados, uma vez que a supervalorização do certo conforma a relação do aluno com a língua, levando-o a internalizar o "olhar corretivo do professor". Diante disso, é importante tentar compreender o conhecimento que os alunos constroem na sua relação com a linguagem e com a atividade discursiva em sala de aula.

O professor atuaria, nesses termos, como o cientista contemporâneo – recolhendo dados, atentando para indícios, interpretando sentidos. Cumpre-lhe estabelecer conexões entre as hipóteses dos alunos e as bases científicas do conhecimento historicamente constituído e acumulado, sempre no sentido de favorecer seu desenvolvimento e aprendizagem. A formação para que ele trave com os textos dos aprendizes um novo tipo de diálogo deve abranger os campos da didática (processos de ensino), da aprendizagem (processos cognitivos) e da área específica de conhecimento (o discurso, no caso). O saber do professor há de servir menos à transmissão e cobrança de conteúdos curriculares e mais a um processo de discussão, questionamento, formulação de hipóteses e sistematizações pedagógicas.

Aplica-se, então, entre professor e aluno, a metáfora benjaminiana da relação interessada entre narrador e ouvinte: se há entre estes um interesse em conservar o que foi narrado, há entre aqueles um esforço de mútua compreensão em benefício da aprendizagem e do sucesso escolar. Nessa perspectiva, o professor seria um tipo de narrador: para muito além de cobrar a devolução de uma informação congelada, acabada, tem a tarefa de incorporar a experiência (sua e alheia) à experiência dos alunos, tornando o saber significativo para eles. Pode-se dizer que o mestre não é aquele que faz meros relatos, ou que transmite as informações como coisas em si, mas, tal qual o cronista, é o interlocutor que insere os alunos no "fluxo insondável das coisas", assegurando-lhes a aprendizagem.

Bibliografia

BAKHTIN, Mikhail. *Marxismo e filosofia da linguagem*. 3. ed. São Paulo: Hucitec, 1986.

BATISTA, Antonio Augusto G. *Aula de português*: discurso e saberes escolares. São Paulo: Martins Fontes, 1997.

BENJAMIN, Walter. *Magia e técnica, arte e política*: ensaios sobre literatura e história da cultura. 7. ed. São Paulo: Brasiliense, 1995.

BRANDÃO, Helena H. N. (coord.). *Gêneros do discurso na escola*: mito, conto, cordel, discurso político, divulgação científica. São Paulo: Cortez, 2000. (Aprender e ensinar com textos, v. 5).

BRITTO, Luiz Percival L. Em terra de surdos-mudos: um estudo sobre as condições de produção de textos escolares. In: GERALDI, João Wanderley (org.). *O texto na sala de aula*. São Paulo: Ática, 1997, pp. 117-26.

COSTA, Sérgio R. A construção de títulos em gêneros diversos: um processo discursivo polifônico e plurissêmico. In: ROJO, Roxane (org.). *A prática de linguagem em sala de aula*: praticando os PCNS. 2. ed. São Paulo: Educ; Campinas: Mercado de Letras, 2001, pp. 67-90.

DIONÍSIO, Ângela; MACHADO, Anna R.; BEZERRA, Maria Auxiliadora (orgs.). *Gêneros textuais e ensino*. 2. ed. Rio de Janeiro: Lucerna, 2002.

ESTEBAN, Maria Tereza. A avaliação no cotidiano escolar. In: ESTEBAN, Maria Tereza (org.). *Avaliação*: uma prática em busca de novos sentidos. 2. ed. Rio de Janeiro: DP & A, 2000, pp. 7-28.

EVANGELISTA, Aracy A. M. et al. Professor-leitor, aluno-autor: reflexões sobre a avaliação do texto escolar. *Cadernos CEALE* (Centro de Estudos em Alfabetização, Leitura e Escrita). Belo Horizonte: UFMG-FAE; Formato, v. 3, ano 2, out.1998.

GARCEZ, Lucília H. C. *A escrita e o outro*: os modos de participação na construção do texto. Brasília: Ed. UnB, 1998.

GERALDI, João Wanderley. O professor como leitor do texto do aluno. In: MARTINS, Maria Helena (org.). *Questões de linguagem*. São Paulo: Contexto, 1991, pp. 47-53.

HOFFMANN, Jussara. *Avaliação mediadora*: uma prática em construção da pré-escola à universidade. 6. ed. Porto Alegre: Educação e Realidade, 1995.

LUCKESI, Cipriano C. *Avaliação da aprendizagem escolar*: estudos e proposições. 10. ed. São Paulo: Cortez, 2000.

MAINGUENEAU, Dominique. *Novas tendências em análise do discurso*. 3. ed. Campinas: Pontes; Ed. Unicamp, 1997.

MARCUSCHI, Elizabeth. Progressão temática em textos expositivos de alunos de 5ª série. *Anais da XVII Jornada de Estudos Linguísticos do GELNE* (Grupo de Estudos Linguísticos do Nordeste). Fortaleza, 2000, v. 2, pp. 55-9.

MARCUSCHI, Luiz Antônio. Gêneros textuais: definição e funcionalidade. In: DIONÍSIO, Ângela; MACHADO, Anna R.; BEZERRA, Maria Auxiliadora (orgs.). *Gêneros textuais e ensino*. 2. ed. Rio de Janeiro: Lucerna, 2002, pp. 19-36.

RUIZ, Eliana M. S. D. *Como se corrige redação na escola*. Campinas: Mercado de Letras, 2001.

SILVA, Elisieth Maria; FIGUEIREDO, Maria Edna M.; BORBA, Vicentina Maria Ramires et al. Leitura, produção de texto e análise linguística: articular para melhor avaliar. In: CARVALHO, Maria Helena C. (org.). *Avaliar com os pés no chão da escola*: reconstruindo a prática pedagógica no ensino fundamental. Recife: Ed. Universitária da UFPE, 2000, pp. 75-117.

SOUSA, Clarilza P. Descrição de uma trajetória na/da avaliação educacional. In: CONHOLATO, Maria Conceição (coord.). *Ideias*. São Paulo: FDE, 1998, n. 30, pp. 161-74. Sistemas de avaliação educacional.

SUASSUNA, Lívia. Para além do linguístico: a produção escrita na escola. *Presença Pedagógica*, Belo Horizonte, v. 3, n. 14, mar./abr. 1997, pp. 44-53.

_____. Produção de textos escritos: tendências e desafios do ensino. *Presença Pedagógica*, Belo Horizonte, v. 4, n. 24, nov./dez. 1998, pp. 30-7.

VAL, Maria da Graça C. *Redação e textualidade*. São Paulo: Martins Fontes, 1991.

Escrita e reescrita de textos no ensino médio

Sueli Cristina Marquesi

Neste capítulo, tenho por objetivo discutir o processo de escrita e reescrita que deve orientar a produção textual no ensino médio, ressaltando a importância de aspectos teóricos na proposição de metodologias que permitam ao professor trabalhar com esta questão de forma a priorizar a coerência estabelecida pelo aluno para a redação de textos críticos e completos.

Considerando o texto como evento comunicativo, em que convergem ações de natureza linguística, cognitiva e social, fundamento-me em princípios teóricos da Linguística Textual e, na delimitação aqui proposta, relaciono, para a construção da coerência do texto, operações de retextualização que permitam ao estudante do ensino médio escrever um texto que revele sua opinião a respeito do tema em foco.

O estudo tem origem em um problema que tem se agravado nos últimos anos: o estudante do ensino médio ainda tem extrema dificuldade para escrever e, então, na maioria das vezes, ele reproduz, em sua escrita, frases, clichês ou trechos de textos lidos, escrevendo um texto que não revela um fio condutor orientador de sua escrita. Segundo minha análise, a causa desse problema reside na ausência de um trabalho que oportunize, ao estudante/escritor, vivenciar a escrita e a reescrita de seu texto.

Diante dessa realidade, considero que o professor de Língua Portuguesa, para preparar suas aulas de redação, deve compreendê-la como um processo de retextualização para, então, buscar estratégias que possibilitem ao estudante escrever, ler e reescrever seu texto, num processo contínuo de autoaprendizagem.

Pensando em facilitar a compreensão dos princípios teóricos aqui discutidos e, principalmente, de como eles podem contribuir para que o professor avance em suas práticas pedagógicas, organizo este capítulo em duas partes: na primeira, discuto aspectos teóricos que possam fundamentar o tratamento da escrita/reescrita no ensino; na segunda, com base nos aspectos teóricos discutidos, apresento uma sugestão para o trabalho em sala de aula, trazendo um exemplo de reescrita orientada pelo processo de retextualização.

Sobre a retextualização

Os estudos teóricos sobre **retextualização** têm em Marcuschi (1993) uma referência fundamental, e ainda que o autor tenha, em seus estudos, visado à relação

> Termo introduzido por Travaglia (2003 [1992]), na área da tradução.

entre as modalidades oral e escrita da língua, detendo-se na retextualização da fala para a escrita, adoto seus fundamentos, pois acredito que as operações por ele propostas podem ser empregadas na retextualização da escrita para a escrita, como se pode ver a seguir, relacionando-as aos princípios da coerência textual e à referenciação.

Marcuschi define as operações de retextualização categorizando-as em dois processos: o processo de compreensão, que contempla as operações de inferência, inversão e eliminação, cujo tratamento proporei por meio da relação com a coerência, e o processo de reformulação, que contempla as operações de acréscimo, substituição e reordenação, cujo tratamento proporei por meio da relação com a referenciação.

A adoção desta concepção de retextualização para o texto escrito me permite estabelecer uma correlação com o estreito diálogo que considero haver entre leitura e escrita, e afirmar que a escrita e reescrita do texto no ensino médio exige um escritor criativo em relação ao uso da língua, que não só deverá expor suas ideias, mas, antes de tudo, construir a defesa de um pensamento em relação a elas; esse escritor só existirá se for um leitor capaz de, com base em leituras realizadas e mesmo em leituras do próprio texto, construir sentidos, e, assim, produzir um texto final com originalidade e criticidade, esta última traduzida pelo que Dias (1986) destacou em estudo realizado sobre redações:

> A produção de um texto deve ser fruto de um pensamento reflexivo, deve representar o salto qualitativo, a codificação de informações reoperadas que se interligam, intencionalmente, e que são oriundas não do exercício mecânico dos leitores entendidos como decodificadores de letras, mas, de leitores cuja compreensão implica a percepção das relações entre o texto e o contexto.

É possível, desta forma, considerar que, na base da retextualização, se encontra o princípio da solução de um problema, ligado à compreensão de textos lidos e à escrita, e que, para tanto, se, de um lado, há estratégias que facilitam a compreensão, de outro, há aquelas que facilitam a escrita.

Pensar essas estratégias é pensar um trabalho que contemple a leitura que integra texto e contexto; é, também, pensar um trabalho que contemple a escrita que ultrapassa o nível da reprodução do "já lido".

Estratégias para a compreensão

Quaisquer estratégias que se possa pensar para realizar uma leitura focada na construção de sentidos nos remete, seguramente, à interação entre leitor e texto, orientada pela relação que o leitor estabelece entre texto e contexto.

Trata-se de um processo complexo, que exige um leitor atento a algumas condições que garantem a compreensão. Essas condições foram assim definidas por Marcuschi (1988: 51):

1. condição de base textual, em que a condição básica para a organização de texto e transmissão de sentidos compreensíveis é a existência de um sistema linguístico de domínio comum e suficiente aos propósitos dos interactantes;
2. condição de conhecimentos relevantes partilhados, em que, para que a base textual seja eficaz em atividades interacionais, exige-se mais do que o simples domínio de regras linguísticas, pois supõe a necessidade de conhecimentos relevantes partilhados;
3. condição de coerência, em que as condições (1) e (2) só serão significativamente produtivas se o texto for coerente. Como um dos fatores condicionantes necessários à compreensão, a coerência temática é construída tanto na produção quanto na leitura do texto;
4. condição de cooperação, em que a compreensão se dá como uma atividade interacional em situações concretas e reais de recepção e produção, exigindo contratos e negociações bilaterais que se evidenciam na colaboração mútua que, mesmo quando violada, deve preservar vias de acesso relevantes;
5. condição de abertura textual, em que, na medida em que a compreensão se submete à condição (4), o texto transforma-se numa proposta de sentido com características de abertura estratégica, ou seja, com n possibilidades interpretativas dentro de alternativas mutuamente aceitáveis;
6. condição de base contextual, em que a condição (5) cria uma indeterminação que as condições (2) e (4) resolvem apenas parcialmente; por isso, é necessária outra condição que requer a presença de contextos suficientes situados num tempo e espaço, definidos tanto para a produção quanto para a recepção;
7. condição de determinação tipológica, em que o tipo de texto é imprescindível de ser considerado, já que cada tipo carrega em si condições restritivas específicas, tanto de contextualização como de indeterminação, agindo conjuntamente com as condições (5) e (6).

Refletindo sobre essas condições, é possível ressaltar que o leitor que realiza a compreensão do(s) texto(s) lido(s) a partir desse conjunto de atividades intera-

Estratégias para a escrita

Somando-se a todas essas estratégias de compreensão, que, na verdade, dão conta de oferecer as bases para que o escritor possa produzir um texto cujo conteúdo revele um pensamento reflexivo, possível pelo salto qualitativo que é capaz de dar em relação aos textos lidos, por questão metodológica e de delimitação, dou destaque a duas estratégias para garantir uma produção que não seja simples transposição de frases, clichês ou trechos de textos lidos.

A primeira delas refere-se ao princípio da coerência textual, e a segunda ao processo de referenciação, ambas pensadas para oferecer as bases para que o estudante/escritor possa realizar uma progressão textual caracterizada por uma sequência encadeadora de ideias e por uma categorização de mundo feitas por ele a partir do fio condutor estabelecido para o desenvolvimento de seu texto.

No que diz respeito ao princípio da coerência, defendo-o como estratégia a ser trabalhada pelo professor, por considerar que o estudante/escritor, no contexto aqui discutido, será capaz de obter uma retextualização coerente se aplicar, na construção de seu texto, as quatro metarregras propostas por Charolles (1978):

- metarregra da repetição, apresentando, no desenvolvimento de seu texto, elementos de recorrência estrita, a fim de garantir seu caráter sequencial, seu desenvolvimento homogêneo e contínuo, sua ausência de ruptura;
- metarregra de progressão, apresentando, no desenvolvimento de seu texto, contribuição semântica constantemente renovada;
- metarregra de não contradição, não introduzindo, no desenvolvimento de seu texto, elementos semânticos que contradigam um conteúdo posto ou pressuposto anteriormente;
- metarregra de relação, não introduzindo, no desenvolvimento de seu texto, fatos que não estejam relacionados ao mundo ali representado.

No que diz respeito ao processo de referenciação, defendo-o como estratégia a ser trabalhada pelo professor, por considerar que o estudante/escritor, no contexto aqui discutido, será capaz de obter uma retextualização coerente, se for capaz de, na expansão de seu texto, categorizar o referente e fazer uso de expressões consonantes com o contexto de sua produção.

Nesse sentido, a referenciação deve ser vista como um processo de múltiplas possibilidades de escolhas lexicais que o escritor pode fazer, dentro de uma perspectiva linguística interacionista e discursiva, conforme propuseram estudiosos do tema.

O processo vivenciado pelo estudante deve ser, então, o de ajustar expressões ou palavras, o que não se faz diretamente em relação ao referente dentro do mundo, mas no quadro contextual, sendo importante pensar não apenas na abordagem linguística, mas também na cognitiva, estando ambas estreitamente imbricadas, já que são concernentes às práticas e aos discursos. A referenciação, assim como a categorização, assume, pois, um caráter de prática simbólica, necessariamente passando pela leitura de mundo do escritor.

Dentre as escolhas que pode fazer para desenvolver o processo de referenciação de seu texto com criatividade e criticidade, há que se destacar a possibilidade de uso de anáforas indiretas que, por meio da ativação de referentes novos no texto, possibilitam a expansão de um texto criativo e inovador.

As anáforas indiretas não estão, como sempre estiveram, restritas ao campo dos pronomes e da referência em sentido restrito, deixando, pois, de ser apenas repetição de uma expressão ou sintagma, para constituir-se, no texto, em expressões que se reportam a outras expressões, enunciados, conteúdos ou contextos textuais, contribuindo, assim, para a continuidade tópica referencial.

As expressões utilizadas por cada escritor, em cada texto, funcionam, conforme assevera Koch (2004), como uma *espinha dorsal do texto*, que permite ao escritor construir, com base na maneira pela qual se encadeiam e remetem umas às outras, um roteiro que orientará novos leitores para determinados sentidos implicados no texto.

Refletindo sobre os processos de compreensão e de reformulação e relacionando-os aos dois princípios que elegi para se constituírem como estratégias do professor no tratamento da escrita e da reescrita no ensino médio, considero ser possível abordar o primeiro processo – o da compreensão, com suas operações de inferência, inversão e eliminação –, por meio das metarregras da coerência textual, e o segundo – o da reformulação, com suas operações de acréscimo, substituição e reordenação –, por meio do processo de referenciação.

Essa reflexão permite-me apresentar uma sugestão para o trabalho em sala de aula, focada no processo de retextualização, que, ao ser subsidiada pelos princípios teóricos aqui discutidos, possibilita ao professor trabalhar a escrita no ensino médio como um processo de autoaprendizagem contínua, em que as etapas se complementam.

Ambos os textos compõem *corpus* de pesquisa em desenvolvimento pelo Núcleo Extensionista *Ensino de Língua Portuguesa*, do Instituto de Pesquisas Linguísticas *Sedes Sapientiae* IP–PUCSP.

Uma sugestão para o trabalho de retextualização em sala de aula

Esta sugestão contempla a realização de quatro etapas de trabalho e, para facilitar sua compreensão, arrolo **dois textos**

140 Ensino de Língua Portuguesa

(a) e **(b)**, respectivamente, de escrita e de reescrita orientada pelo processo de retextualização. Indico como (a) uma redação escrita por estudante concluinte do ensino fundamental, para o exame do SARESP, que obteve conceito 1 (Insuficiente) nos três critérios adotados pelo referido sistema de avaliação: tema, gênero e coerência; e como (b) uma reescrita da mesma redação feita por um estudante do primeiro ano do ensino médio, realizada após trabalho do professor orientado pelo processo de retextualização e pelas estratégias dele decorrentes, aqui discutidos.

Primeira etapa: leitura e compreensão do texto a ser retextualizado

Nesta etapa, o professor em conjunto com os estudantes:
- lê a redação (a), que deverá ser retextualizada;
- discute sua expansão em relação ao tema proposto;
- por meio de um trabalho de desmontagem textual, levanta as ideias nela arroladas e a relação entre elas e o tema proposto;
- discute a existência da justaposição de frases e a transposição de clichês ou de trechos de textos lidos.

Segunda etapa: da compreensão para a reformulação

Nesta etapa, a partir do trabalho realizado na primeira etapa, o professor pede a cada estudante que, individualmente:
- estabeleça inferências, inversões e eliminações;
- pense no tema e em uma ideia central que queira defender;
- proponha acréscimos, substituições e reordenações;
- estabeleça um fio condutor para a reescrita do texto e proponha ideias que possam desenvolvê-lo.

Como se pode notar, o trabalho desenvolvido nas etapas 1 e 2 leva em conta o princípio da coerência, tomando por base as metarregras da repetição, da progressão, da relação e da não contradição.

Terceira etapa: a reformulação

Nesta etapa, o professor pede para cada estudante pensar em elementos ou expressões linguísticas que lhe permitam escrever seu texto com criatividade e criticidade.

Quarta etapa: a retextualização

Nesta etapa, com base em todo o trabalho desenvolvido, o professor pede para cada estudante escrever seu texto.

Após concluir a escrita de seu texto, o estudante é orientado, ainda, a ler o novo texto, analisando se a retextualização solucionou os **problemas do texto** (a).

> Por motivo de delimitação, não discuto nesta proposta aspectos relativos às autocorreções gramaticais.

Redação (a)

A escola dos meus sonhos

A escola pública tem vários pontos positivos e também vários pontos negativos.

Sobre a educação temos ambos os dois pontos de vista, nem sempre todos os professores de uma escola pública são bons, alguns conseguem manter a ordem e o respeito dentro da sala de aula e conseguem passar seus conteúdos aos alunos, mas também tem alguns que não conseguem administrar uma sala de aula, não conseguem impor a ordem e o respeito perante aos alunos.

Infelizmente isso acontece nas boas e nas más escolas, mas, quando o aluno é esforçado e quer aprender, a convivência com o professor fica muito mais agradável.

Redação (b)

A escola dos meus sonhos

A escola dos meus sonhos é aquela que oferece aos alunos coisas importantes para eles. Em uma escola pública, existem coisas boas e ruins.

Muitos aspectos contribuem para que uma escola seja boa ou ruim.

Em uma escola boa os professores conseguem manter a disciplina, dão conteúdos bem explicados, os alunos se interessam em aprender e os colegas têm amizade. Em uma escola ruim, acontece o contrário e o resultado é que os alunos não têm motivação para aprender.

A escola dos meus sonhos é aquela que consegue fazer com que as coisas boas vençam as coisas ruins e que os alunos e professores formem um grupo para aprender. Se isto acontecer, as escolas serão muito mais proveitosas para os alunos e eles vão perceber quanto é importante aprender.

Comparando as redações (a) e (b), é possível observar que a redação (a) não revela um fio condutor em seu desenvolvimento; nela, há apenas a justaposição de algumas ideias que não se relacionam entre si, comprometendo a expansão adequada do texto. Já a redação (b) revela um fio condutor e, em seu desenvolvimento, coerência entre o título e as ideias indicadas na introdução, por meio de um processo de referenciação que vai além de nominalizações ou pronominalizações,

142 Ensino de Língua Portuguesa

uma vez que revela o uso de outros elementos ou expressões linguísticas, para referir-se à "escola boa".

A análise do processo de expansão de (b) evidencia o respeito às me-tarregras de coerência e a utilização de expressões para a referenciação que permitiram a não circularidade do texto. É notável, à leitura do texto (b), que o aluno vivenciou as etapas aqui propostas para proceder à retextualização do texto (a): eliminou o que não era pertinente à ideia central a ser defendida; procedeu a inversões e inferências; propôs acréscimos, substituições e reor-denações; estabeleceu, enfim, um fio condutor considerando o próprio título – "a escola dos meus sonhos" –, e, a partir dele, propôs ideias para a defesa de seu ponto de vista sobre o que considera ser uma "boa escola", assim como buscou expressões linguísticas que permitiram o desenvolvimento coerente desse ponto de vista.

Considerações finais

Poder trabalhar as aulas de redação no ensino médio por meio da escrita e da reescrita de textos, levando em conta o processo de retextualização, abre pers-pectivas para integrar as atividades de leitura e escrita e propiciar ao estudante a autoaprendizagem: ele lê, escreve, reflete, analisa e reescreve seu texto, em atividades integradas.

Nesse sentido, o processo de retextualização assume um espaço privile-giado que permite ao professor criar possibilidades para que o estudante, por meio do exercício da escrita, avance no campo da análise e da reflexão sobre seu próprio texto.

Nestas considerações finais, quero destacar que, quaisquer práticas pen-sadas para aulas de redação devem pressupor um embasamento teórico que permita ao professor libertar-se de modelos preestabelecidos e construir, para cada situação, estratégias que estejam em consonância com procedimentos metodológicos adequados.

Assim, o exercício da docência na área de Língua Portuguesa deve ser um convite contínuo à busca de estudos teóricos que permitam ao professor refletir sobre a escrita na escola e pensar muitas outras atividades para o ensino.

Posso concluir este capítulo ressaltando, por fim, a importância de o pro-fessor, para o desenvolvimento de suas aulas de redação, buscar estratégias fundamentadas em princípios teóricos que lhe permitam ver o texto como fenô-meno sociocognitivo-interacional, e tratá-lo, sempre, no contexto de interesse do estudante, por meio de atividades práticas que dispensam, para este último, a abordagem teórica.

Bibliografia

ADAM, Jean-Michel. *A linguística textual*: introdução à análise textual dos discursos. São Paulo: Cortez, 2008.

BEAUGRANDE, Robert de. *New foundations for a science of text and discourse*: cognition, communication, and the freedom of access to knowledge and society. Norwood, New Jersey: Ablex, 1997.

CHAROLLES, Michel. Introduction aux problèmes de la coherence des textes. *Langue Française*, Paris: Larousse, n. 38, 1978, pp. 7-41.

DIAS, Ana Rosa F. *Análise de redações de vestibular e sua correção avaliativa*. São Paulo, 1986. Dissertação (Mestrado) – Pontifícia Universidade Católica de São Paulo.

KOCH, Ingedore G. V. *Introdução à linguística textual*. São Paulo: Martins Fontes, 2004.

_____. Referenciação e orientação argumentativa. In: KOCH, Ingedore G. V.; MORATO, Edwiges M.; BENTES, Anna Christina (orgs.). *Referenciação e discurso*. São Paulo: Contexto, 2005, pp. 33-52.

MARCUSCHI, Luiz Antônio. Leitura e compreensão de texto falado e escrito como ato individual de uma prática social. In: ZILBERMAN, Regina; SILVA, Ezequiel T. (orgs.). *Leitura*: perspectivas interdisciplinares. São Paulo: Ática, 1988, pp. 38-57.

_____. *O tratamento da oralidade no ensino de língua*. Recife: Universidade Federal de Pernambuco, Programa de Pós-Graduação em Letras e Linguística, 1993.

_____. Atividades de referenciação, inferenciação e categorização na produção de sentido. In: FELTES, Heloísa P. de M. (org.). *Produção de sentido*: estudos transdisciplinares. São Paulo: Annablume; Porto Alegre: Nova Prova; Caxias do Sul: Educs, 2003, pp. 239-61.

_____. Anáfora indireta: o barco textual e suas âncoras. In: KOCH, Ingedore G. V.; MORATO, Edwiges M.; BENTES, Anna Christina (orgs.). *Referenciação e discurso*. São Paulo: Contexto, 2005, pp. 53-101.

MARQUESI, Sueli C. *A organização do texto descritivoem Língua Portuguesa*. Rio de Janeiro: Lucerna, 2004 [1990].

_____. Referenciação e intencionalidade: considerações sobre escrita e leitura. In: CARMELINO, Ana Cristina; PERNAMBUCO, Juscelino; FERREIRA, Luiz Antonio. (orgs.). *Nos caminhos do texto*: atos de leitura. Franca, SP: UNIFRAN, 2007, pp. 215-33.

MONDADA, Lorenza; DUBOIS, Danièle. Construção dos objetos de discurso e categorização: uma abordagem dos processos de referenciação. In: CAVALCANTE, Mônica M. et al. (orgs.). *Referenciação*. São Paulo: Contexto, 2003, pp. 17-52. (Clássicos da Linguística 1).

TRAVAGLIA, Neuza G. *Tradução retextualização*: a tradução numa perspectiva textual. Uberlândia: EDUFU, 2003 [1992].

VAN DIJK, Teun A. *La Ciência del Texto*. Buenos Aires: Paidós, 1983.

Tópico discursivo e argumentação nos textos escolares

Elisbeth de Alencar
Graça Faria

Argumentar faz parte do cotidiano do homem em todas as atividades, isto é, o ser humano participa diariamente de inúmeras relações orientadas para a discursividade, daí porque uma das funções básicas da escola é proporcionar aos alunos o desenvolvimento da argumentatividade em produções orais e escritas. Cabe à escola ensinar os usos da língua, possibilitando ao aluno desenvolver a capacidade de escrita, produzindo textos com informações bem fundamentadas, com argumentação válida, sabendo estruturá-las adequadamente, de forma a construir um texto dotado de sentido em um dado contexto.

Em outras palavras, o aluno deve ser capaz de elaborar textos coerentes, cujas ideias estejam organizadas de forma a permitir a manutenção e a progressão tópica, e a construir argumentos eficazes, sustentando, assim, as opiniões defendidas no gênero que produziu.

Entretanto, organizar um texto de modo a assegurar o bom desenvolvimento das ideias e a construção de argumentação válida para fundamentar as opiniões que se pretende sustentar é ainda uma das grandes dificuldades dos alunos da educação básica.

Dentre as causas desses problemas, destacamos o desconhecimento do que é tópico discursivo e de como são mobilizados seus mecanismos articulatórios, além do desconhecimento da relação estreita entre a construção do tópico e a estruturação de uma sequência argumentativa.

Neste capítulo, discutiremos a relação teórica entre tópico discursivo e sequência argumentativa e apresentaremos uma proposta de aplicação desses pressupostos às aulas de compreensão e produção de textos. Para tal intento, analisaremos tanto o quadro tópico quanto o quadro argumentativo em exemplos de redação escolar e apontaremos algumas possibilidades de como o professor pode tornar mais produtivas as aulas de Língua Portuguesa, se fizer uso desses conceitos contemplados pela Linguística de Texto.

Tópico discursivo

O tópico discursivo é entendido, segundo Marcuschi (2008), como "aquilo sobre o que se está falando" em um texto. Quanto à sua propriedade organizacional, o tópico de um texto desenvolve-se e detalha-se em subtópicos, articulando-se sequencial e hierarquicamente e caracterizando-se, portanto, como um princípio organizador do texto/discurso.

Não devemos concluir que a noção de tópico discursivo se limita ao conteúdo global do texto, à sua unidade exclusivamente semântica (ou seja, à sua *macroestrutura*, como diria van Dijk (1977), quando analisava a coerência dentro de uma perspectiva semântico-cognitiva). O conceito de tópico discursivo suplanta a unidade de sentido que está subjacente à organização do cotexto. Além do conteúdo que se abstrai das formas, há os conhecimentos compartilhados e negociados, a cada ponto do texto, por enunciadores e coenunciadores no momento sócio-histórico vivenciado – todos importantíssimos para que as relações entre o tópico central e os subtópicos sejam interpretadas com eficácia.

O tópico discursivo, assim como as noções de coesão/coerência, suplanta a estrutura semântica global, pois se integra, necessariamente, a diversos tipos de contexto, de aspectos interacionais e sociocognitivo-discursivos.

A definição de tópico discursivo aqui descrita segue os pressupostos de Jubran (2006), que lhe atribuem as seguintes propriedades: a *centração* e a *organicidade*.

A *centração* é caracterizada pela convergência dos enunciados para um assunto proeminente. Já a *organicidade* é gerada a partir da organização dos tópicos no texto, no que concerne à sequenciação e aos diferentes graus de detalhamento (subtópicos) que eles comportam nas manifestações verbais.

A propriedade de *centração*, por sua vez, apresenta os seguintes traços: *concernência, relevância* e *pontualização*. Em outras palavras, a propriedade de centração localiza no texto as informações que se relacionam de forma interdependente e proeminente. Por meio dessa categoria abstrata, que é o tópico, é possível identificar o *segmento tópico*, a unidade concreta de análise. Para que se entendam essas características, observe-se o exemplo abaixo:

Texto 1

Pensando na família

Edison Lobão ligou na semana passada para Sérgio Cabral. O motivo não era falar de pré-sal – assunto em que, aliás, os dois divergem profundamente. Queria um favor: como pintou uma vaguinha de conselheiro no Tribunal de Contas do Estado, Lobão indicou o próprio filho para preenchê-la.
Cabral não moverá uma palha. Além da questão do pré-sal, outro tema o distancia do ministro: Lobão foi um dos articuladores da candidatura de Anthony Garotinho ao governo do Rio de Janeiro, para dar um segundo palanque a Dilma Rousseff.

Fonte: JARDIM, Lauro. *Pensando na família*. Disponível em: <http://veja.abril.com.br/blog/radar-on-line/brasil/pensando-na-familia>. Acesso em: 6 mar. 2010.

Nesse texto, a centração dos enunciados está na *solicitação do emprego para o filho do ministro*, tópico central do texto, que se divide nos subtópicos: *a divergência entre o ministro e o governador sobre o programa pré-sal*; *o apoio do ministro a candidatos de oposição ao governador*, que justificam a certeza da *resposta negativa por parte do governador*: "Cabral não moverá uma palha", conforme podemos ver no seguinte esquema:

Figura 1 – Quadro tópico do texto 1

O texto (1) exemplifica a importância da centração e da organicidade para o estabelecimento do sentido do texto. Em relação à centração, todos os enunciados convergem para o tópico central, não trazendo nada que se desvie por completo do tema discutido.

Já a propriedade tópica de organicidade manifesta-se por meio de relações de dependência entre tópicos (intertópica) e entre subtópicos (intratópica) simultaneamente em dois planos: hierárquico e linear (Jubran, 2006).

No nível hierárquico, a relação estabelecida entre os supertópicos e os subtópicos forma quadros tópicos, promovendo o aprofundamento das ideias, desenvolvendo-as, conforme demonstramos no quadro tópico acima. Nesse exemplo, em primeiro nível (supertópico), o quadro apresenta o tópico *a solicitação do emprego para o filho do ministro*; em segundo nível, *a resposta*, que se sabe ser negativa; em terceiro nível, as razões para essa resposta – *a discordância sobre um programa governamental* e *o apoio a adversários políticos*.

No plano linear, os segmentos tópicos não se organizam de acordo com a organização hierárquica dos tópicos. No exemplo citado, ainda que o pedido do cargo para o filho estivesse no final do texto, precedido da divergência de opiniões no tocante ao programa pré-sal e à escolha de candidatos, isso não alteraria a organização hierárquica do texto, mas apenas a linear, isto é, a disposição dos segmentos tópicos ao longo do texto. Dessa forma, no plano linear, a articulação tópica ocorre por meio de adjacências ou de interposições de tópicos diferentes na linearidade discursiva, caracterizando-se pelos fenômenos básicos da continuidade e da descontinuidade.

Se observarmos as relações hierárquicas esboçadas no quadro acima, veremos que o autor estrutura com nitidez os níveis de abrangência e/ou importância de supertópicos e subtópicos, como também estabelece adequada articulação dos segmentos tópicos na linearidade do texto.

De acordo com Pinheiro (2005), para essa integração dos conteúdos, podem ser usados diferentes mecanismos de articulação tópica. O autor classifica e descreve cinco deles:

- marcadores discursivos: exercem a função textual de integrar tópicos e enunciados dispostos de forma contígua na linearidade textual, e de orientar a atenção do leitor para as partes que compõem o texto; ex.: "agora", "mas", "bom", "depois", "já";
- formas referenciais: estabelecem ligações entre referentes mencionados, ou não, no cotexto, por isso são vistas como *objetos de discurso*; ex.: "este assunto", "isso"; "a menina", "ela";
- formações metadiscursivas: são expressões que se dobram sobre o próprio discurso, exercendo a função de âncora no espaço discursivo para os enunciados de conteúdo informacional e, portanto, funcionam como um articulador entre os subtópicos; ex.: "como se vê", "em resumo";
- paráfrases: são reformulações de enunciados anteriores, que devem servir de base para a introdução de um novo subtópico;
- perguntas: são indagações que podem, ou não, ter o propósito de ser respondidas dentro do texto; muitas vezes, inauguram um outro subtópico.

No texto (1), por exemplo, para introduzir o subtópico *apoio a adversários políticos*, o autor faz uso de um marcador discursivo ("além de") e de formas referenciais ("outro tema").

Evidencia-se, dessa forma, a relevância das propriedades de centração e organicidade para a manutenção e continuidade do tópico, pois isso evita o desvio do tema desenvolvido, mantendo, consequentemente, a coerência textual.

Ocorre continuidade quando a organização sequencial dos tópicos se dá de modo a que um tópico novo seja iniciado apenas quando está esgotado o precedente. Já a descontinuidade caracteriza-se como uma interrupção da sequencialidade linear.

No texto escrito, a continuidade tópica está relacionada diretamente à manutenção da coerência textual. Isso significa que tópicos e/ou subtópicos muitas vezes são desenvolvidos, ao longo do texto argumentativo, como dados cuja função é sustentar a tese defendida.

Portanto, para não apresentar problemas de coerência, um texto precisa manter a continuidade e a progressão tópica, ou seja:

> [...] é necessário que a progressão tópica – no nível sequencial ou no hierárquico – se realize de forma que não ocorram rupturas definitivas ou interrupções excessivamente longas do tópico em andamento: inserções e digressões desse tipo necessitam de algum tipo de justificação, para que a construção do sentido e, portanto, da coerência, não venha a ser prejudicada. Isto é, a topicalidade constitui um princípio organizador do discurso (Koch, 2004: 99).

A essa observação, acrescentamos que a construção da coerência depende, em grande medida, da arquitetura argumentativa de um texto. Muitas redações de alunos do ensino básico não seguem os princípios de centração e organicidade, nem apresentam argumentação consistente, razão por que eles produzem textos desarticulados e, consequentemente, com diversos pontos de incoerência. Em geral, são textos que se afastam da centração, por trazerem informações que não dizem respeito ao tópico, como também falham na organicidade, por não respeitarem a hierarquia entre tópicos e subtópicos, e ainda por não articularem adequadamente subtópicos a supertópicos.

Dessa forma, a articulação bem construída promove a progressão e a unidade textual, influenciando diretamente no desenvolvimento argumentativo do texto; em outras palavras, o tópico discursivo está relacionado à construção da sequência argumentativa.

Argumentação e sequência argumentativa

Se considerarmos a ideia de que o argumentar está presente em toda e qualquer atividade discursiva, tem-se, como consequência, o fato de que, quando argumentamos sobre um objeto do mundo, estamos agindo sobre alguém, objetivando persuadi-lo.

Uma das abordagens da argumentação está fundamentada na caracterização de diferentes modos de organização textual. Dentre eles, destacamos a noção de *sequência textual* elaborada por Adam (1992), que as classifica em cinco espécies: explicativa, descritiva, narrativa, dialogal e argumentativa.

Priorizaremos a relação entre tópico discursivo e a sequência argumentativa, por acreditarmos na íntima ligação que esses dois aspectos mantêm na produção e na compreensão dos gêneros do argumentar.

O plano composicional da sequência argumentativa apresenta as seguintes unidades de sentido (ou *macroproposições*): a relação entre argumento(s) – conclusão, e dado(s) – conclusão. São esses os elementos que estruturam um texto que se organiza composicionalmente como uma argumentação. Assim, um texto argumentativo faz uso de enunciados apoiados em argumentos (dados) e são esses argumentos que visam ancorar pontos de vista para confirmar ou refutar uma tese. São eles que vão dar a base da relação dado-conclusão.

Adam (1992: 118) propõe, então, como protótipo (P) de sequência argumentativa, o esquema abaixo:

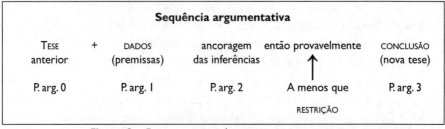

Figura 2 – Esquema típico da sequência argumentativa

Essa sequência é composta pelas macroproposições:
- *tese anterior*, que é a afirmação que será contestada e que pode estar implícita;
- *dados*, que são afirmações, com dado grau de informatividade, que dão margem à conclusão;

- *escoramento de inferências*, que é um conjunto de pressupostos socialmente compartilhados e que, por isso mesmo, servem de apoio para os argumentos, a fim de que nem tudo precise ser explicitado, porque já é conhecido;
- *restrição*, que é uma contra-argumentação, explícita ou implícita, mas sempre existente, direcionada à conclusão, muitas vezes por meio de uma partícula restritiva; e
- *conclusão*, que é, de fato, a tese ou o ponto de vista que o enunciador deseja defender e que pode servir de tese para nova sequência argumentativa.

Podemos visualizar melhor esse esquema através do exemplo dado pelo próprio autor (p. 116): "A marquesa tem mãos suaves, **mas** eu não a amo".

A contraposição do enunciado é observada quando se faz a inferência do enunciado implícito (*topos*): "Os homens amam as mulheres que têm mãos suaves". A conclusão esperada desse enunciado seria: "eu amo a marquesa", percebida no seguinte esquema:

> a) Se *os homens amam as mulheres que têm mãos suaves* (P. arg. 2),
> b) e *a marquesa tem mãos suaves* (P. arg. 1),
> c) então *eu amo a marquesa* (P. arg. 3).

Nesse exemplo, a conjunção "mas" é a partícula restritiva que se opõe não a um elemento do enunciado, mas à *tese anterior*: "homens amam mulheres de mãos suaves". Assim se chega ao seguinte raciocínio: se a marquesa tem mãos suaves, eu deveria amá-la, mas (restrição) *eu não a amo*.

As macroproposições (etapas) de uma sequência argumentativa são elementos essenciais para a construção argumentativa do texto. E, como conjunto hierarquicamente organizado, espera-se que suas partes sejam bem integradas, bem orientadas e bem desenvolvidas para se atingir a argumentação suficiente e válida para a defesa da tese proposta.

152 Ensino de Língua Portuguesa

Para demonstrar como isso ocorre em textos opinativos, semelhantes aos que são exigidos em redações escolares, faremos a descrição do quadro argumentativo do texto (1):

Tese anterior	Dados	Inferências	Dados de restrição	Nova tese
Favores entre políticos são concedidos.	Ligação do ministro para o governador pedindo emprego para o próprio filho.	É habitual os políticos concederem-se mutuamente favores.	O ministro não favoreceu o governador em dois casos anteriores: - o pré-sal; - a campanha eleitoral.	Logo, o pedido será negado.

Figura 3 – Quadro argumentativo do texto 1

Estruturar bem um texto de sequência argumentativa não constitui uma tarefa fácil, por isso defendemos que tanto a estratégia de compreensão das unidades composicionais de textos bem escritos seja trabalhada em sala de aula, quanto a estratégia de produção desses textos. Em geral, os professores de Língua Portuguesa pouco exploram essas duas habilidades, mas exigem que os alunos sejam capazes de elaborar "redações dissertativo-argumentativas" nas aulas de produção textual e nos concursos vestibulares.

Demonstraremos, a seguir, algumas incidências de problemas que afetam tanto o desenvolvimento da sequência argumentativa quanto a organização mental do quadro tópico do texto produzido por um aluno do curso médio.

A relação entre quadro tópico e sequência argumentativa

Observemos a redação seguinte.

Texto 2

Tema: Doenças Sexualmente Transmissíveis

Aids é caso de mortalidade

1[Atualmente muitas pessoas sofrem de doenças sexualmente transmissíveis no mundo inteiro. Nos últimos 25 anos vários casos de doenças infecciosas como a aids foram detectados pela Organização Mundial de Saúde (OMS) e está propagando-se cada vez mais].

2[A aids é uma doença que ainda não tem cura, 2.1[mas possui maneiras de ser evitada como a camisinha que é um dos métodos contraceptivos mais indicados por especialistas.] 2.2 [Há maneiras de tratar a doença para que ela não avance, através de medicamentos].

3[Males como esses que levam à morte devem ser tratados com rigor.] 4[Enquanto isso a rede pública hospitalar parece a cada dia que passa chegar ao caos].

5[Preocupantes relatos recentemente vindos da Organização Mundial de Saúde, destacou a falta de transparência do governo].

6[Não só a aids, mas também outras doenças que matam como a tuberculose, malária e doenças sexualmente transmissíveis deviam ser controladas, pois algumas estão alastrando-se no planeta].

7[Portanto toda essa catástrofe faz com que haja um grande risco do surgimento de epidemias em poucos anos por todo o mundo. 8[Pois pessoas infectadas não procuram a cura ou se tratar e podem disseminar essas doenças para outras pessoas].

9[Assim, deve-se investir em conscientização que fatos como esse não são irrelevantes e devem ser tratados com seriedade afim de que se tenha um planeta livre de dores alarmantes que podem levar a sociedade à morte].

Essa redação apresenta um problema de ausência de centração, uma vez que expõe, em seu quadro tópico, elementos que não se inter-relacionam. Também o princípio de continuidade tópica não é respeitado, pois o texto flutua de um tópico a outro, sem que eles tenham sido devidamente encerrados.

Assim, vejamos: a princípio, o tópico discursivo parece ser sobre DST, quando se destaca a aids como uma delas (embora o autor do texto afirme que ela é também uma doença infecciosa). Esse tópico aparentemente vem apoiado nos seguintes subtópicos: aids, tratamento e controle, omissão do governo, riscos e conscientização da população.

Porém, os subtópicos são iniciados e não são concluídos para que se inicie outro, o que faz com que o que deveria ser subtópico se torne um novo tópico, impedindo o desenvolvimento do tópico propriamente dito. Vejamos, por exemplo, o subtópico – *omissão do governo* (segmentos 4-5) –, em que é mencionada a preocupação da Organização Mundial de Saúde. Notemos como o subtópico não continua para explicar qual a relação entre essa informação e o tratamento, ocasionando completa desarticulação desse subtópico (veja quadro tópico abaixo).

Outro problema é inserir o subtópico – *doenças infecciosas* (seg. 6) –, cuja informação não se relaciona ao tópico discursivo (DST), configurando mais uma falha na centração e uma desarticulação desse novo subtópico. Dessa forma, teríamos o seguinte quadro tópico:

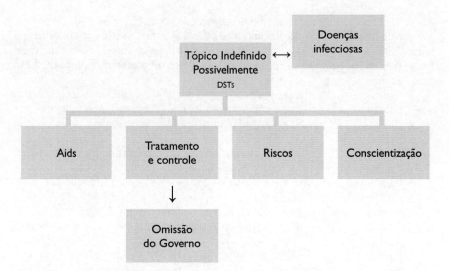

A desarticulação entre tópico e subtópico, ocasionada pela falta de centração e de desenvolvimento dos tópicos, reflete-se na organicidade do texto, tanto no plano hierárquico como no linear, pois não há como identificar a classificação de abrangência dos tópicos (da maior importância para a menor) e a distribuição disso nas partes do texto para chegar a uma unidade.

Com o comprometimento de classificação de tópicos e subtópicos, a falta de centração e a má organicidade, fica difícil determinar qual é, de fato, o tópico discursivo do texto. Doenças sexualmente transmissíveis? Prevenção e tratamento de DST? Ausência de políticas públicas no controle dessas doenças?

Com a impossibilidade de se delinear o quadro tópico do texto, fica comprometido também o quadro argumentativo, ou talvez fosse mais adequado afirmar: a falta de um planejamento do quadro argumentativo em defesa de uma tese ou ponto de vista conduz, fatalmente, à desarticulação tópica. Tendo em vista que a sequência argumentativa é constituída por *tese anterior*, *dados*, *escoramento de inferências*, *restrição* e *conclusão*, como definir a premissa, já que poderia ser: existência de DST; aids não tem cura; aids tem tratamento etc. Ora, a cada uma das opções, caberia um escoramento de inferências, uma restrição e conclusões diferenciadas.

Além de o autor não determinar que opção de dado foi escolhida, percebe-se que a cada parágrafo do texto há um dado novo que coincide com o fato de que a cada parágrafo há, também, um novo tópico. Assim, fica evidenciada a relação entre quadro tópico e quadro argumentativo. Se um estiver comprometido, o outro também estará.

Chamamos ainda a atenção para o fato de que o significativo número de articuladores existentes no texto não é garantia de coerência e coesão, tomando por base o que acontece nos segmentos 6 a 8: "Não só a aids, mas também outras doenças que matam como a tuberculose, malária e doenças sexualmente transmissíveis deviam ser controladas, pois algumas estão alastrando-se no planeta. Portanto toda essa catástrofe faz com que haja um grande risco do surgimento de epidemias em poucos anos por todo o mundo. Pois pessoas infectadas não procuram a cura ou se tratar e podem disseminar essas doenças para outras pessoas".

O articulador "portanto" traz a conclusão da ideia anterior do segmento (6) – as doenças que se alastram por todo o planeta caracterizam uma "catástrofe" –, mas, em seguida, o aluno usa o articulador "pois", o que parece explicar uma informação tida por ele como nova, quando, na verdade, contradiz a afirmação dada anteriormente (o alastramento das doenças caracteriza uma catástrofe), reforçada pelo modalizador "'podem' disseminar essas doenças", ou seja, como se ainda não tivesse ocorrido a "catástrofe" – a disseminação.

Sugestões

Podemos aproveitar o texto 2 para apontar uma possibilidade para a elaboração de quadro tópico e de quadro argumentativo, a partir de uma das opções possíveis. Neste exemplo, decidimos que o tópico seria DST: a aids.

156 Ensino de Língua Portuguesa

Quadro argumentativo:

Premissa	Dados	Restrição	Conclusão
A aids é uma doença sexualmente transmissível.	Não tem cura Quais tratamentos e prevenções Participação governamental	Mas tem tratamento e prevenção Não há política pública eficaz para controle da doença e conscientização da população	A aids pode ser controlada de forma eficaz impedindo uma epidemia.

Vale salientar que outras opções podem ser propostas para a construção dos quadros. Assim, dentre as possibilidades de atividades com esse fim, o professor, primeiramente, pode orientar os alunos para que escolham um tópico e, em seguida, elaborem subtópicos adequados para o desenvolvimento de uma ideia que se pretenda defender.

Baseado no quadro tópico, o professor pode solicitar aos alunos que elaborem a sequência argumentativa, para depois partir para a elaboração do texto propriamente dito.

O professor deve, nessa ocasião, ressaltar que, para a elaboração do texto, serão usados articuladores que a própria língua disponibiliza, como já ilustrado no item *tópico discursivo.* Porém, não basta a simples presença ou mesmo ausência dos articuladores para que o texto se torne coerente e coeso, pois é a escolha adequada dos articuladores que dá sentido ao que se deseja expressar.

Considerações finais

Embora tenhamos apresentado apenas um exemplo de redação de estudante, outros exemplares, em que se baseou nossa pesquisa, confirmam, de forma significativa, a realidade de uma constante produção de textos desarticulados, tanto nas informações quanto na organização destas.

Neste capítulo, apontamos que os problemas ligados ao desenvolvimento argumentativo se devem a dificuldades dos alunos em tecer um planejamento do que vai defender e argumentar. Isso se reflete na dificuldade em obedecer aos princípios de centração e organicidade do quadro tópico do texto, gerando indefinições e ausências relativas às macroproposições que compõem a sequência argumentativa, criando sequências indefinidas e incompletas.

Tudo isso significa que o pensamento não pode ser expresso de forma vaga, oscilando entre divagações informativas a cada unidade textual, como, infelizmente, ocorre nas produções dos estudantes das escolas brasileiras.

Cabe à escola, portanto, mostrar ao aluno que há variadas formas de se expressar por escrito e que cada contexto discursivo depende dos propósitos enunciativos e dos conhecimentos culturalmente compartilhados.

Em outras palavras, o professor, ao relacionar quadro tópico com quadro argumentativo, faz disso um instrumento de ensino/aprendizagem para a produção de textos em que se defende um ponto de vista.

Bibliografia

ADAM, Jean-Michel. *Les textes*: types et prototypes. Paris: Nathan, 1992.

_____. *A Linguística Textual*: introdução à análise textual dos discursos. Trad. Maria das Graças Soares Rodrigues et al. São Paulo: Cortez, 2008.

DUCROT, Oswald. Argumentação e "topoi" argumentativos. In: GUIMARÃES, Eduardo (org.). *História e sentido na linguagem.* Campinas: Pontes, 1989, pp. 13-38.

JUBRAN, Clélia C. A. S. et al. Organização tópica da conversação. In: ILARI, Rodolfo (org.). *Gramática do português falado.* Campinas: Ed. Unicamp, 2006, v. II.

KOCH, Ingedore G. V. *Introdução à linguística textual.* São Paulo: Martins Fontes, 2004.

MARCUSCHI, Luiz Antonio. *Produção textual, análise de gêneros e compreensão.* São Paulo: Parábola, 2008.

PERELMAN, Chaim; OLBRECHTS-TYTECA, Lucie. *Tratado de argumentação*: a nova retórica. 4. ed. São Paulo: Martins Fontes, 2000.

PINHEIRO, Clemilton L. Organização tópica do texto e ensino de leitura. *Linguagem & Ensino*, v. 8, n. 1, jan./jun. 2005, pp. 149-60.

VAN DIJK, Teun A. *Text and Context.* Explorations in the semantics and pragmatics of discourse. New York: Longman Inc., 1977.

Escrita e práticas comunicativas na internet

Vanda Maria Elias

Se houve um tempo em que era comum se ouvir dizer que os alunos de modo geral não gostavam de escrever e quando o faziam era para atender a alguma solicitação da escola, atualmente, essa afirmação está cada vez mais difícil de ser sustentada, visto que, em tempos de cultura digital, os alunos trocam muitas mensagens na internet, criam comunidades virtuais, blogam e twittam no universo da rede, interagindo com várias e várias pessoas por meio da escrita e sem que a escola solicite que eles o façam, vale destacar.

Essas produções escritas vêm gerando, da parte de professores e pesquisadores, muitas discussões sobre o modo como os textos são constituídos no espaço propiciado pela tela do computador, os recursos disponíveis à atividade do escritor/leitor, o imbricamento fala/escrita, a emergência de novas práticas comunicativas etc.

Como vemos, trata-se de um terreno bastante fértil a muitas e variadas investigações. Desse modo, considerando o espaço que nos é destinado neste livro, proponho uma reflexão em torno da seguinte questão: o que as produções textuais constituídas espontaneamente no universo da rede revelam sobre a prática da escrita e suas estratégias de produção?

A fim de responder a essa questão, utilizarei como material de análise blogs de crianças e adolescentes disponíveis na internet e situarei a reflexão no campo dos estudos da Linguística Textual, considerando as ferramentas e os recursos conceituais que a disciplina oferece para a análise de textos cada vez mais complexos produzidos no contexto de uso das novas mídias sociais.

> Sugiro a leitura do texto *Tendências recentes da Linguística Textual na Alemanha e no Brasil*, de Blühdorn e Andrade (2009).

Estratégias de produção escrita em blogs

Em uma perspectiva interacional, tanto aquele que escreve como aquele para quem se escreve são vistos como atores/construtores sociais, sujeitos ativos que – dialogicamente – se constroem e são construídos no texto, conforme nos afirma Koch (2002). O texto, por sua vez, é entendido como um evento comunicativo constituído por aspectos linguísticos, cognitivos, sociais e interacionais (Beaugrande, 1997) que, indissociadamente, contribuem para a construção do sentido do que é dito/escrito.

Nessa perspectiva, a escrita é uma atividade que demanda da parte de quem escreve (e também da parte de quem lê) a utilização de muitas estratégias, o que significa dizer que, nesse processo, muitos e variados conhecimentos são ativados para uma eficiente e eficaz interação entre escritor e leitor.

No universo das redes sociais, são muitas as práticas de escrita. Para o propósito deste trabalho, destaco o diário on-line, também chamado de ciberdiário, webdiário ou weblog ou simplesmente blog. Em formato hipertextual, com velocidade de publicização por parte do autor e de acesso por parte do leitor, além do destaque à interação autor-leitor, o blog é resultado de uma transmutação: deixa de ser uma escrita de foro íntimo, privada, solitária e ganha a publicidade própria do ambiente da internet.

Essa prática comunicativa ganhou inúmeros adeptos entre diferentes faixas etárias e vem assumindo novas variedades e novas funções que a diferencia do diário no papel, haja vista a existência de blogs profissionais, institucionais, corporativos e jornalísticos, além dos pessoais. Essas produções exigem que seus produtores se situem em relação ao espaço de escrita configurado na tela do computador e os recursos próprios à sua prática nesse meio, além, é claro, da utilização de muitas estratégias referentes ao uso da língua, como veremos a seguir.

Estratégias de contextualização

Texto 1

> Eu sou a Jojo, tenho 10 anos e gosto muito de arte. Nesse espaço vou postar meus desenhos, pinturas, esculturas e poesias. Ah, e vocês podem visitar o meu Twitter e dos meus irmãos no @trincadapesada. Tchau!

Fonte: Blog da Jojo. Disponível em: <http://artedajojo.tumblr.com/>. Acesso em: 3 out. 2009.

Constituída com propósito interacional, a escrita do texto 1 nos revela os sujeitos envolvidos nesse processo: aquele que escreve (Jojo, 10 anos) e aquele para quem se escreve (visitantes/leitores do blog), além do objetivo ou do para que se escreve (postar desenhos, pinturas, esculturas e poesias).

Levando em conta, ainda, que se trata de uma mensagem que pretende atrair leitores no universo da rede, a estratégia de fornecer informação sobre quem lhes dirige a palavra, para que os leitores a mantenham em foco em sua memória e a ela recorram no curso da interação, se mostra por demais satisfatória, principalmente porque põe em funcionamento um princípio que rege as práticas comunicacionais na vida cotidiana: conhecer o outro que nos dirige a palavra é aspecto contextualizador e de relevância fundamental no plano da interação e do sentido.

Estratégias de enunciação

Texto 2

> **ABOUT ME**
>
> **Name:**
> borboleta
> View my complete profile
> A BORBOLETA... TEM 15 Aninhos,
> pratica Natação, as DISCIPLINAS
> FAVORITAS são E.F e Filosofia e
> a que mais DETESTA INGLÊS.
> NOS TEMPOS LIVRES ela está
> com os amigos, piscina, praia,
> parque, cinema, night 8D, ouve
> música, lê, vê tv, seu bloguinho
> (...) Ela ADORA a Família,
> Amigos, estar principalmente
> com os seus bezt's, nadar, rir,
> lutar, amar, tirar fotos, sonhar
> (...) e DETESTA estudar, chorar,
> desistir, não conseguir algo,
> bróculos, estar sozinha,
> falsidade,(...)

Fonte: Blog de uma adolescente. Disponível em: <http://girlnaadolescencia.blogspot.com/>. Acesso em: 3 out. 2009.

Se, no texto 1, a escrita foi constituída na primeira pessoa do singular – eu – e por essa razão reveladora de maior grau de envolvimento e de comprometimento do sujeito que diz em relação ao que é dito, no texto 2, a escrita se constitui na terceira pessoa, provocando no leitor um estranhamento: aquele que se apresenta o faz em terceira pessoa como se estivesse falando de uma outra pessoa, recorrendo ao pseudônimo "borboleta".

Em se tratando de uma escrita publicada na internet e como tal disponível a todos que tenham acesso à rede, justifica-se o uso de um nome inventado por quem não pode ou não quer assinar suas próprias produções, na tentativa de preservar a sua privacidade. Ainda assim, continua o estranhamento, visto que o sujeito que escreve poderia, mesmo se apresentando como "borboleta", assumir a perspectiva daquele que fala, em construções como, por exemplo, "Eu sou a borboleta. Tenho 15 aninhos. Pratico natação [...]"

No entanto, não é isso que acontece: quem escreve transforma "borboleta" em um objeto de discurso introduzido no texto por meio de uma expressão nominal definida e mantida em focalização por meio do uso repetido do pronome "ela", de forma explícita ou elíptica, como observamos no trecho:

> NOS TEMPOS LIVRES *ela* está com os amigos, piscina, praia, parque, cinema, night 8D, [**ela**] ouve música, [**ela**] lê, [**ela**] vê tv, seu bloguinho [...] **Ela** ADORA a Família, Amigos, estar principalmente com os seus bezt's, nadar, rir, lutar, amar, tirar fotos, sonhar [...] e [**ela**] DETESTA estudar, chorar, desistir [...] (negritos meus)

Se, por um lado, no texto 1, quem produziu o blog fez uso de marcas de primeira pessoa e se revelou explicitamente na escrita e, se, por outro lado, no texto 2, a produtora do blog usou a terceira pessoa e assim se escondeu por trás dessa estratégia, uma coisa é certa: o uso da primeira ou da terceira pessoa provoca efeitos de sentido distintos, mas em ambas as situações a escrita se constitui sob a égide da interação, se pensarmos que sempre é possível escolhas quanto ao modo de dizer e que as escolhas se dão em função dos sujeitos envolvidos nesse processo e dos objetivos pretendidos.

Estratégias metacomunicativas

Também não podemos nos esquecer de que, na produção do texto 2, a autora do blog se valeu de conhecimentos metacomunicativos, ou seja, de conhecimentos que permitem ao locutor assegurar a compreensão do texto e conseguir a aceitação pelo parceiro dos objetivos com que é produzido.

Assim, com o propósito de chamar a atenção do leitor, a autora do blog realça o próprio discurso, ao promover a grafia de certas palavras em caixa alta como, por exemplo:

> Name: borboleta
> A BORBOLETA... TEM 15 Aninhos ...., as DISCIPLINAS FAVORITAS são [...] e a que mais DETESTA INGLÊS. NOS TEMPOS LIVRES ela está com os amigos, [...] Ela ADORA a Família, [...] e DETESTA estudar, [...]

Estratégias de progressão temática

Na sequenciação das ideias que compõem o texto 2, destaca-se o modo como se opera a progressão temática, ou seja, como se encadeiam os temas e remas em frases sucessivas.

Sabemos que, do ponto de vista funcional, na organização e hierarquização das unidades semânticas do texto destacam-se dois blocos comunicativos: *tema* (tópico) que se toma como base da comunicação, aquilo de que se fala, que, em geral, é informação dada, já conhecida do interlocutor ou facilmente inferível por ele a partir do co(n)texto; e *rema* (comentário), a informação nova, aquela que é introduzida no texto pela primeira vez.

No texto 2, a progressão temática ocorre com tema constante, visto que o tema "a borboleta" se mantém e a ele são acrescentados novos remas, à medida que o texto progride, como podemos observar a seguir.

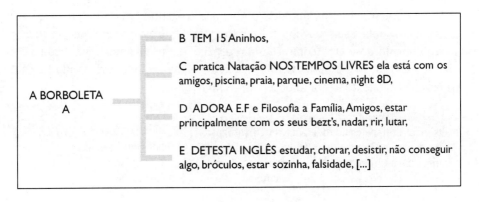

Estratégias de referenciação

Texto 3

SATURDAY, SEPTEMBER 29, 2007

Tudo cheio de problemas!

Olá, por aqui esta' tdo na mesma :S
Os meus amigos estao tdos cheios de problemas :(
Um amigo meu gosta de uma outra amiga minha q gosta de outro rapaz.
Uma amiga também gosta de um rapaz q n gosta dela.
Outra minha amiga esta chatiada com a best dela e esta em stress :/
Q confusão!
Eu ca' estou na mesma cmo a lesma.
Nem bem nem mal, não acontece nda. E'-me tdo indifrente.
Estou com saudades de uma pessoa q foi para longe e a quase um mês q n sei nada dela.
Neste caso dele.
:(

Fonte: Blog de uma adolescente. Disponível em: <http://girlnaadolescencia.blogspot.com/>. Acesso em: 3 out. 2009.

No texto 3, à primeira vista, dois fenômenos referenciais configurados no uso das expressões nominais "problemas" e "confusão" chamam a nossa atenção. Ambos têm importante função na organização do texto e dizem respeito a um tipo particular de coesão lexical denominado na literatura de "rotulação". (cf.: Francis, 2003)

No primeiro caso, o referente "problemas" constitui um rótulo prospectivo, levando em conta a sua função de dizer ao leitor o que esperar em relação ao desenvolvimento do texto. Como rótulo prospectivo, "problemas" está localizado no rema da oração e é parte da informação nova, assumindo importante função na organização textual, como observamos no trecho:

> Os meus amigos estao tdos cheios de **problemas** :(
> Um amigo meu gosta de uma outra amiga minha q gosta de outro rapaz.
> Uma amiga também gosta de um rapaz q n gosta dela.
> Outra minha amiga esta chatiada com a best dela e esta em stress :/

No segundo caso, o referente "confusão" constitui um rótulo retrospectivo cuja função é resumir e encapsular (ou empacotar) uma extensão do discurso, indicando para o leitor que essa extensão deve ser interpretada como uma avaliação da situação problema descrita anteriormente. Nesse sentido, o rótulo retrospectivo também tem importante função na organização do texto, uma vez que indica para o leitor que o escritor está se movendo para a fase seguinte de seu argumento, ancorado no encapsulamento do que foi dito antes, como demonstrado a seguir:

> Um amigo meu gosta de uma outra amiga minha q gosta de outro rapaz.
> Uma amiga também gosta de um rapaz q n gosta dela.
> Outra minha amiga esta chatiada com a best dela e esta em stress :/
> **Q confusão!**

O encapsulamento e a rotulação são estratégias de produção escrita que levam o interlocutor/leitor em direção às conclusões desejadas. Realizados lexicalmente no cotexto, os rótulos exigem do leitor a capacidade de interpretação não só da expressão em si, como também da informação cotextual precedente ou subsequente.

Considerações finais

Retomando a questão que orientou a produção deste capítulo e considerando a análise dos textos selecionados, é possível afirmar que crianças e adolescentes na produção de blogs recorrem a sofisticadas estratégias de produção escrita com diversas funções:

- situar o leitor sobre o objetivo da escrita (Texto 1);
- revelar ou "esconder" o responsável pela constituição do dizer (Textos 1 e 2 respectivamente);
- garantir a progressão sequencial (Texto 2);
- organizar o texto e orientar o leitor em direção às conclusões desejadas (Texto 3).

É certo que apresentamos apenas uma pequena amostra – porém significativa – do que fazem aqueles que produzem espontaneamente suas escritas no espaço da internet. E é certo também que chegamos ao final desta reflexão com muitas outras questões: em que essas escritas espontâneas produzidas na internet diferem daquelas que os alunos produzem "sob encomenda" na escola? Como aproveitar em sala de aula essas produções para a reflexão sobre o uso da língua ou para "desvendar os segredos do texto", como bem nos diz Koch (2002)? Que desafios nos esperam quanto ao ensino da escrita em tempos de "cultura digital"? Bom, ficam aqui as questões. Que surjam outras investigações, novas publicações.

Bibliografia

BEAUGRANDE, Robert de. *New foundations for a science of text and discourse*: cognition, communication, and freedom of access to knowledge and society. Norwood, New Jersey: Ablex, 1997.

BLÜHDORN, Hardarik; ANDRADE, Maria Lúcia C. V. O. Tendências recentes da Linguística Textual na Alemanha e no Brasil. In: WIESER, Hans Peter; KOCH, Ingedore G. V. (orgs.) *Linguística textual*: perspectivas alemãs. Rio de Janeiro: Nova Fronteira, 2009, pp. 17-46.

166 Ensino de Língua Portuguesa

Costa, Rogério da. *A cultura digital*. São Paulo: Publifolha, 2002.

Danes, Frantisek (ed.). *Papers on functional sentence perspective*. Prague: The Hague, 1974, pp. 106-28.

Elias, Vanda Maria; Ribeiro, Rafaela B. Referenciação e interação em blogs. *Texto digital* (uerj), v. 4, n.2, 2008.

Francis, Gill. Rotulação do discurso: um aspecto da coesão lexical de grupos nominais. In: Cavalcante, Mônica M.; Rodrigues, Bernardete B.; Ciulla, Alena. (orgs.). *Referenciação*. São Paulo: Contexto, 2003, pp.191-228.

Kerbrat-Orecchioni, Catherine. *L'énonciation*: de la subjectivité dans le language. Paris: Armand Colin, 1980.

Koch, Ingedore G. V. *O texto e a construção dos sentidos*. São Paulo: Contexto, 1997.

_____. *Desvendando os segredos do texto*. São Paulo: Cortez, 2002.

Koch, Ingedore G. V.; Elias,Vanda Maria. *Ler e compreender*: os sentidos do texto. São Paulo: Contexto, 2006.

_____. *Ler e escrever*: estratégias de produção textual. São Paulo: Contexto, 2009.

Komesu, Fabiana C. Blogs e as práticas de escrita sobre si na Internet. In: Marcuschi, Luiz A.; Xavier, Antonio C. (orgs.). *Hipertexto e gêneros digitais*: novas formas de construção do sentido. Rio de Janeiro: Lucerna, 2004, pp.110-19.

Lemos, André. A arte da vida. Diários pessoais e webcams na internet. *Revista Comunicação e Linguagem*. Lisboa, 2002. Disponível em: <www.comunica.unisinos.br/tics/textos/2002/T3G4.pdf>. Acesso em 10 ago. 2005.

A (in)sustentável leveza do internetês. Como lidar com essa realidade virtual na escola?

Antonio Carlos Xavier

O internetês tem sido um tema constante nas rodas de conversas informais, em reportagens da mídia e, principalmente, em cursos de capacitação para professores de Língua Portuguesa. Está mais do que na hora de os professores de linguagem discutirem mais abertamente sobre essa questão tão presente no nosso cotidiano escolar e, às vezes, tão mal compreendida principalmente pelos próprios docentes da área.

Por um lado, muitos professores de diversas disciplinas são radicalmente contra a utilização desse novo "dialeto" pelos alunos e por quem quer que seja, pois veem-no como uma evidente ameaça ao bom português. Alguns desses docentes consideram-no um verdadeiro sacrilégio, uma agressão ao idioma pátrio já "tão maltratado pelos brasileiros incultos e desatentos com um de seus mais importantes patrimônios culturais que é a língua", como costumam praguejar alguns.

Por outro lado, há docentes que não guardam quaisquer reservas contra o internetês. Concebem-no como mais uma invenção linguageira derivada da necessidade de comunicação por meio das tecnologias recém-criadas que possibilitaram o surgimento desse modo diferente de organizar os recursos linguísticos na tela do computador, telefone celular e aparelhos afins. Há professores, até mesmo de Língua Portuguesa, que tratam a chegada e o uso do internetês com tanta naturalidade que até o empregam, eles mesmos, em seus blogs, sites pessoais de relacionamento, e-mails, chat e outros gêneros digitais em que esta linguagem já se estabeleceu.

Queiramos ou não, o internetês inundou o cotidiano das relações humanas, ocupando os espaços dos gêneros digitais utilizados por aqueles que têm acesso ao computador on-line. Já são mais de 85 milhões de usuários de **internet** no Brasil, que passam mais de 45 minutos por mês lendo e escrevendo textos em gêneros digitais.

> Pesquisa do IBGE publicada em dezembro de 2009 mostrou que quase 90 milhões de brasileiros já têm acesso à internet.

Não podemos mais negar a presença nem muito menos a simpatia de que goza o internetês entre a maioria dos internautas e pela totalidade das crianças e adolescentes que o utilizam quando estão conectados. O que a sociedade em geral e nós, professores em particular, precisamos agora é saber o que fazer diante desta realidade que já não é mais virtual. Demonizá-lo ou aceitá-lo como natural e válido em certas situações de comunicação na modalidade escrita da língua?

A GNET e o internetês chegam à escola

O internetês nasce da necessidade de os micreiros se comunicarem com a mesma velocidade e espontaneidade da modalidade oral da língua, utilizando para isso não a voz, nem os gestos corporais, mas o teclado e uma espécie de recon-figuração da escrita das palavras e da ressignificação de alguns sinais diacríticos à mão do internauta. Grande parte desses adolescentes são também estudantes, frequentam os bancos escolares e certamente usam o internetês sem a culpa de estarem ameaçando a sobrevivência da "última flor do Lácio" no mundo.

A GNET é composta pelos nativos digitais, isto é, por aqueles que nasceram no início dos anos 1990, momento em que as novas tecnologias invadiram as em-presas, escolas e residências sem quaisquer cerimônias, como mostraram Palfrey e Gasser (2008). Tal geração vem desde bem cedo manipulando aparelhos sofisti-cados como televisores com controle-remoto, videocassetes, máquinas fotográficas e filmadoras digitais, telefones celulares etc. A maioria de tais equipamentos hoje está digitalizada, isto é, passaram a ser produzidos de acordo com a forma binária pela qual os algoritmos computacionais funcionam. Alguns desses aparelhos foram substituídos ou se transformaram em outros equipamentos, como os videocassetes que deram lugar aos DVDs, o walkman que cedeu lugar para o mp3, MPN, celulares multifuncionais (que fotografam, calculam, agendam números, nomes e compro-missos, tocam música, transmitem programas de rádio, gravam voz e arquivos de texto e inclusive fazem e recebem ligações), iPods etc.

São consideradas membros da GNET as pessoas que desde a infância ou adolescência:

- jogaram e ainda hoje jogam videogame com certa frequência no ambiente familiar;
- acompanharam a evolução dos diferentes jogos eletrônicos, do seu sur-gimento ao seu envelhecimento e renovação em três dimensões;
- viram de perto a chegada e a popularização da quarta mídia, a internet;
- usaram os primeiros navegadores de internet, que tornaram amistosa a relação homem e máquina e permitiram que um usuário não especialista explorasse os dados da grande rede sem ter que dominar códigos com-plicados da informática.

Segundo Xavier (2009, no prelo), essa geração digital manuseia os aparelhos eletrônicos com muita facilidade, em especial, o computador, todos os dias, durante várias horas do dia ou da noite, de tal sorte que essa máquina já faz parte do seu cotidiano. A consequência de tanta intimidade com esse mundo tecnológico é, sem dúvida, o surgimento de uma linguagem que execute as ações céleres que esses internautas realizam muitas vezes e todos os dias. Por essa razão, é fácil entendermos o fascínio que a GNET demonstra pelo internetês.

O que deve, pois, fazer o professor diante dessa realidade que não é virtual, muito pelo contrário, é bastante concreta? Eis um grande desafio que precisa ser enfrentado sem rodeios para que os docentes, principalmente os de Língua Portuguesa, se posicionem com tranquilidade e se preparem pedagogicamente para lidar com esse fato linguístico.

O que é e como se caracteriza o internetês

Antes de abordar diretamente uma possível saída para lidar com esse fenômeno de linguagem, é preciso conhecer qual a real natureza do internetês, ou seja, conhecer um pouco mais sobre suas características fono-morfo-sintático-semântico-pragmáticas. Claro que não tenho a pretensão de detalhar aqui cada um desses níveis de análise da língua, o que exigiria um espaço bem maior que apenas um capítulo deste livro. Pretendo, sim, apresentar uma visão geral da sua abrangência na língua que seja suficiente para entendermos o que é e como se comporta esse fenômeno linguageiro.

Analisemos o exemplo a seguir, retirado de um diálogo entre dois adolescentes que conversavam por meio de um programa de computador que permite trocas de mensagens simultâneas aqui classificado de Serviço de Mensagens instantâneas (SMI). Esse é o gênero digital mais utilizado pelos internautas no Brasil, segundo pesquisa do IBOPE publicada em junho de 2009. É interessante observarmos como se apresenta gráfica e linguisticamente este exemplo de gênero digital SMI:

A – e aeee lipi td blz ctg???
B – apareceu veiu!!! cmg td fmz... kd vc na net robiño pra gente tc?
A – to meiu ocupadu, to c mt PROVA e TRABALHO da escola pra faze.. e tem + meu pc deu pau esse fds
B – kd o msn dakela gaaaata da tua sala q vi ctg, mo file!!!
A – fik pexe, rapa!!! fik frio ai. jah te mandu
B – v si naum eskeci de manda, valeu???
A – blz, vc é eh mermaum, rapa!!!
B - meu cel ta alarmando, axo q ja ej hora da escola... fui!
A – flw tb vou chega, a genti se tc + tardi

A presença de **emoticons** e **winks** anexados ao texto verbal confirma que estamos diante de um "dialeto escrito" da língua portuguesa. Não há dúvida de que esses interlocutores se conhecem há algum tempo e por isso as marcas de cumplicidade e companheirismo estão espalhadas por vários pontos das intervenções de ambos.

> Emoticons são sinais gráficos que representam emoção por escrito. Winks são desenhos com animação que substituem palavras e até frases inteiras inseridas em conversas por SMI.

Esse conhecimento mútuo entre interlocutores seria suficiente para garantir o envolvimento de cada um tanto com o que se diz quanto com a própria "interação" on-line, pois é bem mais fácil dialogar com quem temos afinidade e compartilhamos um conjunto de conhecimentos. Sabemos que muitos elementos linguísticos presentes no texto corroboram para a integração desses internautas nessa interação a distância.

Um "dialeto escrito" com efeito oral

Não é estranho dizer que esse gênero simula uma conversa espontânea face a face. As diferenças e limitações desse gênero digital em relação à conversa oral real são notáveis. No que se refere aos aspectos fonológicos que emergem no internetês, quem se engaja em conversações desse tipo normalmente busca reproduzir a mesma velocidade das trocas orais presenciais, e assim tornar a interação que é remota mais próxima e fluente da forma natural de conversar. Por essa razão, encontramos nele tantos traços típicos da oralidade, como por exemplo:

- Alongamentos de vogais (*aeee*) que enfatizam certas palavras e manifestam a emoção do sujeito, uma vez que não há som de voz para tal;
- Ausência da consoante (*r*) em final de palavras para marcar a descontração comum em conversas fortuitas entre conhecidos (manda = manda**r**; faze = faze**r**; chega = chega**r**);
- Substituição de vogais finais para representar a real sonoridade quando pronunciadas espontaneamente (mei**u** = meio; ocupad**u** = ocupado; sab**i** = sabe; tard**i** = tarde)

Quanto ao aspecto morfológico, o que mais salta aos olhos e incomoda muita gente é o fato de o usuário do internetês, ao tentar reproduzir com precisão a sonoridade da pronúncia coloquial, modificar a escrita oficial dos grafemas, cortar as palavras, suprimir vogais e até consoantes. Apesar de todas essas transformações, é possível recuperar qual teria sido a palavra modificada, pois normalmente são preservadas as consoantes e eliminadas as vogais, tal como acontece em: *td* (tudo); *blz* (beleza); *ctg* (contigo); *kd* (cadê); *flw* (falou), que estão presentes no diálogo acima.

A (in)sustentável leveza do internetês **171**

Em um primeiro momento, o leitor não acostumado pode estranhar essa grafia, mas uma releitura com as devidas percepções do contexto permitirá a compreensão do que cada uma das palavras modificadas pode significar, depois de vincular a que forma lexical cada uma das mudanças gráficas estaria representando. Dizendo de outra maneira, esse modo de utilização dos grafemas da modalidade escrita da língua não causa mais ou menos prejuízo à comunicação dos interlocutores que deles se utilizam. Como, para qualquer dialeto, basta um pouco de boa vontade e treino para entendê-lo e se tornar usuário, não acontece tão diferentemente com o internetês.

Uma vez bem aprendido, o sistema de escrita alfabético funciona na expectativa de o leitor reconhecer o que cada um dos grafemas pode significar em termos de som da fala e de sua relação com as demais letras. O cérebro de quem já foi alfabetizado em língua portuguesa e tem hábito de leitura reconhece com relativa facilidade determinadas combinações de letras, mas não todas. Nosso cérebro reconhece rapidamente a gramaticalidade de combinações entre: vogal + vogal (*ai*, *ui*); vogal + até três vogais (Urug*uai*, P*iauí*); vogal + consoante (*ir*, *oh*); consoante + vogal (*da*, *já*); vogal + consoante + vogal (*até*, *ira*); consoante + vogal + consoante (*mas*, *tem*); consoante + consoante + vogal (*pra*, *pl*ano, o*b*se*r*vação, *pne*u, *fla*nela, *pla*nar, *Vla*demir, na*scer*).

Entretanto, a cognição humana não percebe facilmente gramaticalidade em combinações do tipo: cinco vogais sequenciadas (*rpldg*, *cfghj*); consoante + quaisquer consoantes (*pv*, *wtr*, *tg*); três consoantes em sequência (*gsr*, *bdl*, *cfk*), nem as ligam imediatamente a palavras possíveis da língua portuguesa. Na verdade, nossa mente demora um pouco para processar a inteligibilidade de uma dada sequência de letras que representam uma palavra inteira. O reconhecimento da possibilidade de que um conjunto de letras possa formar uma sílaba ou uma palavra aumenta à medida que ela vai reaparecendo e se tornando familiar ao cérebro. A plasticidade cerebral nos permite aprender e apreender qualquer informação e a realizar qualquer ação desde que bem programada. Em geral, nossa mente procura, de modo quase automático, formar o sentido a partir dos recursos gráfico-linguísticos disponíveis à visão, seja por audição ou por visão dos grafemas alfabéticos que também são traços imagéticos.

A seguir, será apresentado um texto cujas letras estão desorganizadas dentro das palavras, mas, apesar disso, conseguimos reconhecer qual a palavra mais provável representada por aqueles grafemas. Em uma palavra, essa experiência mostra quanto nosso cérebro é *extpero*.

Texto original	Tradução
De aorcdo com uam peqsiusa de uma uinrvesriddae ignlsea, não ipomtra em qaul odrem as lteras de uma plravaa etãso, a úncia csioa iprotmatne é que a piremria e útmlia lteras etejasm no lgaur crteo. O rseto pdoe ser uma bçguana tal, que vcoê anida pdoe ler sem pobrlmea. Itso é poqrue nós não lmeos cdaa Ltera isladoa, mas a plravaa cmoo um tdoo.	De acordo com uma pesquisa de uma universidade inglesa, não importa em qual ordem as letras de uma palavra estão. A única coisa importante é que a primeira e a última letras estejam no lugar certo. O resto pode ser uma bagunça tal que você ainda pode ler sem problema. Isto é porque nós não lemos cada letra isolada, mas a palavra como um todo.

Como podemos constatar, parece que a pesquisa tem razão. A grande maioria das pessoas alfabetizadas consegue ler o texto acima, apesar da desordem das letras no interior das palavras. A única exigência para o reconhecimento é a palavra iniciar e terminar com as devidas letras nos seus respectivos lugares. Isso reafirma o fato de que não lemos sílaba por sílaba, mas palavras e sintagmas inteiros. Por conseguinte, nossa mente procura encaixar a palavra reconhecida entre as outras de modo que façam algum sentido. Se houver dificuldade de compreensão ou qualquer incompatibilidade semântica, os olhos retornam ao início da frase até que seja encontrada uma significação plausível. É assim também que se dão as modificações morfológicas propostas pelo internetês. Não há motivos para alardes, pois se trata apenas de uma utilização mais flexível dos grafemas do léxico em uma dada situação comunicativa e não de uma conspiração orquestrada contra a língua portuguesa para desestabilizar o léxico e a gramática como um todo.

A "sopa de letrinhas" que surge na tela de pc tem a mesma plasticidade sintática presente na modalidade oral do português. Ou seja, quanto ao aspecto sintático, o internetês segue de perto os mesmos fenômenos presentes na língua falada. Vejamos, então, alguns exemplos.

A – fik pexe, rapa!!! fik frio ai. jah te mandu
B – v si naum eskeci de manda, valeu???

O falante A omite o complemento (objeto direto) do verbo 'mandar', que seria o endereço do programa de mensagens instantâneas solicitado por B. Este, por sua vez, também deixa elíptico o mesmo complemento do verbo, e o próprio verbo. Ainda que implícito na fala de ambos, os interlocutores não perdem o referente (MSN da garota) de vista ou da memória. No português falado em Portugal, provavelmente essa omissão de objeto não ocorreria. Não é comum isso acontecer, visto que os lusitanos são muito literais e explícitos em suas formulações linguísticas em relação ao português falado no Brasil. Por essa razão, muitas piadas são feitas a partir desse modo literal de funcionar semanticamente dos portugueses. Em se tratando de sintaxe falada do português brasileiro, essa ocultação do complemento não só acontece, como sua explicitação tornaria o enunciado artificial pelo excesso de informação, uma vez que a ênfase de B não deixa dúvida de que a palavra não foi repetida posteriormente na cadeia do enunciado.

Há também anacolutos, ou seja, início de uma frase que não tem continuidade; o produtor do enunciado abandona o próprio enunciado deliberadamente. É o que acontece quando B diz:

> B – kd o msn dakela gaaaata da tua sala q vi ctg, mo file!!!

A descrição elogiosa de B sobre a garota revela que a expressão "mo file" constitui uma oração à parte, só compreendida por inferência do interlocutor (A), que provavelmente não só a conhece como a utiliza também em seu discurso. Na expressão, além da supressão do tritongo contido na palavra encurtada "maior", não há o verbo de ligação "ser" como seria natural nesse tipo de enunciado. A frase é interrompida, gerando a expectativa de que ficou faltando uma complementação. Anacolutos são mais frequentes na oralidade por causa do pouco tempo entre a elaboração e a execução do enunciado. O fenômeno se repete na sintaxe da internet, tendo em vista sua similaridade com a fala.

No que tange ao aspecto semântico do internetês, podemos observar que a abreviação da palavra "beleza" por "blz" e da palavra "firmeza" por "fmz" mostra a deriva de significado pela qual esses vocábulos têm passado. A rigor, deveriam ser usados os adjetivos "belo" e "firme" para significar que as coisas da vida cotidiana estavam transcorrendo bem e sem maiores dificuldades. No entanto, apesar de elas terem mudado de classe gramatical, conservam aquele mesmo sentido. Para que esse sentido seja recuperado, o ouvinte de tais derivas semânticas precisa tomar os substantivos ("blz" e "fmz") pelos respectivos adjetivos e assim compreender o que realmente se quis dizer.

Outra deriva interessante ocorre com a expressão "e aeee", isto é, "e aí", cuja significação é uma pergunta não sobre o lugar em que o interlocutor esteja, mas como ele está passando. No caso, a expressão foi grafada no texto com um alongamento da vogal "e", que imprime emoção, e, por isso, funciona também como interjeição. A plurissignificação de uma mesma expressão aponta para a riqueza semântica adquirida por certas expressões, cuja certeza do significado será resolvida pelo contexto pragmático em jogo. Hoje é comum entre os jovens interneteiros ou não o uso da combinação dessas duas palavras. Em suma, essa expressão pode significar tanto uma pergunta sobre o estado de saúde físico-mental do interlocutor, como também uma espécie de saudação ao encontrar alguém.

As palavras "veio", "pexe" e "mermaum" são nesta interação correlatos referenciais, ou seja, ao mesmo tempo que se referem aos interlocutores, também querem instaurar a existência de uma relação de amizade entre eles. O locutor A emprega "pexe" e "mermaum" e o locutor B utiliza "veio", confirmando assim a presença da cumplicidade. Provavelmente nenhum dos dois é literalmente "velho", "peixe" nem sequer "irmão de sangue", como tais formas linguísticas podem denotar. No entanto, a mutação de significação sofrida por tais vocábulos não causa estranhamento referencial, pelo menos não aos tais interlocutores ou à maioria dos jovens contemporâneos usuários de tais palavras. Não há dúvida de que essa deriva semântica é bem mais comum na língua falada. Quando ela ocorre na modalidade escrita, é porque o gênero textual hospeda confortavelmente tais derivas de sentido. Outras derivas semânticas que aparecem na interação em análise são: "deu pau" para significar "quebrou" e "fui" para representar "tchau" ou outra forma tradicional de despedida.

Como não há interação sem produção de atos de fala que manifestam a intenção de quem faz uso da linguagem, não será difícil identificá-los no texto em análise. Da saudação inicial (A – "e aeee lipi td blz ctg??? + wink") à despedida (A – "flw a genti se tc + tardi"), vários são os atos de fala realizados por A e B em tais enunciados. Dois deles parecem-nos interessantes de analisá-los conforme o aspecto pragmático da linguagem nesta interação.

O primeiro foi produzido por A, que disse: "fik pexe, rapa!!!" O ato de fala aqui produzido teve como intenção tranquilizar a pressuposta afobação de B, que queria receber imediatamente a informação sobre o endereço eletrônico da garota conhecida por ambos. A expressão "fik frio ai" confirma que o desejo de A era acalmar o ânimo de B. Mesmo com a deriva semântica em tais expressões e sem as curvas entoacionais que facilitariam a captação da intenção de A, já que se trata de texto escrito, é possível "sacar" que houve uma tentativa de A conter a excitação de B. A informalidade nas duas expressões usadas por A também funcionam como modalizador da intervenção, levando pelo lado da camaradagem.

O segundo ato de fala curioso de observar é representado graficamente pelas letras "blz" e "flw". Ambas as palavras abreviadas têm o papel de manifestar concordância com o interlocutor, ou seja, revelam o mesmo ato de fala, a saber: "entendi", "por mim, tudo bem". Não coincidentemente, foi produzido por um único locutor, A. Como já afirmado, tais palavras, além de encurtadas, sofreram deriva semântica para exatamente cumprir seu propósito de indicar harmonia de pensamento e opinião com quem acabou de fazer uma pergunta direta (B – "[...] valeu???") e um pedido de retorno ou feedback (B – "[...] fui!").

Há outros elementos de natureza pragmática, semântica, sintática, morfológica e fonológica a serem descritos e interpretados no interior da interação em foco, entretanto considero as análises até aqui realizadas suficientes para demonstrar que o internetês é uma espécie de "dialeto escrito na tela" com efeito oral, e por isso contém toda a complexidade linguística que lhe é peculiar. O diferencial deste "dialeto" é o fato de nascer na modalidade escrita da língua, realizar-se apenas nela, mas esforçar-se para conservar a espontaneidade e dinamismo da modalidade falada. Sabemos que todos os dialetos são variações de uma língua já estabelecida, mas nascem e tendem a sobreviver apenas oralmente. O internetês tem base na escrita, mas motivações e aspirações da oralidade. Isso explica sua estrutura e seu funcionamento tão colado a essa modalidade de uso da língua.

Vantagens ou perigos do internetês?

Nem vantagens nem perigos. Este "dialeto escrito" com efeito oral existe, não pode ser ignorado pela sociedade nem pela escola, entendamos isso nós, professores! Nem um dialeto ameaça a vida de uma língua. Ambos convivem e são bem-sucedidos se aceitos pela comunidade de fala que as utiliza. A oficialização de um dado dialeto é uma decisão arbitrária e burocrática, nunca exclusivamente linguística. E essa aceitação acontece em razão da sua eficácia no atendimento aos diversos propósitos comunicativos para os quais são utilizados.

Visto pelo ângulo da funcionalidade, o internetês mostra-se vantajoso, pois seus usuários parecem satisfeitos quando precisam dele para se comunicar por gêneros digitais e hipertextos (Xavier, 2009). Como vimos na análise dos cinco níveis de estudo de uma língua, nada lhe falta. Toda densidade e leveza próprias de um sistema codificado de comunicação com vistas à interação estão presentes neste "dialeto".

Todavia, observado pelo prisma da novidade semiótica, o internetês parece representar perigo àquele que não o compreende ainda, nem tem boa vontade para estudá-lo a fim de encontrar a funcionalidade interacional presente em todas as línguas e dialetos, inclusive neste. É comum se dizer que este "dialeto" dificultaria a aprendizagem do sistema de notação alfabético do português. Se o internetês fosse liberado pelos professores para uso indiscriminado, os alunos se acostumariam a escrever com tais modificações gráficas em todo e qualquer gênero textual e situação comunicativa. Será? O **índice de ocorrência** das marcas desses dialetos na escola já foi bem maior. Hoje, os traços do internetês quase inexistem nas redações de vestibulares, concursos públicos e entrevistas para emprego. A "ingenuidade" nos parece ser do professor, que pensa que um "dialeto" pode des-

> Segundo matéria da revista *Língua Portuguesa*, a quantidade de incidência do internetês em situações formais de uso é quase nula. (Disponível em: <http://revistalingua.uol.com.br/textos.asp?codigo=11685>. Acesso em: 16 dez. 2009.)

176 Ensino de Língua Portuguesa

tronar uma língua tão facilmente assim. Os próprios internautas, que também são aprendizes da língua portuguesa padrão, vêm superando essa questão há tempos.

Parece-nos que quanto mais o uso dos gêneros digitais, dos quais o internetês é constitutivo, se torna comum, mais cresce a consciência linguística de que é preciso ponderar onde pode e quando não pode escrever com o "dialeto" ou de acordo com a forma padrão. A maturidade adquirida sobre a conveniência e a adequação nos faz escolher que tipo de roupa vestir em diferentes ocasiões, sejam as mais protocolares, sejam as mais descontraídas. À medida que o aprendiz vai amadurecendo no uso da modalidade escrita em diferentes gêneros, ele vai adequando a forma e o conteúdo do seu dizer a tais situações. Tudo ao seu tempo e no seu devido lugar é uma lição que o professor já deveria ter aprendido e ensinado aos alunos, antes de aterrorizá-los contra a "praga" linguística que seria o internetês. Ao aluno cabe a tolerância do professor pela pouca idade e por estar em processo de aquisição da língua escrita.

Ações reativas ao uso deste "dialeto" soam retrógradas e podem dificultar mais ainda a relação do aprendiz com a língua, causada pela antipatia ao assustado professor com os efeitos supostamente deletérios do internetês. Quantas vezes não já ouvimos muitas crianças e até adultos dizerem que detestam estudar Língua Portuguesa? Muito dessa repulsa deve ser atribuída a traumas causados pela intolerância do professor dessa matéria a certos usos linguísticos. Infantilidade de atitude de alguns mestres que se esquecem de fazer ressalvas sobre a necessidade de ponderar a conveniência e a adequação quando da utilização da linguagem. Atitude preconceituosa de determinados docentes que tratam toda e qualquer variação na língua como inferior, logo errada. Nesse caso, quem representa ameaça ao desejo de se aprender uma língua não é o internetês, mas o professor, que, por sua inflexibilidade, preconceito e anticientificismo, afasta o aprendiz da visão multivariada da linguagem verbal e consequentemente do prazer de estudá-la exatamente por sua riqueza e não pela monotonia de uma neurótica uniformidade linguística.

Como lidar com esse dialeto na escola?

Eis uma boa questão. Que não podemos ignorar a chegada do internetês na vida da GNET e consequentemente na escola já sabemos. Que estamos diante de um fenômeno linguístico diferente também já nos convencemos disso. Precisamos agora de estratégias pedagógicas para fazer com que este "dialeto" seja bem trabalhado para ajudar a aprendizagem da modalidade escrita do português padrão.

Antes de traçarmos quaisquer estratagemas educacionais com esse "dialeto", será necessário nos "despreconceitualizarmos" acerca dele. Não será possível

A (in)sustentável leveza do internetês **177**

pensar atividades a serem feitas a partir do internetês tendo alguma concepção elitista de funcionamento da língua. Será fundamental adotarmos uma atitude de aceitação da sua existência como fato linguageiro tão legítimo como qualquer outro fato desta natureza. Ele não ameaça a existência da língua portuguesa nem atenta contra a moral e os bons costumes de qualquer sociedade. Aliás, ele não é um fenômeno exclusivo da nossa língua. No inglês (Crystal, 2004) e até no japonês ele também já é um velho conhecido dos internautas nativos daquelas línguas (Danet e Herring, 2007). Além do mais, só tem sido usado em gêneros digitais da internet, seu habitat. Por isso, assumir uma postura sem reservas e até simpática é condição primeira para pensar atividades escolares com esse "dialeto".

Desprovido de qualquer indisposição, será possível tomá-lo como objeto de aprendizagem nas aulas de Língua Portuguesa e até de Literatura Brasileira. No primeiro caso, é possível pensar em exercícios de retextualização. Comparando a forma gráfica do internetês com a reprodução do mesmo conteúdo sem tais marcas, podemos levar o aprendiz a perceber a grafia oficial das palavras dentro de um contexto específico de produção de linguagem. Verter do internetês para a escrita padrão exige movimentos sensórios-motores e visuais que poderão conduzir o aprendiz à consciência da adequação e, consequentemente, à flexibilidade quanto ao uso dos grafemas alfabéticos.

Para além desses movimentos que poderiam ser considerados meramente físicos e perceptuais, a retextualização pode ser ampliada para outros níveis de análise de linguagem. Fazer a conversão de termos e expressões certamente será uma experiência bem desafiadora para o aprendiz. Talvez ele entre em pânico num primeiro momento. Porém, depois de várias consultas a dicionários tradicionais, de ideias semelhantes, de sinônimos e de gírias, o aprendiz chegará, por si mesmo, a resultados linguísticos surpreendentes. Como seria a tradução de "mo file", "fik pexe" e "fui"? Mais curioso ainda é fazer o aprendiz descobrir qual a intenção de cada uma das intervenções dos internautas subjacente aos seus enunciados, fazendo-os desvelar os diversos atos de fala ali existentes. São pequenos desafios como esses de brincar com a diversidade e o colorido da linguagem que poderão despertar o interesse dos alunos pela língua materna, para assim enxergarem sua fortuna expressiva da qual também faz parte o internetês.

Já no caso de trabalhar o internetês aplicado à Literatura, uma sugestão que deixamos para o leitor-professor é estimular a escrita de um conto em que um dos personagens só consegue se comunicar por meio deste "dialeto". Em toda e qualquer situação comunicativa que envolva gênero escrito, ele não consegue se libertar dessa forma específica de expressão. Quais as consequências disso? Antes deverá o professor discutir a temática da variação linguística e a diversi-dade de gêneros textuais que exigem um tratamento todo especial da linguagem. Fomentar a criação de situações narrativas em que a presença deste "dialeto" se

178 Ensino de Língua Portuguesa

faz necessária ou abusiva é uma forma de fazer os estudantes refletirem sobre esse fenômeno, ponderar a respeito das suas limitações e ocasiões apropriadas e assim evitar seu uso indiscriminado.

Outras atividades com o internetês poderão ser inventadas pelo próprio professor diante da realidade e características de cada uma de suas turmas de alunos. Lembremo-nos de que a rejeição a ele não vai fazer com que seus usuários deixem de usá-lo. Muito pelo contrário. Quanto mais proibida for uma coisa, maior desejo de transgredi-la haverá, principalmente entre jovens, os mais curiosos e naturalmente transgressores e por isso também os que mais fazem uso deste "dialeto". Não podemos nos esquecer também de que quem plantar antipatia e intolerância colherá frutos proporcionais. Mas cultivar a simpatia e manter a tolerância quebra barreiras e abre horizontes para o acesso a propostas e sugestões de outros. Reinando a diplomacia, impera o diálogo, condição imprescindível para a criação de alternativas de ações educacionais que possam ser efetuadas nas aulas de língua e literatura.

Considerações finais

Fosse apenas mais uma gíria, esse "dialeto escrito na tela" não teria causado tanto frisson e certamente não meteria medo em alguns conservadores das formas tradicionais de uso da escrita. O fato é que não se trata de mais uma gíria a nossa disposição no mercado verbal da língua portuguesa. Ela existe desde o início da popularização da internet e dos primeiros programas de e-mail e mensagens instantâneas síncronas como ICQ (cf. Paiva, 2005).

Ao contrário do que possa parecer para alguns professores, o internetês apresenta, sim, uma leveza sustentável. Dois fatores garantem-na. O primeiro tem a ver com o prazer evidente da GNET em usá-lo nas situações comunicativas mediadas por computador em gêneros digitais. Essa geração chega à escola com a expectativa de também vê-la valorizada pelo professor. Por si só esse fator seria suficiente para torná-lo relevante entre os demais dialetos e por isso não ser desqualificado pelo professor. A busca pelo prazer é um dos dois objetivos incansavelmente perseguidos pelo ser humano. O outro objetivo é evitar a dor. A intolerância ou o desprezo do professor por tal "dialeto" causa dor no aprendiz que, por sua vez, evitará a fonte dessa dor, o professor e suas ações pedagógicas. O conflito se instaura e o resultado é a falta de interesse generalizado da GNET pela aprendizagem do idioma em sua escrita padrão. Todos perdem.

O segundo fator da leveza sustentável do internetês é a satisfação profissional do docente ao descobrir maneiras inteligentes de trabalhar com o internetês em sala de aula. Tematizá-lo no ambiente escolar atrairá a atenção do aprendiz, que se sentirá contemplado. Uma vez fisgado, o professor poderá desenvolver ações pedagógicas, tais como as aqui sugeridas, e criar outras que aproximem o aprendiz das reflexões necessárias ao domínio do padrão partindo deste "dialeto escrito na tela" que tão bem já manuseia. Ele oferece a oportunidade para pensarmos sobre modos criativos pelos quais possam ser valorizados sem exagero ou pieguismo, como se ele fosse bem mais expressivo do que realmente é. Há urgência de o professor despertar na GNET seu desejo por aprender a usar a linguagem verbal escrita com adequação técnica, tempero estético e respeito ético ao outro, e assim tornar a aprendizagem da língua mais generosa, saborosa e significativa.

Bibliografia

CRYSTAL, David. *A revolução da linguagem*. Rio de Janeiro: Jorge Zahar, 2004.

DANET, Brenda; HERRING, Susan C. *The Multilingual internet*. Language, culture and communication on-line. Oxford: University Press, 2007.

PAIVA, Vera M. E-mail: um novo gênero textual. In: MARCUSCHI, Luiz Antônio; XAVIER, Antonio Carlos (orgs.). *Hipertexto e gêneros digitais*. Rio de Janeiro: Lucerna, 2005, pp. 68-90.

PALFREY, Jonh; GASSER, Urs. *Born digital*: understanding the first generation of digital natives. New York: Basic Book, 2008.

XAVIER, Antonio Carlos. *A era do hipertexto*: linguagem e tecnologia. Recife: Ed. UFPE, 2009.

_____. *Escola e letramento digital*: impactos das TDIC na aprendizagem da GNET. (no prelo).

Parte 3
Leitura

A atividade de leitura pressupõe um leitor que, atento ao texto concebido em seus aspectos linguísticos, sociocognitivos e interacionais, seja estrategista e, desse modo: i) se posicione responsivamente diante do texto; ii) produza inferências para o preenchimento de lacunas; iii) siga as orientações do autor manifestadas na materialidade linguística do texto; iv) estabeleça a relação entre o verbal e o não verbal; v) defina um objetivo para a leitura e construa um sentido para o texto. Nessa perspectiva, leitura e compreensão de gêneros textuais diversificados em sala de aula devem ocupar um espaço central nas aulas de língua portuguesa, objetivando a formação de leitores competentes, críticos e atuantes na sociedade em que vivem.

Leitura, referenciação e coerência

Mônica Magalhães Cavalcante

Inúmeros estudos em Linguística de Texto, no Brasil, com base nos trabalhos de Koch e de Marcuschi, têm se voltado para a relevância do modo apropriado e eficaz de designar os referentes como uma estratégia de persuasão. Este veio de pesquisa pode contribuir bastante para a formação de professores de Língua Portuguesa que lidam com o ensino de compreensão e produção de textos. Mas a referenciação não se presta somente a finalidades argumentativas, como demonstrarei aqui.

Neste capítulo, apresento algumas propostas de abordagem dos fenômenos referenciais que podem ter aplicação direta ao ensino de leitura, propondo um novo olhar para a construção da referência em relação com gêneros discursivos, com avaliação de outras funções discursivas, com tópicos e subtópicos e com intertextualidade. As atividades que são sugeridas e comentadas resultaram de dissertações e teses já defendidas e publicadas pelo grupo de pesquisa Protexto, sediado na Universidade Federal do Ceará (UFC).

Referentes como *objetos de discurso*

> "A ação de referir não pode ser encarada apenas no espectro da relação entre expressão referencial e elementos linguísticos cotextuais; ela pode se efetivar, em muitas situações, por meio de práticas multimodais."
> (Custódio Filho, 2010).

Referentes são entidades que construímos e reconstruímos em nossa mente à medida que transcorre qualquer enunciação: uma troca conversacional, a leitura de um texto verbal ou **multimodal**, o acompanhamento de um filme ou de um programa televisivo qualquer etc. Não são realidades concretas do mundo, mas entidades que representamos, cada um à sua maneira, portanto, em cada contexto enunciativo específico. Não se pode falar de referentes, então, como entidades estáticas, congeladas, registráveis em dicionário, tal como se faz com os significados, senão apenas como algo que, durante uma interação, podemos imaginar, conceber, apreender, e que não será igual para todas as pessoas que participam dessa interação naquele momento, mas que apresentará

184 Ensino de Língua Portuguesa

muitos pontos em comum para esses participantes, de maneira que a enunciação possa ser negociada e efetivar-se com mais ou menos sucesso.

A essas entidades dinâmicas, ou referentes, ou objetos de discurso (Mondada, 1994), em contínuo processo de reelaboração em todo contexto enunciativo, estão necessariamente ligados os significados e as diferentes formas (significantes) que os materializam, ou não, no cotexto (aquilo que está explícito na superfície textual). Com base em inúmeras pistas deixadas no conjunto do texto e nos conhecimentos que os participantes da enunciação compartilham, o leitor, ou o receptor, ou, mais apropriadamente ainda, o coenunciador, reelabora esses referentes, que podem ou não estar realizados no cotexto por expressões referenciais.

O processo de *referenciação* diz respeito a essa atividade, ao mesmo tempo textual e discursiva, de (re)construção de referentes (ou objetos de discurso). Essa atividade é fundamental, imprescindível para a recuperação da *coerência* textual, por isso, mesmo quando os professores de Língua Portuguesa não estão tratando de processos referenciais em sala de aula, inevitavelmente, estão recorrendo a eles, ainda que não o saibam, para compreender um texto, verbal, não verbal ou multissemiótico.

O modo mais evidente, mas não o único, de o leitor comprovar a existência de um processo referencial é observar o emprego das *expressões referenciais* em um texto, que são, geralmente, palavras ou grupos de palavras cujo núcleo é um substantivo ou um pronome substantivo – em termos técnicos, dizemos que são *sintagmas nominais*. No entanto, outras **expressões referenciais, de natureza dêitica**, que designam tempo ou lugar, podem formalizar-se por sintagmas adverbiais, do tipo *aqui, agora, ontem* etc., ou por sintagmas preposicionais equivalentes, como *neste local, por três semanas seguidas, no dia marcado* etc., os quais podem ser dêiticos ou anafóricos, ou os dois, a um só tempo, dependendo dos critérios que os orientam.

> O referente de uma expressão referencial dêitica, conforme se lê em Benveniste (1988) e em Lahud (1979), para citar apenas algumas referências clássicas), só pode ser plenamente construído se for possível recuperar algumas coordenadas dos participantes da enunciação: quem fala (primeira pessoa do discurso:"eu"), para quem fala (segunda pessoa do discurso:"você"), de onde fala ("lugar") e quando fala ("tempo").

O que define uma expressão referencial anafórica é seu caráter de retomada de alguma construção de objeto de discurso; o que define uma expressão dêitica é o fato de depender de termos conhecimento de quem está participando do ato enunciativo, onde e quando. Como se trata de dois critérios distintos, a caracterização de um independe da caracterização do outro, e os dois processos podem ocorrer simultaneamente.

Há diversas outras maneiras para se conceber um referente no texto/discurso. Num texto que reúne imagem e palavras, por exemplo, alguns objetos de discurso se evidenciam pelas demais pistas, verbais e não verbais que aparecem, como em (1):

(1)

Fonte: Disponível em: <http://www.iplay.com.br/Imagens/Divertidas/?COFFEE_BRECK+3164&Grupo=10>. Acesso em: 17 fev. 2010.

> De acordo com Marcuschi (2008: 177), os suportes podem ser convencionais ou incidentais: "há suportes que foram elaborados tendo em vista a sua função de portarem ou fixarem textos. São os que passo a chamar de suportes convencionais. E outros que operam como suportes ocasionais ou eventuais, que poderiam ser chamados de suportes incidentais, com uma possibilidade ilimitada de realizações na relação com os textos escritos. Em princípio, toda superfície física pode, em alguma circunstância, funcionar como suporte."

Vemos aqui um anúncio num **suporte incidental**, o muro. Embora nenhuma expressão referencial diga explicitamente que se trata de um anúncio, elaborado por um enunciador que representa as pessoas humildes, sem instrução, que não dominam a norma culta e cometem erros de grafia, quebras de paralelismo sintático e semântico, esse referente existe e é saliente no discurso. A imagem dos sacos de lixo deteriora ainda mais o cenário e corrobora o estereótipo da pobreza e da falta de higiene de algumas espeluncas que vendem alimentos; o referente desse local de venda por encomenda não vem explícito, do mesmo modo, mas emerge do discurso. Nenhuma expressão referencial também revela que se trata de um gênero humorístico, mas a grafia incorreta da expressão "*coffee break*", circundada no texto, já denuncia o efeito de riso que se deseja provocar, junto com as demais quebras de expectativa, como a de não se esperar que uma microempresa que promova festas e eventos se deixe anunciar por essas condições sociodiscursivas.

Todos os referentes manifestados por expressões referenciais estão de algum modo associados, inclusive aos que não se realizam formalmente, razão por que, a partir da imagem e da primeira expressão "torta", há várias retomadas anafóricas de objetos afins. Compondo o quadro de anúncio de muro, há a expressão referencial dêitica "ao lado", com a respectiva seta; o referente do local para o qual essas pistas remetem só pode ser recuperado por quem estiver participando da situação enunciativa, razão por que a expressão "ao lado" é dêitica.

Como defende Ciulla e Silva (2008), os processos referenciais podem desempenhar uma série infinita de funções mais gerais ou mais específicas. Uma das funções discursivas mais importantes dos processos referenciais é a de ativar na memória discursiva outros referentes que se relacionam com nossas experiências culturais. Esses apelos são decisivos para reclamar a atenção do coenunciador, para integrá-lo ao processo de reelaboração da referência, como no anúncio seguinte:

(2)

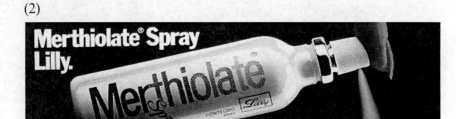

Fonte: Disponível em: <ccsp.com.br/?id837>. Acesso em: 17 fev. 2010.

Em (2), é a expressão referencial "com sopro" que traz à mente dos interlocutores a lembrança de que se tinha (ou se tem ainda) do hábito de soprar uma ferida que arde, sobretudo quando se passava o antigo medicamento em foco. Esse referente do mertiolate, agora numa versão *spray*, é recategorizado, transformado na situação discursiva acima a partir de indícios vários, como a grafia diferente, não portuguesa, do remédio e a ligação do efeito do spray à ideia de sopro.

Muitas funções discursivas dos processos referenciais podem ser exploradas nas aulas de compreensão de texto. A referenciação não se presta, pois, somente a não repetir formas de expressão referencial em um cotexto, mas a organizar o texto, a argumentar, a resumir, a introduzir novas informações, a definir, a veicular diferentes vozes ou pontos de vista discursivos, a chamar a atenção do leitor – para citar apenas algumas.

Os processos anafóricos e a coerência textual-discursiva

Num texto exclusivamente verbal, podemos identificar, de imediato, várias expressões referenciais cada vez que se nomeiam objetos de discurso, quer pela primeira vez na superfície textual do cotexto, quer não. Assim, se examinarmos apenas o primeiro parágrafo de (3), além do título, já reconheceremos a nomeação de entidades como as que se encontram sublinhadas:

(3)

O porco
Samir Ferreira

Um fazendeiro colecionava cavalos, e só faltava uma determinada raça. Um dia, ele descobriu que seu vizinho tinha este determinado cavalo. Assim, ele atazanou seu vizinho até conseguir comprá-lo. Um mês depois, o cavalo adoeceu, e ele chamou o veterinário, que disse:

– Bem, seu cavalo está com uma virose; é preciso tomar este medicamento durante três dias. No 3º dia, eu retornarei e, caso ele não esteja melhor, será necessário sacrificá-lo.

Neste momento, o porco escutava a conversa.

No dia seguinte, deram o medicamento e foram embora. O porco se aproximou do cavalo e disse:

– Força, amigo, levanta daí, senão será sacrificado!!!

No segundo dia, deram o medicamento e foram embora. O porco se aproximou novamente e disse:

– Vamos lá, amigão, levanta, senão você vai morrer! Vamos lá, eu te ajudo a levantar. Upa! Um, dois, três...

No terceiro dia, deram o medicamento, e o veterinário disse:

– Infelizmente, vamos ter que sacrificá-lo amanhã, pois a virose pode contaminar os outros cavalos.

Quando foram embora, o porco se aproximou do cavalo e disse:

– Cara, é agora ou nunca! Levanta logo, upa! Coragem! Vamos, vamos! Upa! Upa! Isso, devagar! Ótimo, vamos, um, dois, três, legal, legal, agora mais depressa, vai... fantástico! Corre, corre mais! Upa! Upa! Upa! Você venceu, campeão!!!.

Então, de repente, o dono chegou, viu o cavalo correndo no campo e gritou:

– Milagre!!! O cavalo melhorou, isso merece uma festa! Vamos matar o porco!

Pontos de reflexão: Isso acontece com frequência no ambiente de trabalho. Ninguém percebe qual é o funcionário que realmente tem mérito pelo sucesso, ou que está dando o suporte para que as coisas aconteçam.

SABER VIVER SEM SER RECONHECIDO É UMA ARTE!

Se algum dia alguém lhe disser que seu trabalho não é o de um profissional, lembre-se: amadores construíram a Arca de Noé, e profissionais, o Titanic.

PROCURE SER UMA PESSOA DE VALOR, AO INVÉS DE UMA PESSOA DE SUCESSO!

Fonte: FERREIRA, Samir. *O porco*. Disponível em: <http://leiasamirferreira.blogspot.com/2009/05/licao-do-porco.html>. Acesso em: 14 fev. 2010.

188 Ensino de Língua Portuguesa

Alguns dos referentes, ou objetos de discurso, que despontam no primeiro parágrafo aparecem designados pelas seguintes expressões referenciais:
- "o dono da fazenda" – *um fazendeiro, ele*
- "o cavalo de raça específica" – *este determinado cavalo, lo, o cavalo*
- "o vizinho do dono da fazenda" – *seu vizinho*
- "o médico veterinário" – *o veterinário, que*

Todas as vezes em que um referente for retomado dentro do texto, seja por que expressão referencial for, dizemos que se configura um processo anafórico, ou simplesmente uma *anáfora*. As relações anafóricas implicam, pois, continuidade referencial, um dos fatores essenciais para manter o *tema*, ou o *tópico*, de um texto, colaborando para a manutenção da coerência em torno de um eixo temático. No exemplo em apreço, por meio de processos referenciais, podemos compreender que o tópico central da narrativa, utilizada nesse gênero de autoajuda, que semelha uma fábula, vai se desenrolar em torno das seguintes entidades: de um cavalo de raça, de um fazendeiro, de um porco e de um veterinário.

A sequência narrativa inteira, como se verifica nas fábulas, culminará numa moral, propósito maior da argumentação sutilmente arquitetada, e explicitada em (3) como: "SABER VIVER SEM SER RECONHECIDO É UMA ARTE! [...] PROCURE SER UMA PESSOA DE VALOR, AO INVÉS DE UMA PESSOA DE SUCESSO!".

Para fazer o tema progredir, os processos referenciais, além de outros recursos textual-discursivos, auxiliam na articulação dos subtópicos ligados ao tópico central. Assim sendo, ao longo do texto, o referente do cavalo de raça é retomado diretamente, não apenas como "este determinado cavalo", "lo", "o cavalo", mas também como "amigo", "amigão", "campeão", a partir da perspectiva do personagem principal, o porco, e dos propósitos enunciativos que o motivam dentro dessa enunciação particular.

É pela voz do porco, por seu ponto de vista, que sabemos que essas expressões se reportam diretamente a um mesmo referente, numa estratégia que, por esse motivo, chamamos de *correferencial*, quando há a retomada de um mesmo objeto de discurso, ainda que ele se transforme, isto é, que *se recategorize* como "o cavalo", "amigão" ou "campeão", dependendo do posicionamento discursivo de quem o refere dentro do texto.

Pela ilustração do porco, e dos enunciados que este locutor emite, outra voz se faz ouvir dentro do discurso, num fantástico jogo de vozes (que se costuma chamar de *polifônico*): a de um enunciador que se figurativiza no porco, uma grande metáfora do "funcionário que realmente tem mérito pelo sucesso, ou que está dando o suporte para que as coisas aconteçam". Pela interpretação da moral, explicitada nos "pontos de reflexão", delineia-se a tese que a sequência argumentativa deste texto tenciona exprimir como estratégia de persuasão: a história do porco serve de exemplo para os que precisam viver bem, mesmo sem ter seus méritos reconhecidos, mesmo sendo, às vezes, tomados por "amadores", e não por "profissionais"; essas são as verdadeiras "pessoas de valor", as que carregam o piano nas costas, e não as "pessoas de sucesso".

Note-se como essas sucessivas transformações de referentes, ou *recategorizações*, viabilizam a progressão temática e, simultaneamente, favorecem a *centração* do tópico. A noção de tópico discursivo, a que prefiro chamar de *tópico textual*, diz respeito, em primeira instância, à unidade de conteúdo de um texto empírico, realizado. Assim, só é possível falar de tópico em relação à apreensão da organização dos subtemas de um texto específico em torno de um eixo temático maior, numa dada situação de uso, num dado contexto sócio-histórico. É essa propriedade de centração, como muito bem definiu Jubran (1992; 2006), que faz convergirem para o tópico central os subtópicos que concernem a ele e que lhe são pontualmente relevantes. Os tópicos menores estão agregados a esse eixo central por um princípio que Jubran denomina de *organicidade*. Por essa propriedade, os subtópicos se relacionam uns com os outros de modo horizontal, se tiverem o mesmo *status*, como subtemas paralelos; ou de modo vertical, se, hierarquicamente, estiverem subordinados a outros subtópicos e ao tópico maior.

A articulação dos processos referenciais é, portanto, intrínseca à própria atividade de depreensão do quadro tópico de um texto (Pinheiro, 2005). E não são somente as retomadas diretas do mesmo referente, como as anáforas correferenciais supracitadas ("o dono da fazenda" – "um fazendeiro", "ele"; "o cavalo de raça específica" – "este determinado cavalo", "lo", "o cavalo" etc.), que se responsabilizam pela ligação entre tópicos e subtópicos; também outras anáforas, não correferenciais, ou *anáforas indiretas* entram em ação como mecanismos articuladores.

Assim, no mesmo exemplo (3), são indiretas as relações referenciais que se mantêm entre "um fazendeiro" e "cavalos", ou entre esses dois referentes e o de "uma determinada raça", ou, ainda, entre "cavalo", "o veterinário", "uma virose", e tantas outras mais. Não se verifica, aqui, a retomada dos mesmos referentes, mas somente uma espécie de associação entre eles, a qual nossos conhecimentos tanto lexicais, quanto sintáticos, quanto enciclopédicos, quanto interacionais (Koch e Elias, 2006), todos juntos, permitem que infiramos.

Outras anáforas não correferenciais, do tipo que resume segmentos do cotexto relacionando-os a conhecimentos compartilhados dos interlocutores, também colaboram para a organização tópica e para a coerência total de um texto. São as chamadas *anáforas encapsuladoras*, que podem ser muito bem exemplificadas pelo emprego da expressão referencial "isso" no trecho: "*Pontos de reflexão*: Isso acontece com frequência no ambiente de trabalho. Ninguém percebe qual é o funcionário que realmente tem mérito pelo sucesso, ou que está dando o suporte para que as coisas aconteçam." Poderíamos afirmar, supersimplifica damente, que "isso" encapsularia toda a narrativa do sacrifício infligido à vítima, o porco, numa remissão meramente retrospectiva. Mas isso seria negligenciar, na análise, não somente a remissão prospectiva, *catafórica*, que o termo "isso" faz à lição de moral que virá em seguida, como também o apelo a diversas outras situações rotineiras em que há sempre alguém que "leva o piano nas costas" e cujo sacrifício dificilmente é reconhecido. Tais situações cotidianas, vividas ou contadas, nos acorrem à memória discursiva e se deixam também encapsular por esse tipo de anáfora, efetivando a ligação indestrinçável entre texto, discurso e sociocognição. É por todas essas inferências, presentes em qualquer etapa de progressão referencial, que afirmo que a referenciação é uma atividade fundamentalmente *sociocognitiva*.

A coerência e a relação entre a referenciação e os fenômenos intertextuais/interdiscursivos

Ingedore Koch e Luiz Antonio Marcuschi deixaram uma herança inestimável para a Linguística do Texto no Brasil. Há que se destacar os trabalhos voltados para a relevância do modo apropriado e eficaz de designar os referentes como um recurso de persuasão.

Creio que explorar, em sala de aula, os papéis que os processos de referenciação desempenham na construção dos textos e dos discursos é muito importante para o desenvolvimento das habilidades de leitura e de produção textual, daí por que nossas observações neste capítulo se direcionam, ao fim e ao cabo, para a melhoria no desempenho da (re)construção da coerência.

Exemplos de expressões anafóricas recategorizadoras de caráter avaliativo podem ser os seguintes, sublinhados abaixo, emitindo o ponto de vista de que fazer tatuagens de hena virou mania e modismo por influência de uma novela das oito da Rede Globo, mas que pode redundar em problemas alérgicos e em manchas na pele:

(4)

> Substância usada em tatuagens de hena pode provocar alergia e manchas
> Tatiana Pronin
> Do UOL Ciência e Saúde
>
> Novela das oito sempre inspira <u>manias e modismos</u>. Desta vez, o motivo é a Índia, que tem feito muitas mulheres adotarem o vestuário e a maquiagem típicos. As tatuagens de hena, que já eram comuns nas praias e em algumas clínicas de tatuadores, agora fazem ainda mais sucesso. Apesar de ser temporária – os pigmentos desaparecem após alguns banhos –, a pintura não é inócua: pode provocar <u>reações alérgicas bem desagradáveis</u> em algumas pessoas.

Fonte: PRONIN, Tatiana. *Substância usada em tatuagens de hena pode provocar alergia e manchas.* Disponível em: <http://cienciaesaude.uol.com.br/ultnot/2009/02/10/ult4477u1337.jhtm>. Acesso em: 14 fev. 2010.

Evidentemente, a tese (ou ponto de vista) não fica sintetizada nas expressões em grifo: "manias e modismos", "reações alérgicas bem desagradáveis", nem se reduz a elas, mas se espraia por todo o texto e é homologada por outros indícios, como a alusão à novela *Caminho das Índias*, com seu vestuário e maquiagem típicos; como a expressão "ainda mais sucesso"; e como o adjetivo na predicação "não é inócua".

À função avaliativa, pode-se sobrepor a de *glosa* e ainda a *estético-conotativa*, como descreve Matos (2005). Uma expressão referencial cumpre a função de glosa quando adiciona ao texto uma explicação, um esclarecimento, um comentário, como a anáfora recategorizadora sublinhada no texto (5), que elucida o que é o referente da "carne em pó".

(5)

> Yes, temos carne em pó
>
> <u>O produto desenvolvido por pesquisadores brasileiros, 100% natural e feito com cortes magros de carne bovina</u>, promete facilitar a vida de quem enfrenta dificuldades para mastigar – caso de pacientes com Parkinson, lábio leporino e recém-operados. "Não existe nada similar a isso, já que os suplementos de proteína são elaborados com aminoácidos sintéticos", revela uma das criadoras da carne em pó, a nutricionista Suely Prieto de Barros, do Hospital de Reabilitação de Anomalias Craniofaciais da Universidade de São Paulo, em Bauru, no interior do estado. A carne em pó, que deve chegar ao mercado em seis meses, tem o mérito de manter 88% da quantidade de aminoácidos essenciais de um bife suculento.

Fonte: Yes, temos carne em pó. *Saúde*. São Paulo, n. 315, set. 2009.

Não se deve restringir as funções dos processos referenciais a objetivos argumentativos apenas, ainda que todas elas, no fundo, convirjam para isso. Outros papéis podem somar-se a este, e um deles é o propósito de estabelecer uma relação intertextual e/ou interdiscursiva, ou simplesmente de colaborar para que a intertextualidade se efetive.

Admito, assim, que todo processo referencial seja argumentativo e que, dentro do contexto em que é usado, também tem caráter avaliativo. Porém, há que se reconhecer, em dadas expressões referenciais, a presença fundamental de algum elemento – um adjetivo, um substantivo, um pronome, um advérbio – que, em conjunto com outras indicações contextuais, orientam o direcionamento argumentativo dado pelo enunciador, o que não se verifica com qualquer tipo de expressão anafórica ou dêitica. Identificar tais elementos explicitamente avaliativos e explorá-los em sala de aula é uma das condições mais importantes para que o aluno, além de apreender como se articulam os subtópicos ao tópico central, possa também compreender que existe, subjacente ao conteúdo semântico-pragmático ali organizado, a motivação de alguns propósitos argumentativos. Só assim será possível ajudar o aluno a chegar ao cerne das questões tratadas em cada texto.

Observe-se que, no texto seguinte, os processos referenciais, assim como outros indícios cotextuais, também se prestam a marcar diferentes formas de intertextualidade. Chame-se a atenção, por exemplo, para as expressões referenciais empregadas para fazer alusão à transformação da água em vinho, que, segundo a Bíblia, foi realizada por Jesus Cristo:

(6)

Fonte: Disponível em: < http://oladoescurodosol.wordpress.com/2009/01/>. Acesso em: 14 fev. 2010.

O propósito humorístico da tirinha só se completa e só se efetiva quando, inferencialmente, e dentro do contexto sócio-histórico específico da instituição da Lei Seca no país, compreendemos que o personagem Jesus, referido num **travestimento burlesco** (Genette, 1982), pensa, astutamente, em transformar a água em vinho, livrando-se, assim, da vigilância de seu interlocutor. A face de Jesus, bas-

> Conforme observam Koch, Bentes e Cavalcante (2007), diferentemente da paródia, o travestimento burlesco consiste na reescritura do estilo de um texto cujo conteúdo é conservado. A finalidade é claramente satírica: é como travestir de mendigo um personagem conhecido culturalmente como um rei, pondo em sua boca palavras de um outro registro, e modificando-lhe as atitudes e reações. Passa-se de um estilo nobre a um vulgar, burlesco, promovendo a decadência de um mito.

tante expressiva na última imagem, denuncia a perspicácia do personagem, e é de suma relevância para a construção da referência e da coerência global do texto.

Nem sempre o referente precisa, portanto, estar explicitamente, ou completamente, representado por expressões referenciais, esgotando-se nelas, para que ele se construa no texto. Em (7), por exemplo, não se menciona o referente da infidelidade e, no entanto, ele é o objeto de discurso mais saliente no texto e o mais relevante para que o efeito humorístico da imagem cumpra sua finalidade:

(7)

Fonte: Disponível em: <http://serrasdeansiao2005a.no.sapo.pt/178serras/178serras_pdf/178serras27.pdf>. Acesso em: 14 fev. 2010.

É o conhecimento compartilhado, intertextual, do filme *Os 101 Dálmatas*, uma raça de cães, não de gatos, que completa os sentidos do humor flagrante na frase "Por favor, querido, fique calmo: eu posso explicar" – um enunciado já bem estereotipado nas conversas conjugais sobre infidelidade.

Tenho verificado em meus estudos que, em várias ocorrências, expressões de introdução referencial, ou expressões anafóricas indiretas, são essenciais para que se configure o intertexto. Vejam-se dois casos de intertextualidade em que as expressões anafóricas indiretas (já que estão ancoradas em um texto elaborado para subverter os títulos de filmes) são responsáveis pelo *détournement* (ou, mais genericamente falando, pela *paródia*) dos títulos de filme:

(8)

Fonte: Disponível em: <http://www.vacalokavoadora.com/2009/06/outra-alface.html>. Acesso em: 16 fev. 2010.

(9)

Fonte: Disponível em: <http://www.mppublicidade.com.br/image.php?url=trabalhos/original/524.jpg&type=img>. Acesso em: 16 fev. 2010.

É imprescindível fazer notar, em sala de aula, que não basta reconhecer tipos de processo intertextual apenas, pois entender que objetivos as intertextualidades cumprem num texto constitui o âmago da questão. Nas duas ocorrências acima, por exemplo, as imagens da verdura e do legume não surtiriam, sozinhas, o efeito cômico desejado, não fosse a subversão do título dos filmes, num processo parodístico. Não cumprindo a finalidade humorística, também não conquistariam eficazmente a adesão do consumidor, e o anúncio não seria tão atraente quanto deveria ser.

A noção de interdiscursividade, de entrecruzamento de discursos vários, é outro aspecto discursivo intimamente ligado às marcações intertextuais. Uma atividade de leitura interessante seria, por exemplo, ler para os alunos uma piada como (10) e pedir-lhes que identificassem os dois referentes a que as expressões referenciais grifadas remetiam:

(10)

– Joaquim, você gosta de mulher *com muito peito*?
– Não, pra mim *dois* bastam.

Fonte: CASSETA & PLANETA. *As melhor piadas de Casseta e Planeta 4*. Rio de Janeiro: Objetiva, 2001, p.45.

Só essa identificação, porém, não é suficiente para o alcance das relações intertextuais e interdiscursivas. Seria pertinente perguntar, em seguida, que pistas textuais auxiliam no reconhecimento de cada um desses objetos de discurso, para, logo após, discutir com a turma os indícios contextuais que levam o leitor a reconhecer no texto, dentro da voz do enunciador-humorista, a voz do discurso preconceituoso contra os portugueses, que aposta no conhecimento cultural dos brasileiros de construírem uma imagem negativa desse povo, como se todos fossem parvos, tolos.

Considerações finais

Se se perguntasse o que colabora para que um objeto de discurso seja reconstruído em um texto, jamais se teria uma resposta única e precisa, pois não é apenas um indício que dispara o gatilho de uma relação entre referentes, explícitos ou não, nem a elaboração da referência é a mesma para todos os coenunciadores. Tudo vai depender das diferentes bagagens culturais dos interlocutores e do foco de atenção a cada ponto do discurso.

No presente capítulo, quis enfocar a relevância do trabalho com processos referenciais em aulas de compreensão e produção de textos, argumentando em favor de uma relação entre a referenciação e outros recursos de organização da textualidade e das articulações interdiscursivas para a configuração geral dos sentidos. Analisar as estratégias textuais e discursivas de modo isolado é centrar-se em particularidades conceituais e metodológicas, perdendo de vista a estreita vinculação de todos esses fatores responsáveis pelo que entendo como texto/discurso.

Bibliografia

ADAM, Jean-Michel. *Les textes*: types et prototypes. Paris: Nathan, 1992.

APOTHÉLOZ, Denis. Construction de la référence et stratégies de désignation. In: BERRENDONNER, Alain; REICHLER-BÉGUELIN, Marie-José (éds.). *Du syntagme nominal aux objets-de-discours*: SN complexes, nominalizations, anaphores. Neuchâtel: Institute de linguistique de l'Université de Neuchâtel, 1995, pp. 227-71.

BENVENISTE, Émile. *Problemas de linguística geral*. Trad. Maria G. Novak; Maria L. Neri; rev. Isaac Nicolau Salum. 2. ed. Campinas: Pontes, 1988, 2v. (Título original: Problèmes de linguistique générale).

CIULLA E SILVA, Alena. *Os processos de referência e suas funções discursivas*: o universo literário dos contos. Fortaleza, 2008. Tese (Doutorado em Linguística) – Universidade Federal do Ceará.

CUSTÓDIO FILHO, Valdinar. *Múltiplos fatores, distintas interações*: esmiuçando o caráter heterogêneo da referenciação. Fortaleza, 2010. Tese em andamento – Universidade Federal do Ceará.

GENETTE, Gerard. *Palimpsestes*: la littératur au second degree. Paris: Seuil, 1982.

JUBRAN, Clélia C. A. S. et al. Organização tópica da conversação. In: ILARI, Rodolfo (org.). *Gramática do português falado*. Campinas: Ed. Unicamp; São Paulo: Fapesp, 1992, pp. 357-440, v. II.

_____. Revisitando a noção de tópico discursivo. *Cadernos de Estudos Linguísticos*, Campinas, 48 (1), jan./jun., 2006, pp. 33-41.

KOCH, Ingedore G. V.; ELIAS, Vanda Maria. *Ler e compreender os sentidos do texto*. São Paulo: Contexto, 2006.

KOCH, Ingedore G. V.; BENTES, Anna Christina; CAVALCANTE, Mônica M. *Intertextualidade*: diálogos possíveis. São Paulo: Cortez, 2007.

LAHUD, Michel. *A propósito da noção de dêixis*. São Paulo: Ática, 1979.

MARCUSCHI, Luiz Antônio. *Produção textual, análise de gêneros e compreensão*. São Paulo: Parábola, 2008.

MATOS, Janaica G. *As funções discursivas das recategorizações*. Fortaleza, 2005. Dissertação (Mestrado em Linguística) – Universidade Federal do Ceará.

MONDADA, Lorenza. *Verbalisation de l'espace et fabrication du savoir*: approche linguistique de la construction des objets de discours. Lausanne, 1994. Thèse – Université de Lausanne.

PINHEIRO, Clemilton L. *Estratégias textuais-interativas*: a articulação tópica. Maceió: EDUFAL, 2005.

Leitura na escola: uma experiência, algumas reflexões

Anna Maria Cintra

Neste texto são apresentadas reflexões a respeito da leitura com base em experiência realizada em escola pública da cidade de São Paulo, em 2007.

Embora ciente de que os problemas que permeiam a leitura no Brasil têm raízes profundas e ultrapassam o nível da escola, chegando mesmo a se fazer presente entre profissionais, restringem-se as considerações aqui feitas a aspectos relativos ao seu ensino, na escola básica, uma vez que acredita-se haver, nesse nível, espaço para ações que possam minimizar os problemas identificados.

Não é o caso de se alimentar a ilusão de encontrar abordagens completamente saneadoras, pois, como bem pontua Smith (1999: 10), "quanto mais nos aprofundamos na natureza da leitura, menos dogmáticos precisamos ser sobre o que os professores devem fazer nas salas de aula".

O contexto geral

Observando a produção editorial, vê-se que tem sido razoavelmente grande o número de bons trabalhos que se dedicam a questões de leitura, em vários níveis. Também no âmbito da sociedade em geral e da escola em particular, são frequentes as discussões sobre leitura, mormente sobre o baixo grau de desempenho dos estudantes perante a língua escrita, assunto que vem sendo tratado à exaustão pelos órgãos da imprensa, com destaque para as dificuldades de crianças e adultos e para a ineficiência da escola.

Entre pesquisadores iniciantes, a leitura tem sido tema recorrente, com propostas de pesquisas que mostram a ansiedade por encontrar solução para problemas como o desinteresse pelos livros, as dificuldades de compreensão e de apropriação do que é lido etc.

Mas apesar de o tema estar presente em vários segmentos, tem se evidenciado um claro descompasso entre o material disponível e os resultados práticos na formação leitora de estudantes. O caminho mais curto para explicar tal descompasso tem sido culpar a escola e o professor. Conquanto seja possível reconhecer que haveria ações positivas a serem implementadas nas escolas, parece necessário situar o problema num contexto mais amplo, antes de delinear o papel específico da escola em relação à leitura e às tarefas do professor ao se dedicar ao ato de ler.

No plano mais geral, a alteração nos resultados atuais passa pela difusão da leitura entre crianças e jovens, o que, por sua vez, está claramente associado à existência de uma política nacional que facilite o acesso ao livro, seja por meio de algum benefício que resulte em menor custo para o consumidor, seja por meio de abertura de bibliotecas públicas e escolares, devidamente administradas por profissionais competentes para as tarefas que desempenham.

Mas não se pode deixar de lembrar que também as famílias exercem papel significativo na formação de leitores. Deixando de lado casos excepcionais, vê-se com facilidade que os primeiros passos são dados em casa, por alguém que lê para a criança, conta histórias até que ela esteja alfabetizada e possa ter acesso ao livro por si mesma.

No plano da escola, não há dúvidas de que os professores saem da maior parte dos cursos superiores ainda mal preparados para trabalhar a leitura, embora, ao assumir aulas, muitos deles façam um enorme esforço em busca de bons resultados. No entanto, o esforço despendido costuma ser solitário, pois a própria escola não favorece em nada, por não dispor de espaços adequados para bibliotecas, de profissionais capazes de trabalhar nesses espaços, seja na administração de acervos, seja em projetos de incentivo à leitura em parceria com os professores.

Talvez seja utópico pensar nisso. Em educação, ou arrisca-se na utopia que impulsiona a continuar tentando, ou corre-se o risco de ver profissionais completamente descrentes e imobilizados para ousar com tentativas que possam, senão reverter, pelo menos minimizar o quadro vigente.

Com a clareza de ser impotente para resolver todo um conjunto de problemas que, por vezes, fogem à sua alçada, resta ao professor tentar alternativas para seu trabalho em sala de aula, como foi a experiência aqui sucintamente relatada.

Antes, porém, vale registrar algo que parece interessante como sinal de mudança. Até bem pouco tempo havia uma bela imagem da França em relação ao preparo intelectual dos estudantes, o que, de certa forma, levava muitos estudiosos a considerar, naquele país, uma massa social mais ou menos homogênea. Hoje, no entanto, é possível entrar em contato com uma literatura que surpreende, pois os problemas lá existentes são muito parecidos com os presentes no Brasil – talvez diferentes apenas em termos quantitativos –, seja por conta da própria escola, seja por conta de um contingente imigratório de países pobres, como mostram trabalhos de Jacques Fijalkow e Éliane Fijalkow (2003) e Michele Petit (2008).

O casal Fijalkow, logo na introdução do livro *La lecture*, relata que cada novo ministro da Educação, na França, afirma que a leitura será prioridade em sua gestão, do que decorre a certeza de que nenhum implementa uma política eficiente, tanto que o problema continua. Os autores também apresentam dados que mostram ter diminuído, no país, o número de leitores. Apenas para mencionar um exemplo, apresentam dados sobre a diminuição de títulos lidos em um ano, entre jovens na faixa de 15 a 19 anos. Em 1973, 39% dos jovens liam 25 títulos ou mais, em um ano. Esse percentual caiu para 23% em 1988 e subiu para 24% em 1997, o que pode até significar que não se alterou no período, se for levada em conta alguma margem de erro. De acordo com os autores, a leitura perdeu, entre os jovens, seu prestígio simbólico, na medida em que não alimenta mais a intimidade e a solidão de um adolescente, fora das estritas necessidades escolares.

Petit (2008: 16-7), por sua vez, também mostra um quadro de profundas mudanças na sociedade francesa. Na sua avaliação, a juventude, na França, simboliza um mundo novo que não está mais sob o controle dos adultos e "cujos contornos desconhecemos". E, no meio disso, a leitura perde espaço para a imagem, o que leva algumas pessoas a tomar a leitura como algo supérfluo. Afirma que nos últimos vinte anos diminuiu o número de leitores, quando se poderia esperar que aumentasse, devido à escolarização, e as causas seriam: a preferência por cinema e televisão, em lugar do livro; a preferência pela música e pelo esporte, por serem prazeres compartilhados.

No Brasil, a situação não é diferente, e ao lado de toda a concorrência dos dispositivos não verbais, o que se vê é uma escola que, no seu conjunto, não se constitui em espaço de significação para o aluno. Pela forma como se trabalha a leitura, em geral, o aluno ainda não a reconhece como lazer, como possibilidade de alimentação da imaginação, menos ainda como lugar de produção de conhecimento, capaz de alterar sua bagagem intelectual, a ponto de promover apropriação daquilo que leu.

E isso porque, provavelmente, a leitura ainda vem sendo ou ignorada, ou tratada como obrigação, servindo como meio de avaliação do aluno, a partir da obtenção de respostas a perguntas, muitas vezes irrelevantes, em lugar da busca de situações dinâmicas de criação, de expressão individual, de discussões substantivas.

Salvo exceções, a escola vem "trabalhando" leitura para ela mesma, de sorte a não desafiar o estudante a fazer leituras produtivas. São cobrados detalhes, normalmente, de pouca significação para o leitor, o que explica manifestações de estudantes dizendo gostar de ler, mas não de responder o que é pedido em fichas de leitura, ou em provas.

Assim, ao que tudo indica, ainda há muito o que fazer para se começar a formar leitores no período da escola básica, em que pese a inevitável existência de outras variáveis que estão além de seus muros.

Fala-se muito em leitura atrelada a uma nova educação linguística, particularmente no âmbito da língua materna. Trata-se, sem dúvida, de algo oportuno, mas que tem ainda um percurso razoável a ser trilhado, tendo em vista serem muitas as deficiências de formação de um número grande de profissionais presentes no mercado de trabalho e a perspectiva da entrada de futuros professores com as mesmas deficiências dos atuais, no que se refere ao ensino da leitura, considerando a formação que vêm recebendo nos cursos de graduação.

Prevaleceu e prevalece ainda uma formação gramatical que focaliza regras descontextualizadas do processo de comunicação, talvez por ser mais fácil trabalhar com regras, já que elas permitem o certo e o errado. A leitura, pelo contrário, oferece situações inesperadas, nas quais o professor tem de ouvir o estudante e, eventualmente, até mesmo descobrir, ele mesmo, novas possibilidades emanadas da leitura de um texto, graças à intervenção de um aluno.

Parece claro que, apesar de haver ainda muito a explorar nos meandros que interferem no ato de ler, alguns passos poderiam ser dados na escola, como contribuição para que o universo complexo da leitura ganhasse nova dimensão no trabalho escolar.

O primeiro passo coletivo deveria ser o contato com o livro, e, para isso, as chamadas salas de leitura e bibliotecas precisariam ser abertas e contar com a presença de professores capacitados para trabalhar leitura. O investimento em projetos capazes de modificar o ambiente escolar teria de ser avaliado em face de tantos outros problemas que permeiam a sociedade. Mas um passo decisivo poderia ser voltado para o compartilhamento, como é feito na leitura mediada.

Uma experiência bem-sucedida

A experiência relatada foi implementada a partir de projeto que se desenvolve há anos em escola da rede particular de ensino. O bom resultado que vem sendo colhido, em que a pesquisadora atua como professora de biblioteca, motivou a aplicação da mesma metodologia de leitura mediada numa escola pública. Por intermédio de uma Organização não Governamental, conseguiu o acesso a uma escola estadual na cidade de São Paulo onde, estrategicamente, participou de três Horários de Trabalho Pedagógico Coletivo (HTPC), para expor seu projeto aos professores.

Duas professoras de quarta série disponibilizaram suas salas para o trabalho com leitura, o que se mostrou relativamente fácil de ser realizado, seja pelo tempo utilizado com as crianças, seja pelo fato de, logo na primeira visita à escola, encontrar lá uma biblioteca, com instalações adequadas para receber uma classe inteira, mas que, infelizmente, permanecia trancada na maior parte do tempo. O acervo de literatura infanto-juvenil e de paradidáticos, formado por doações do governo federal a partir do Programa Nacional de Biblioteca Escolar (PNBE), por doações anuais do governo do Estado de São Paulo e da iniciativa privada, era muito bom para um trabalho com a leitura.

O projeto teve duração de três meses, com encontros semanais de uma hora em cada uma das turmas. Desde o primeiro contato houve grande entusiasmo das crianças em relação ao trabalho com leitura que se desenvolveu basicamente no espaço da biblioteca.

A opção pela leitura mediada baseou-se no pressuposto de que, nas séries iniciais, a criança, em geral, por contar com pequeno repertório e, consequentemente, com pouca fluência de leitura, precisaria da intervenção direta do professor. Foram programados encontros, fundamentalmente, com leituras de contos, feitas oralmente pela professora pesquisadora, tendo em vista compartilhar o texto com os alunos e, assim, valer-se, também, da "competência" de seus pequenos ouvintes para a construção do sentido, ao mesmo tempo em que procurava desenvolver a atividade para que sentissem prazer no entendimento coletivo das histórias.

O trabalho apoiou-se numa tríade assim disposta: *o professor como modelo de leitor; as ações da professora pesquisadora para realizar a leitura mediada; a biblioteca como dispositivo pedagógico facilitador.*

À professora pesquisadora coube preparar previamente o trabalho que seria realizado com a obra, para que a leitura fosse significativa para o aluno, contando com a contextualização do texto no plano histórico e social. Também, previamente, foi pensado um conjunto de estratégias de leitura tidas como apropriadas para o nível dos alunos e para que se evidenciasse a demonstração de prazer que a leitura proporcionaria. A biblioteca, por seu turno, foi assumida como *espaço social de interação e cooperação*, de sorte que no seu arranjo físico, silenciosamente pudesse ganhar, junto às crianças, um papel simbólico, capaz de ressignificar o ato de ler.

A concepção de leitura mediada apoiou-se em Vygotsky (2007), sob dois aspectos. Por um lado, apoiou-se na noção de desenvolvimento proximal, assumindo que é tarefa do professor intervir em situações que propiciem avanços cognitivos aos alunos, sem o que não ocorreriam de forma espontânea. Portanto, as decisões de que livros seriam lidos e de que forma seriam conduzidos os trabalhos foram minuciosamente preparadas. Por outro lado, apoiou-se na noção de modelo, levando em conta o papel da imitação, que, longe da cópia, mostrou-se como possibilidade de reconstrução individual daquilo que é observado no outro. Assim, a professora pesquisadora assumiu-se como modelo de leitor perante as crianças.

Além disso, aspecto relevante foi a diferença estabelecida entre mediação de leitura e leitura mediada.

202 Ensino de Língua Portuguesa

> Mediação de leitura são as múltiplas ações usadas pelo mediador para o trabalho de leitura, como espalhar livros e deixar que as crianças explorem e escolham livremente; promover rodas de conversa entre os alunos em que se fale sobre os livros lidos pelo grupo e suas impressões; ler um livro em voz alta para os alunos, permitindo que eles escolham o que querem ouvir; estimular o empréstimo de livros com comentários e 'dicas'; ajudar os alunos em suas escolhas pessoais; ouvir os alunos contarem as histórias lidas por eles; ouvir os alunos lerem histórias. (Ferraz, 2008: 16)

Diferentemente, a leitura mediada foi aquela realizada pelo professor, em voz alta, com a devida impostação, feita de forma sistemática perante os alunos. Ao emprestar sua voz aos alunos, a professora pesquisadora colocava-se como referência, ou antes, demonstrava como o texto poderia ser lido, como se poderia falar sobre ele e como ele poderia ser compreendido, ampliando assim as possibilidades leitoras das crianças.

Ainda que durante a realização dos trabalhos algumas das ações próprias da mediação de leitura tiveram de ser tomadas, na sua maior parte o trabalho caracterizou-se mais diretamente pela leitura mediada.

Durante os três meses na escola estadual, os livros da biblioteca circularam muito entre os alunos, demonstrando que o acesso ao acervo, juntamente com o trabalho efetivo que vinha sendo realizado, despertavam nos alunos interesse pelos livros que eram retirados da biblioteca, levados para leitura em casa e devolvidos dentro do prazo.

O interesse das crianças pelas histórias escolhidas evidenciou que era o momento da leitura o ponto alto de cada encontro, tanto que, no último, ainda manifestaram o desejo de que houvesse uma nova leitura.

No último dia lhes foi pedido, por escrito, um testemunho sobre o trabalho realizado, e disseram, entre outras coisas, que era "bom ouvir a professora ler em voz alta"; que "ler na biblioteca era 'confortante', porque estavam em volta de 'milhares de livros'", porque "as leituras eram divertidas", porque "aprenderam palavras diferentes", porque "dá para 'alugar' livros e ler histórias".

Ao mesmo tempo em que é possível perceber nas falas das crianças a alegria que os livros e a biblioteca causaram, não deixa de ser constrangedor pensar que o sistema educacional nada faz para promover condições favoráveis a esse trabalho. Não deixa de ser louvável que se comprem livros e mandem para as escolas, mas muito pequeno será sempre o resultado colhido, se a biblioteca continuar trancada e sem pessoal preparado para o trabalho no nível da escola.

A decisão de aplicar, numa escola pública, a mesma metodologia que vem dando bons resultados numa escola de classe média alta, era um desafio cujo resultado, a princípio, não havia como prever. Mas o testemunho das crianças permite dizer que, se elas não gostam de ler, é porque não tiveram a oportunidade de ter contato com o livro, de ter contato com alguém que as conduzisse nesse universo, como mostram algumas passagens dos depoimentos dados por elas:

> Quando a Marta começou a contar histórias comecei a gostar mais de livros, porque as histórias da Marta são fantásticas, nunca ouvi histórias assim e ninguém nunca me contou histórias; eu gosto de você mas eu queria que você contasse história na hora de dormir...

> Eu aprendi a me comportar; eu aprendi muitas coisas, mas, principalmente prestar atenção para depois desenhar.

> Eu melhorei na leitura, no silêncio e no comportamento, passei a ser mais educada e não responder ao outro e eu também percebi que não me comportei muito bem nas aulas.

> Eu não gostava de ler livro sem desenho, agora eu aprendi a fazer um filminho na minha cabeça, e adoro ler.

> Eu não gostava de ler, depois dessas aulas, eu comecei a gostar de ler e aprendi várias coisas. A aula de biblioteca me ajudou a ler, escrever, entender e aprender; estou fazendo redações com palavras novas.

> Estamos ficando viciados, ou seja, estamos tomando gosto e sentindo cada vez mais a necessidade de ler.

Foi muito gratificante ver que todo o esforço da leitura mediada que implicou escolha de textos, preparo para cada leitura a ser feita, abertura da biblioteca para receber as crianças, explicações sobre como estavam arrumados os livros significou mais que colocar o livro nas mãos dos alunos. Significou transformação efetiva, abertura de novos horizontes para eles.

Essa experiência proporcionou duas sensações contraditórias. De um lado, a satisfação de ter acompanhado um projeto bem-sucedido que permitiu a intervenção em uma escola pública e obteve resultados positivos junto a crianças de nível socioeconômico diferente daquelas da escola privada, onde a leitura mediada faz parte do trabalho escolar. De outro, ficou certa tristeza por saber que o entusiasmo das crianças, o novo horizonte aberto para muitas delas, provavelmente foi fechado, juntamente com a biblioteca, com a inexistência de alguém que assumisse um trabalho sistemático de leitura na biblioteca, fazendo com que tudo retornasse como era antes.

Restou apenas a expectativa de que uma das professoras, que cedeu sua sala para a pesquisa e acompanhou, praticamente, todo o desenvolvimento do projeto junto a seus alunos, tenha mudado sua forma de pensar e trabalhar leitura. Numa cartinha, fez questão de expressar sua percepção em relação ao projeto. Conclui seu pequeno texto dizendo: "[...] é bem visível o progresso que tiveram [...]. Hoje se tornaram leitores, sempre que terminam um livro, já pegam outro e fazem comentários [...]. Estão sabendo expor suas ideias a respeito da história [...]".

Entretanto, apesar do sucesso do projeto, da avaliação positiva de uma das duas professoras que cedeu sua sala para a experiência, não se pode ter segurança plena de que a experiência tenha provocado mudanças permanentes, pois sabe-se que é tortuoso o caminho que leva à construção de leitores e que o tempo da escola poderá levar essa experiência leitora adquirida em três meses ao esquecimento.

Fica a esperança de que a "alquimia da recepção", no dizer de Petit (2008: 26), tenha calado fundo em alguns para que a leitura se torne um atalho cada vez mais utilizado e, ao longo dos anos, se constituam leitores de fato.

Parece claro que não há uma abordagem ideal para trabalhar leitura, pois como diz Certeau (2007: 269-70), "[...] os leitores são viajantes; circulam nas terras alheias, nômades caçando por conta própria através dos campos que não escreveram [...]". Assim, mesmo trabalhando com pequenos leitores, é preciso conhecer os alunos, saber por que terras circulam, ter sensibilidade para avaliar suas competências, suas dificuldades e suas necessidades, antes de tomar a decisão de mandar ler tal ou qual texto. Ao mesmo tempo, há que se explorar adequadamente os dispositivos presentes na escola para que o trabalho de formação se desenvolva de forma contínua.

Bibliografia

CERTEAU, Michel de. *A invenção do cotidiano*. Artes de fazer. 13. ed. Petrópolis: Vozes, 2007, v. 1.

FERRAZ, Marta Maria P. *Leitura mediada na biblioteca escolar*: uma experiência em escola pública. São Paulo, 2008. Dissertação (Mestrado em Ciência da Informação) – Escola de Comunicações e Artes, Universidade de São Paulo.

FIJALKOW, Jacques; FIJALKOW, Éliane. *La Lecture*. Paris: Le Cavalier Bleu, 2003. (Idées reçues).

PETIT, Michele. *Os jovens e a leitura*. Uma nova perspectiva. São Paulo: Editora 34, 2008.

SMITH, Frank. *Leitura significativa*. 3. ed. Porto Alegre: Artes Médicas, 1999.

VYGOTSKY, Lev S. *A formação social da mente*. São Paulo: Martins Fontes, 2007.

Leitura crítica do humor no jornal

Ana Rosa Dias

O humor, enquanto manifestação cultural, é um importante recurso para promover a reflexão e a crítica social. A teoria social do riso (Bergson, 2001) aponta que cada sociedade fabrica seu próprio riso, sendo por meio dele que se punem os desvios de comportamentos sociais em relação a um ideal de perfeição estabelecido. Como uma espécie de "trote social", o riso castiga e surge como uma vingança da sociedade em relação àquele que o motivou.

Os jornais, encarregados do relato do cotidiano, não restringem o humor a gêneros específicos, como à charge, aos quadrinhos, às crônicas; ao contrário, é no discurso da notícia, da reportagem, das editorias de moda e de comportamento, da publicidade, que o humor também se faz presente, organizando sentidos, tecendo a crítica. A interlocução com os jornais na escola passa pela compreensão dos procedimentos de estruturação do humor, com vistas ao desenvolvimento do senso crítico.

Neste capítulo, tenho por objetivo examinar as estratégias linguístico-discursivas que constroem o humor no jornal e fornecer subsídios para o desenvolvimento da leitura crítica. Para tanto, irei me valer, principalmente, dos estudos de Charaudeau (2006), a propósito de suas reflexões sobre fatos humorísticos enquanto atos de discurso inscritos em determinada situação de comunicação. O *corpus* da análise é composto por um texto publicado no jornal *Folha de S. Paulo*, caderno Vitrine, em 19 de julho de 2008.

Os jornais na escola:
notícia, informação e publicidade

Os jornais, há alguns anos, vêm-se constituindo em material a ser trabalhado em sala de aula. Com frequência, procede-se à seleção de artigos e notícias que funcionam como exemplário para discussão de questões gramaticais, e, eventualmente, há propostas, com instruções precárias, de atividades do tipo "Faça seu

206 Ensino de Língua Portuguesa

próprio jornal", que incluem elaboração de títulos para matérias, redação de lides, criação de legenda.

Projetos desenvolvidos para a escola por órgãos de imprensa incentivam o trabalho pedagógico com jornais, ficando, porém, sob a responsabilidade individual dos professores o desenvolvimento da leitura analítica e a consequente apreciação crítica do produto que lhes é oferecido, pontuando no discurso aspectos ideológicos. Contudo, nem sempre o trabalho com a imprensa constitui

> Sugere-se a leitura do texto *Desafios para a abordagem da imprensa na escola*, de Zanchetta Jr. (2005).

saber docente e o objetivo primeiro que, implicitamente, orienta a iniciativa das empresas jornalísticas, de ampliar o público leitor de veículos determinados, não chega a ser considerado pelos professores como algo a ser questionado.

O desvelamento da perspectiva mercadológica da imprensa, tão cara aos estudiosos dos meios de comunicação, foi apontada por Marcondes Filho (1989), em seus estudos sobre a natureza da notícia jornalística. Para ele, as notícias são mercadorias que se compram e, enquanto tal, possuem o *valor de uso* e o *valor de troca*. O valor de uso se efetiva com a leitura, quando, após a aquisição do jornal, satisfazemos o nosso desejo pela informação. O valor de troca se realiza para o editor do jornal pela venda, enquanto meio para obter o aumento de seu capital, garantindo a viabilidade de sua empresa.

Essa transformação da informação (matéria-prima) em notícia (mercadoria perecível, de validade diária) implica apelos estéticos e emocionais, vinculados a interesses e poderes de diferentes grupos na sociedade.

A busca por informação, convém lembrar, em qualquer que seja a mídia (jornais, televisão, rádio, internet), nos transforma em indivíduos consumidores da mercadoria-notícia. Independentemente da moeda de troca, seja ela o dinheiro ou a atenção, a mídia investe na fidelização de leitores, espectadores (controlados atentamente por pesquisas de audiência), ouvintes, internautas.

Ter acesso ao que aconteceu (ontem) ou ao que está acontecendo (hoje/agora) em determinado espaço (seja no bairro, no estado, no país e/ou no mundo) é uma ação que tem implicações no horizonte cognitivo do indivíduo e na maneira deste estar inserido na sociedade de seu tempo. Contudo, há que se observar que a mídia não "retrata a realidade", mas relata fatos que são construções discursivas, elaboradas para produzir efeitos de sentido de objetividade e factualidade, ao mesmo tempo em que visa ao envolvimento emocional.

> No dizer de Bucci (2003: 9), a realidade não é anterior ao discurso, de modo que
>
> o fato já nasce como relato. Ele não acontece assim puramente como fato, um dado do mundo concreto, do mundo independente de qualquer linguagem, para, só depois, ser traduzido num relato. [...] Os fatos acontecem, no instante em que acontecem, já como relatos. Ou, se quisermos, como elementos discursivos. Um fato ambiciona a condição de relato – pois só o relato dará a ele, mero fato, um sentido narrativo. Não há, portanto, fato jornalístico sem o relato jornalístico.

Há diferentes modos de construir relatos e, portanto, de constituir a realidade. A opção por um modo em detrimento de outros revela que o indivíduo está inserido num determinado sistema de valores a partir do qual irá elaborar o que chama de realidade social, e, ao divulgá-la, a tornará pública e cotidiana. No discurso jornalístico, aliás, como em todo e qualquer discurso, tudo é escolha. Escolhe-se o que noticiar, quando, como, onde, para quem e para que noticiar – ou seja, quando comunicamos algo, escolhemos as estratégias discursivas tendo em vista os efeitos de sentido que queremos produzir. As opções que fazemos, entre maneiras alternativas, são orientadas pelos objetivos gerais da interação a ser estabelecida, bem como pelas características do público leitor, pelo grau de formalidade e tipo de situação comunicativa.

A leitura crítica dos jornais deve considerar que os acontecimentos que são transformados em notícias são captados pelos jornalistas tendo em vista critérios como: *importância, atualidade* e *ineditismo da informação*. Contudo, a conciliação entre os interesses do leitor e os da empresa jornalística passa pela elaboração de um produto-jornal em que, por exemplo, informação e publicidade se fundem na composição dos diferentes cadernos, encartes e edições especiais. Desse modo, fazem parte do trabalho com os jornais na escola o esforço de identificação do hibridismo informação e publicidade, bem como a reflexão sobre o fato de que na sociedade capitalista a *importância*, a *atualidade* e o *ineditismo da informação* estão sujeitos às leis do mercado de consumo, em que a palavra de ordem é "criar um 'clima' de harmonia e afinidade entre os anúncios e as notícias, o que possibilita 'efeitos positivos' para os dois lados" (Marschall, 2003: 41).

A publicidade, que frequenta as páginas dos jornais, não sem razão, entra em sintonia com os fatos noticiados e, com muita frequência, envereda pelo discurso do humor, capitalizando, por meio da comicidade, dividendos de acontecimentos que foram notícias, com vistas a seduzir o leitor.

Nesse sentido, a compreensão da especificidade do humor que engendra a publicidade/informação nos cadernos dos jornais é certamente uma contribuição ao desenvolvimento da leitura crítica na escola.

Humor: algumas considerações

O humor é objeto de investigação em diferentes épocas e em diferentes campos do saber. Seu estudo remonta a textos da Antiguidade, principalmente aos de Platão, Aristóteles, Cícero e Quintiliano (Alberti, 1999). A abrangência de sua discussão se estende, entre outros, ao campo da Filosofia, da Psicologia, da Psicanálise, da Linguística, da Antropologia, o que nos permite afirmar que se trata de um tema de abordagem multidisciplinar, e que qualquer tentativa de mapeamento estará fadada à incompletude.

Bergson, em 1899, ao estudar o riso e a significação da comicidade, negou-se a encerrar a invenção cômica numa definição e optou por fazer observações que se referem ao lugar onde a comicidade deve ser buscada. Segundo o filósofo (2001: 2), se elementos da natureza (animais, paisagens) ou objetos nos fazem rir, isso ocorre porque neles há a mão do homem a lhes dar funcionalidade, daí afirmar que "não há comicidade fora daquilo que é propriamente humano. Uma paisagem poderá ser bela, graciosa, sublime, insignificante ou feia; nunca será risível. Rimos de um animal, mas por termos surpreendido nele uma atitude humana ou uma expressão humana".

O autor afirma também que não há maior inimigo do riso que a emoção, posto que a comicidade se dirige à "inteligência pura". Para rirmos de alguém que nos inspire piedade ou afeição, será preciso que sejamos indiferentes, insensíveis, ainda que momentaneamente, pois só quando o outro deixa de nos comover surge o riso e, como uma espécie de "trote social", quase sempre a humilhar o seu alvo. A perspectiva do riso paira sobre cada membro da sociedade como uma ameaça de correção para hábitos e ações consideradas destoantes em seu grupo.

Uma outra observação importante sobre o riso, nas reflexões de Bergson, é que "nosso riso é sempre o riso de um grupo". O riso, à semelhança do eco, repercute de um indivíduo ao outro, dentro de uma mesma sociedade, sendo, portanto, necessário considerar que o que é engraçado para uma pessoa em determinado tempo e espaço geográfico, pode não o ser para outra. O riso pressupõe cumplicidade com outros ridentes. Para explicitar tal compreensão, narra o filósofo (2001: 5): "Um homem, a quem perguntaram por que não chorava num sermão em que todos derramavam muitas lágrimas, respondeu: 'Não sou desta paróquia'. O que esse homem pensava das lágrimas seria ainda mais aplicável ao riso".

A ideia de que para se compreender o riso é necessário examiná-lo na sociedade em que se manifesta ecoa nos estudos de Charaudeau (2006), que, à semelhança de Bergson, afirma que a percepção do fato humorístico irá variar segundo a cultura a que as pessoas pertencem. Além disso, aponta como dificuldade para o estudo do riso a proliferação de designações do ato humorístico, descrito como ironia, escárnio, caçoada e outros.

Charaudeau, para trabalhar o que ele designa por "mecanismo de encenação do discurso humorístico", aponta a necessidade de descrever:

- *A situação de enunciação na qual ele aparece*, que implica considerar a relação triádica *locutor*, *destinatário* e o *alvo*, postos em cena. O *locutor* é aquele que produz o ato humorístico e que na situação de comunicação possui legitimidade para fazê-lo. O *destinatário* do ato humorístico, que pode ser, por exemplo, o leitor de um jornal ou o interlocutor em uma interação conversacional face a face, tanto pode ser vítima ou cúmplice. Se cúmplice, ele é levado a ser conivente com o locutor no que é dito sobre o alvo, sendo, pois, um destinatário-testemunha. Se vítima, ele se torna um destinatário-alvo e, nessa situação, ele pode aderir ao ato humorístico, rindo de si mesmo, ou, ainda, ignorar, fazendo-se de desentendido. O *alvo* é o objeto do ato humorístico, que tanto pode ser uma pessoa ou acontecimentos diversos da vida em sociedade, e que propicia o questionamento de normas, crenças e valores,

- *A temática sobre a qual ele incide*. Essas temáticas irão variar segundo a sociedade considerada. É nesse âmbito que se questiona, em função das especificidades culturais, sobre o quê se pode fazer humor ou não, sobre a existência de temas que seriam considerados tabus: a morte, a velhice, as doenças, a vida privada, a vida pública, o sagrado etc. É nesse âmbito, por exemplo, que surgem as discussões em torno do humor negro, que pratica uma transgressão de valores só possível num universo que "não é de verdade", sancionado no âmbito do jogo, do lúdico.

- *Os procedimentos linguageiros que o geram*. O autor faz, aqui, uma distinção entre "procedimentos linguísticos" e "procedimentos discursivos". Dos primeiros, fazem parte os mecanismos léxico-sintático-semânticos (trocadilhos, homonímias, polissemia, metáforas etc.). Dos segundos, fazem parte os elementos da relação triádica (interlocutor, locutor, alvo), bem como o campo temático.

Com a ressalva de que categorizações podem ser redutoras, o autor propõe considerar duas:

- *O humor pelo jogo enunciativo*, da qual fazem parte a ironia, em suas diversas formas de compreensão e ocorrência; a zombaria, como uma hiperbolização do negativo; o sarcasmo e a paródia;

- *O humor pelo jogo semântico*, da qual faz parte o jogo com a polissemia das palavras, promovendo a ligação entre dois universos (ou isotopias) diferentes um do outro. Aqui, trabalha-se com o absurdo, o insólito, o paradoxo.

Charaudeau reflete, ainda, sobre *os efeitos possíveis do ato humorístico*, justificando que isso se deve ao fato de que nem sempre o efeito visado corresponde ao efeito produzido. O autor pondera que há necessidade de haver uma adesão, ou conivência, entre humorista e destinatário, e que os efeitos de sentido possíveis variam segundo o tipo de conivência estabelecida entre eles, e cita, como possibilidade, a "conivência lúdica", a "conivência crítica", a "conivência cínica", a "conivência de irrisão", e a "brincadeira".

No ato humorístico, a cumplicidade entre parceiros permite que se expresse o inaceitável sob uma forma socialmente aceita e, por meio dele, a sociedade aponta o que considera desvios em relação a um padrão por ela considerado ideal.

Com base no exposto, passarei à análise proposta.

O humor na (em) pauta

O texto que será objeto de nossa análise foi publicado na *Folha de S.Paulo*, caderno Vitrine, no dia 19 de julho de 2008. O referido caderno começou a circular em setembro de 2007, e, como o próprio nome indica, em suas páginas constam uma variedade de informações sobre oportunidades para o consumo de produtos. Seções como "Sacolinha [modinha, delírios consumistas, escolhas célebres]" e "Faça você mesmo", dão o tom de racionalidade de consumo aos leitores. Na cobertura jornalística de oportunidades para compras, convivem desde indicações de consumo de luxo a de barracas de vendedores ambulantes, o que aponta uma demanda pela economia de gastos, entre os leitores do jornal.

Texto sob análise:

São Paulo, sábado, 19 de julho de 2008

Sacolinha [modinhas, delírios consumistas, escolhas célebres]

"Sem elegância no coração, não há elegância" Yves Saint Laurent, estilista argelino (1936-2008)

KIT SATIAGRAHA
Operação da Polícia Federal inspira esta seleção de objetos destinada a evitar que a elegância pereça nos momentos mais críticos

Óculos de leitura Readers Smart, R$ 35, na Droga Raia, quebram um galho. No corre-corre do prende e solta, às vezes não dá tempo de catar aquele modelo de grife, feito só para seus olhos

O suéter de linha, R$ 279, na Alfaiataria Paramount, é discreto, ideal para jogar casualmente sobre as mãos e ocultar algemas anti-estéticas

Nunca se sabe quando a "dura" pode aparecer. O pijama de algodão com calça de flanela, R$ 129, na Any Any, não vai deixar ninguém ser pego de calça curta

A camisa de algodão egípcio, R$ 160, na Via Veneto, é opção para quem não abre mão do estilo "colarinho branco"

Está provado: sânscrito não é cultura inútil. Bom para decifrar posturas de ioga e nomes de operações policiais. Dicionário sânscrito-inglês, R$ 33,34, na Livraria Cultura

Não fica bem fazer advogados e assessores transportarem objetos pessoais em sacos. Ecológica e grande, esta "shopping bag", R$ 100, na Absolutamente Nécessaire, acomoda o enxoval para a temporada longe de casa.

Conforme vemos, o texto integra publicidade e informação, estando afinado com os fatos que foram noticiados no jornal, inclusive reproduzindo o material fotográfico (com os devidos créditos) da notícia publicada, o que o aproxima da precisão e autenticidade – critérios do discurso da informação, próprios do gênero notícia. A **operação** *Satiagraha,* assim designada pela Polícia Federal, foi uma ação de investigação do Órgão para apurar os desvios de verbas públicas, a corrupção e a lavagem de dinheiro. A operação, objeto da notícia e do texto publicitário, resultou na prisão (temporária) do banqueiro Daniel Dantas, do investidor Naji Nahas e do ex-prefeito de São Paulo, Celso Pitta.

O texto em questão nos coloca diante de um ato humorístico caracterizado pela conjunção de dois universos que, a princípio, são distintos: o campo da moda e o das ocorrências policiais. Num primeiro momento, soa insólito para o leitor que um texto publicitário agregue aos seus produtos valores considerados negativos, do ponto de vista da moral e ética social e, mais ainda, que reserve a ele, destinatário invocado no texto, o papel de protagonista de ações de transgressão. Essa situação, contudo, ganha novo contorno quando vislumbramos que a leitura do texto pressupõe a configuração de um destinatário capaz de compreender os implícitos e desvendar o jogo enunciativo. Esse jogo, conforme veremos, constrói um ato de enunciação que dissocia o que é dito explicitamente e o que deve ser entendido e que está encoberto. Tal procedimento, característico da ironia, é garantido por pistas que permitem ao destinatário pôr em questão o princípio de sinceridade (ou seja, que o que é dito corresponde ao que é pensado).

> Segundo a Polícia Federal, os nomes das operações são dados por questões de organização e de sigilo. Consideradas pela imprensa como "curiosas", no rol de designações encontramos: *Narciso* – nome dado à operação que investigou o crime de sonegação da loja Daslu (2005) [foco na vaidade, luxo]; *Praga do Egito (ou gafanhoto)* – Prisão do ex-governador de Roraima, Neudo Campos (2003), em Brasília, e de mais 53 pessoas acusadas de desviarem dinheiro público no Estado [os membros da quadrilha seriam "gafanhotos"que atacavam os cofres públicos do Estado]. Além desse, muitos outros como *Terra Nostra, Clone, Bye Bye Brasil, 14 Bis, Anaconda* etc. exemplificam o procedimento. (Sander Alexa Alcântara, Operação Batismo do crime, *Língua Portuguesa,* São Paulo, n.12, p.24-9, nov.2006)

A situação de enunciação põe em cena uma relação triádica composta pelo redator da notícia (locutor), o leitor (destinatário) e os investigados (o alvo). Nesse ato de enunciação, os investigados são objetos do julgamento negativo. O redator estabelece com o leitor uma relação de cumplicidade no ato de desqualificar o alvo e constrói uma conivência de irrisão. As figuras públicas, que desfrutavam o *status* de elegância, são desmascaradas. A frase do estilista Yves Saint Laurent: "Sem elegância no coração, não há elegância", mote do texto, sentencia e desvaloriza a notoriedade fundada no valor da aparência, em favor ao da correção de princípios (moralidade, ética). A expressão "Firmeza na verdade" – tradução do sânscrito *satya* (verdade) e *agraha* (firmeza), nome dado à operação policial – marca o valor social do campo temático em questão.

As sugestões de compra de objetos e roupas, inspirados na operação da Polícia Federal e próprios para "evitar que a elegância pereça nos momentos mais críticos", são, no nível do explícito, dirigidas ao leitor (que, nesse momento, se vê destinatário-alvo, invocado no texto como alguém que poderia passar por tais momentos críticos, como ser preso e precisar disfarçar as algemas com a blusa), contudo, soam cínicas e produzem efeito humorístico, pela criação insólita de uma situação de zombaria, incompatível com o objetivo de um texto publicitário que tem por meta incentivar o consumo. O leitor, levado a entender o inverso do que é dito, participa do jogo de faz de conta e simula aceitar a desvalorização de normas sociais consideradas positivas pelo grupo.

Quanto aos procedimentos linguísticos, contrastando com o *status* do discurso da moda – e aí vemos o efeito cômico – há a presença do léxico popular da língua, com o emprego de gírias que remetem ao grupo de marginais, por exemplo: *dura* (no lugar de polícia), *colarinho branco* (estilo de camisa e designação de um tipo crime); expressões populares como *ser pego de calça curta* (ser surpreendido), *quebrar um galho* (resolver temporariamente); a expressão eufêmica *temporada longe de casa* (no lugar de período de detenção), entre outros recursos. O uso da variante popular rompe a expectativa linguística dos leitores do periódico e é um elemento a mais a compor a encenação de uma situação discursiva de transgressão de padrões, de surpresa cômica.

O texto em questão, conforme vimos, aciona mecanismos de encenação do discurso humorístico, envolve o leitor e provoca o riso que, no dizer de Bergson, é um riso corretivo, que visa a "castigar os costumes", humilhar o seu alvo. Ao expor o alvo, há uma comicidade que ridiculariza, posto que flagra o revés dos acontecimentos.

Considerações finais

É fato que os textos jornalísticos frequentemente dialogam entre si, estabelecendo intertextualidades. O fato político, originalmente "texto" na notícia, migra para a crônica, para a charge, para o anúncio, na qualidade de "pretexto", trabalhado por meio da ironia, da sátira ou da zombaria.

O humor no jornal comporta o objetivo de crítica, não se restringe a editorias específicas e, como vimos, não sofre restrições temáticas e/ou estilísticas. Ao contrário, muito bem aclimatado ao veículo que visa a noticiar e a opinar, o humor cumpre sua função de crítica, de denúncia, de jogo lúdico que diverte e proporciona prazer. O humor possibilita, sob uma forma socialmente aceita, revelar o inconfessável. O rótulo do lúdico, da "brincadeira", produz efeitos de conivência e pluralidade de sentidos que, se bem trabalhados, capitalizam a crítica.

O trabalho com o discurso do humor, por meio da categorização dos fatos humorísticos, permite que a escola desenvolva a leitura crítica de textos, em diferentes contextos culturais.

Bibliografia

ALBERTI, Verena. *O riso e o risível na história do pensamento*. Rio de Janeiro, Zahar/ Ed. FGV, 1999.

ALCÂNTARA, Sander Alex. Operação Batismo do crime. *Língua Portuguesa*, São Paulo, n. 12, nov. 2006, p. 24-9.

BERGSON, Henri. *O riso*. Trad. Ivone Castilho Benedetti. São Paulo: Martins Fontes, 2001.

BUCCI, Eugênio. O jornalismo ordenador. In: GOMES, Mayara Rodrigues. *Poder no Jornalismo*. São Paulo: Edusp/Hacker, 2003, pp. 9-13.

CHARAUDEAU, Patrick. Des categories pour l' humour. *Questions de communication*, v. 10, Presse Universitaire de Nancy, 2006, p. 19-41.

MARCONDES FILHO, Ciro. *O capital da notícia* – jornalismo como produção social de segunda natureza. 2. ed. São Paulo: Ática, 1989.

MARSCHALL, Leandro. *O jornalismo na era da publicidade*. São Paulo: Summus, 2003.

MINOIS, Georges. *História do riso e do escárnio*. Trad. Maria Helena O. Ortis Assumpção. São Paulo: Ed. Unesp, 2003.

VAN DIJK, Teun A. *Cognição, discurso e interação*. São Paulo: Contexto, 1992.

ZANCHETTA JR., Juvenal. Desafios para a abordagem da imprensa na escola. *Educação & Sociedade*, Campinas, v. 26, n. 93, set./dez. 2005, p. 1497-510.

Lendo o humor nos quadrinhos

Maria da Penha Lins

Os quadrinhos

Os textos de quadrinhos apresentam uma modalidade própria de linguagem. Operam com dois códigos de signos gráficos: a imagem e a linguagem escrita. Há momentos em que o elemento visual assume todas as funções de expressar o tópico. É o caso das histórias mudas. No caso das histórias com diálogos e/ou legendas, há uma complementaridade entre código visual e linguístico.

Dos elementos que compõem os quadrinhos, o que dá dinamicidade ao texto são os balões. Eles ampliam o nível de significação. Há uma lista variada de balões, além do mais utilizado, o balão-fala, outros como o balão-pensamento, o balão-berro, o balão-cochilo, o balão-trêmulo (medo), o balão-transmissão (para transmitir sons de aparelhos eletrônicos), o balão-uníssono (que mostra a fala única de diversos personagens), o balão-desprezo, e esclarece que palavras explicativas são economizadas pelos efeitos deste ou daquele balão.

Da mesma forma que os balões, as onomatopeias completam a linguagem dos quadrinhos e lhes trazem efeito de natureza sonora. A onomatopeia surge associada a alguma figura ou situação e facilita a interpretação ou induz a ela.

Quando há a inclusão de palavras no campo imagístico dos quadrinhos, elas sofrem um tratamento plástico; passam a ser desenhadas; o tamanho, a cor, a forma, a espessura tornam-se elementos importantes para o texto. Assim, quando uma personagem diz "– Oba!" e isto é escrito em um balão com letras pequenas e miúdas, significa "falando baixo, com cuidado"; ao contrário, quando essa fala é desenhada com letras grandes e espessas, quer dizer "falando alto, exaltado".

A conjunção do visual com o linguístico faz do texto de quadrinhos a base ideal para a pesquisa linguística centrada na interação: o código visual supre lacunas que, por acaso, possam ser deixadas pelo código linguístico e vice-versa.

Em referência a estudos sobre humor, na pesquisa feita somente a partir de textos escritos, como no caso das piadas, a explicação da construção do humor acaba por se limitar, quase sempre, a explanações de ordem semântica. Já no caso

216 Ensino de Língua Portuguesa

dos quadrinhos, o próprio texto, por ser constituído por dois sistemas de códigos, abre mais possibilidades para a explicação do fenômeno humorístico, na medida em que as pistas podem ser buscadas em ambos os códigos que compõem os quadros.

As tiras de Mafalda

As tiras de quadrinhos com título Mafalda são de autoria do cartunista argentino Quino e abordam uma variedade de tópicos. Diferentemente daquele tipo de texto de quadrinhos, em que os autores narram uma história, na maior parte das vezes de aventura, enaltecendo um herói, que aparece no momento exato para salvar pessoas ou resolver problemas, casos como os das histórias de super-heróis conhecidos, as tiras de Quino revelam a intenção de abordar a problemática social, sugerindo críticas e levando a julgamentos; trabalhando com a ironia.

Mafalda não é uma heroína. Antes, é a anti-heroína. Não aparece para salvar pessoas ou resolver problemas, aparece para criticar comportamentos e situações e pôr a sociedade em questionamentos, desconstruindo simulacros cristalizados no imaginário coletivo.

Além do mais, a personagem Mafalda, ao atuar dentro do cenário escola, interagindo com os colegas de classe e com a professora; em casa, com os pais e na rua, com os amigos, abre a possibilidade de analisar a interação dentro de um contexto institucional – a escola – e outro não institucional – a casa, a rua – e focalizar a interferência das relações de poder sobre os interactantes.

As tiras de Mafalda, apesar de serem de autor argentino e de terem sido concebidas no decorrer da década de 60 e início da década de 70, continuam interessantes para análise, porque tratam de questões que ainda permanecem atuais e, principalmente, porque a relação entre os personagens na interação apresenta uma dinamicidade resultante do trabalho visual e da composição dos personagens, além da força dos diálogos, presentes em quantidade nas tiras de Quino. Ademais, as tiras de Quino continuam a ser publicadas nos dias de hoje, em quase todo o mundo, o que comprova atualidade e pertinência.

O elenco de Quino compõe-se de oito personagens principais:

1. Mafalda, a menina engajada nos problemas do mundo, com atuação politizada frente a questões sociais;
2. Manolito, filho de comerciante, que vê o mundo sob a ótica do comércio;
3. Miguelito, menino com atitudes egocentristas em relação às coisas do mundo;
4. Liberdade, criança descomprometida com a ideologia escola-instituição, vê a vida como escola;

5. Felipe, garoto sonhador, que acompanha o desenrolar do dia a dia com ar de estupefação e medo;
6. Susanita, menina com ideais burgueses tradicionais, com anseios de elite;
7. Guille, o bebê, irmão de Mafalda, precoce e ciumento;
8. Os pais (de Mafalda), casal envolvido com os problemas inerentes à classe média: o pai, nervoso; a mãe, preocupada.

Mafalda é caracterizada da seguinte maneira:

- Nome: Mafalda;
- Sobrenome: não se conhece, mas supõe-se que haja algum;
- Sexo: feminino e contestador;
- Idade: em 1964, 6 anos;
- Amores: *Os Beatles*, a paz, a democracia, os direitos da criança;
- Ódios: sopa, guerra, James Bond.

Mafalda é considerada por Umberto Eco como a personagem dos anos 70, uma heroína "iracunda" que rechaça o mundo tal qual ele é. Afirma que, para compreendê-la, é conveniente traçar um paralelo com outro personagem a cuja influência ela não é alheia: Charlie Brown. E Eco faz esse paralelo: Charlie Brown é norte-americano, Mafalda é sul-americana. Charlie Brown pertence a um país próspero, a uma sociedade opulenta, na qual tenta desesperadamente integrar-se, mendigando solidariedade e felicidade; Mafalda pertence a um país cheio de contrastes sociais que, apesar de tudo, quer integrá-la e fazê-la feliz, mas ela se nega e repele todas as propostas. Charlie Brown vive num universo infantil próprio, do qual estão rigorosamente excluídos os adultos (com salvo conduto de que as crianças aspiram a comportar-se como adultos); Mafalda vive em permanente confrontação dialética com o mundo adulto, mundo ao qual não estima, não respeita, é hostil, humilha e repele, reivindicando seu direito de seguir sendo uma menina que não quer fazer parte de um universo adulterado pelos pais. Charlie Brown, evidentemente, deve ter lido os revisionistas de Freud; Mafalda, com toda probabilidade, deve ter lido Che.

A análise da interação

Para analisar a construção do humor nas tiras de Mafalda, é interessante focalizar o modo como a interação é encenada nos quadrinhos. Essa focalização atende ao objetivo principal de desenvolver uma leitura qualitativa e interpretativa, no sentido de que, assim, é possível observar a cena em todos os seus aspectos, analisando o verbal e o visual e, também, a relação entre os personagens da

218 Ensino de Língua Portuguesa

narrativa encenada, ou seja, buscando entender o "mundo" em que a historinha está ocorrendo.

Para isso, é necessário levar em conta as seguintes etapas, na observação das tiras de quadrinhos analisadas:

- identificação das atividades que compõem a história encenada;
- análise do modo como as atividades são mostradas; e
- interpretação do significado dos comportamentos das personagens.

Assim sendo, na análise das tiras a seguir, o objetivo é descrever as estratégias que o autor utiliza para produzir o efeito humorístico em suas histórias. Para isso, deve-se observar o jogo de enquadramentos que ele executa ao gerenciar seus personagens. Na sequência dos quadros, acompanhando o percurso das personagens, principalmente de Mafalda, no decorrer das histórias, pode-se caracterizar em que enquadres estão inseridas, quais estruturas de expectativas acionam a partir dos esquemas de conhecimentos que veiculam em suas falas e suas atuações.

> Nas interações, os participantes ativam expectativas, a partir do conhecimento de mundo que já têm. Essas expectativas estão relacionadas com tudo aquilo que internalizamos das experiências por que passamos. Assim, de acordo com o que já conhecemos de nossa vivência, sabemos como é o enquadramento (modo de comportar-se socialmente) de uma professora, de uma mãe, de um pai, por exemplo. Uma professora, por exemplo, quando está na escola, atua no enquadre professora, mas quando está em casa, atua no enquadre mãe, ou dona de casa.

Basicamente, vamos buscar a compreensão das situações discursivas sob a luz das noções de **estruturas de expectativas, esquemas de conhecimento e enquadramentos** *interativos* que vão auxiliar no entendimento acerca das pessoas, objetos e cenários do mundo. Também vamos lançar mão das contribuições sobre o modo como o uso da língua em circunstâncias particulares da vida social pode criar significados e das definições de **pistas de contextualização**, que vão explicar como as pessoas partilham conhecimentos gramaticais da língua em contextos diferenciados, de modo a produzir diferentes mensagens.

> Numa conversação, os interlocutores se baseiam em conhecimentos e estereótipos relativos às diferentes maneiras de falar, como falas, expressões fisionômicas e gestos.

Além desses fundamentos teóricos, lançamos mão também das explicações sobre elaboração da imagem social, que incorporam a noção de **face** positiva e face negativa e dos estudos feitos sobre a **análise da conversação**, que auxiliam na explicação das relações de poder entre as personagens na organização da conversa no processo de interação.

> Análise da conversação é uma disciplina que estuda como se organizam as conversas. Trata dos princípios que determinam os diálogos. Os diálogos podem ser simétricos, aqueles em que os participantes têm condições socioeconômicas e culturais diferenciadas e assimétrico, quando essas condições se igualam.

> Face é o valor social positivo que o indivíduo reivindica para si, uma imagem social delineada em termos de atributos sociais aprovados. Ou seja, as pessoas querem ser vistas de modo a receber aprovação na sociedade. A face positiva refere-se às ações defensivas e a face negativa, às ações protetoras.

Além disso, os movimentos de realinhamento das personagens, ao operar mudança de comportamento nas interações, nos levam, a partir de pistas tanto nas imagens quanto nas falas, a caracterizar transição de enquadres. Essas pistas de contextualização, buscadas no modo de atuar, vão definir em que enquadre as personagens estão atuando e que mensagem, através delas, o autor quer veicular. Algumas estratégias de polidez, para causar envolvimento na interação e a organização da conversa, frequentemente demonstrando assimetria nos diálogos, representam pistas que auxiliam na descoberta de definição dos enquadres.

Desse modo, levando-se em conta as expectativas que temos em relação ao mundo e comparando enquadres, podemos verificar que Quino produz humor em suas histórias, utilizando-se da estratégia de "des-enquadrar" seus personagens e, com isso, criar um choque ao pô-los atuando a partir de esquemas de conhecimento não previstos para as situações encenadas.

A atuação da personagem e a construção de humor

Para atingir o objetivo de produzir humor e crítica social, o autor de Mafalda administra dois jogos interativos: um entre as personagens que, quadro a quadro, contam uma história, e outro com o leitor do texto de humor. No primeiro jogo interacional, gerencia as personagens atuando de modo que esquemas de conhecimento sejam postos em comparação/contraste. Nas pistas de contextualização (falas, expressões faciais, gestos), percebe-se que cada personagem, a partir de seus esquemas de conhecimento, demonstra estranhamento pela atitude uns dos outros. Isso acontece porque estruturas de expectativas são frustradas. No segundo jogo, o produto da comparação desses esquemas de conhecimento operada pelo leitor gera humor, a partir da descoberta da incongruência em relação ao esperado, tendo em vista o modelo social de fazer conexões para produzir sentido nas coisas do mundo.

O jogo interativo entre as personagens se faz a partir da comparação de diferentes enquadres. Quando uma personagem muda de alinhamento inesperadamente, infringindo as estruturas de expectativas do senso comum, há, por parte de outra, ou outras personagens, uma atitude de surpresa pelo não esperado. Já no jogo do autor com o leitor, diferentemente do primeiro, a surpresa não gera conflito: ela é apenas peça do jogo. Nos esquemas de conhecimento do leitor de tiras, o conflito é esperado. Isso acontece porque o leitor procura fazer inferências sobre o conflito criado para fazer a interpretação. Faz parte do enquadre-piada a leitura das incongruências. É o conflito gerado pela incongruência que vai ajudar o leitor na descoberta da crítica ou denúncia que o autor se propõe a fazer.

No caso das tiras de quadrinhos, acontecem dois tipos de comunicação: o tipo de comunicação *não bona-fide*, isto é, comunicação de sucesso, em que o ouvinte já espera a piada e não vai interpretar do modo *bona-fide*, ou seja, de modo literal. Porque, se o ouvinte interpreta a piada de modo literal, não encontrará a graça. Imediatamente, busca fazer as inferências para entender o texto satisfatoriamente. Assim, construindo uma relação entre o esperado e o não esperado em termos de modelos sociais, o autor das tiras proporciona a quebra de expectativas, que gera a graça e conduz à crítica.

Na análise das tiras será focalizada a recorrência de rupturas com as estruturas de expectativas e observada a atuação das personagens em dois contextos diferentes:

- *institucional* – a escola – onde interagem no enquadre-aula, aparecendo dentro de microenquadramentos, como microenquadre-prova escrita, microenquadre-exposição oral, microenquadre-arguição;
- *não institucional* – suas residências e rua – onde, dentro do enquadre-vida doméstica, Mafalda interage com seus pais e/ ou com seus amigos sobre situações ocorridas na escola.

Tanto em um quanto em outro contexto, o comportamento das personagens vai surpreender as expectativas usuais do modo como crianças devem atuar em sociedade, principalmente do modo como alunos devem atuar dentro da escola.

Por ser a escola órgão de âmbito institucional, as estruturas de expectativas dirigem no sentido de que se encontre um grau de formalidade que se evidencia pela assimetria dos diálogos, em que o professor tem o direito de iniciar, orientar, dirigir e concluir a interação, exercendo, assim, pressão sobre os alunos. Numa situação de enquadre-aula, a interação classifica-se dentro do tipo assimétrico-cooperativo; o professor tem o direito de tomar a iniciativa, geralmente lançando uma pergunta ou fazendo um pedido, enquanto o aluno, num papel de subordinação, atende às condições impostas pelo professor.

Do mesmo modo, no cenário-residência, dentro do enquadre-vida doméstica, a expectativa criada é de pais exercendo poder sobre os filhos, o que é normalmente caracterizado também pela assimetria nos diálogos, em situações em que os pais mandam e os filhos obedecem, e não se espera que estes emitam críticas nem avaliações em torno do comportamento daqueles.

Nas tiras a seguir, a construção do humor é obtida pelo recurso de realinhamento das personagens. Só que elas são postas operando movimentos a fim de romper com as expectativas ativadas pelos enquadres. O autor processa o "des-enquadramento" das personagens, na medida em que as põe contrariando esquemas de conhecimentos do alinhamento projetado, criando ruptura na interação.

Na análise do processamento das rupturas, as pistas de contextualização nas falas das personagens e em seus movimentos faciais e gestuais definem os "realinhamentos" em forma de "des-enquadramentos". Essas pistas vão mostrar as personagens infantis atuando em alinhamento-adulto, na medida em que expressam atitudes de reflexão e crítica em relação a posicionamentos políticos e sociais.

Para criar ruptura dentro da interação, Quino, de modo geral, mostra suas personagens em dois momentos:
1. comportando-se em sintonia com os esquemas de conhecimento do leitor ativados em relação ao evento em apresentação;
2. operando uma mudança de atitude e realinhando-se, de modo a romper com os esquemas ativados pelo enquadre, como podemos observar na tira abaixo:

Fonte: QUINO. *Mafalda aprende a ler*. Trad. Andréa Sthael Silva. São Paulo: Martins Fontes, 1999, v. 2, p. 72.

No quadro 1, Mafalda atua coerentemente dentro das expectativas sobre criança que faz a lição de casa – escreve no caderno as frases ensinadas na escola, com expressão facial de criança obediente e aplicada. Ao sentir o cheiro da sopa, a personagem opera uma mudança de atitude e passa a agir como adulto enraivecido que, em atitude de equivalência de poder, faz ameaça e emite juízo de valor. O conteúdo da fala de Mafalda (quadros 4 e 5) nos mostra que, agora, ela atua em outro enquadre. Seu discurso se constitui de enunciados não pertinentes aos esquemas de conhecimentos relacionados a alinhamento criança; ela se alinha como adulto, ao fazer uma ameaça à mãe e emitir juízo de valor sobre o que é ensinado na escola. O alinhamento criança-filha/ adulto-mãe é, assim, transformado em adulto/ adulto.

Às vezes, esse alinhamento diferenciado é ratificado, reforçando a ruptura em momento subsequente, ao apresentar consequência ou dar justificativas. A tira abaixo exemplifica essa ocorrência.

Fonte: QUINO. *O clube de Mafalda*. Trad. Andréa Sthael Silva. São Paulo: Martins Fontes, 1999, v. 10, p. 33.

Mafalda rompe com o esperado, ao propor à professora que "se apele para o bom senso" (quadro 3), e ratifica a ruptura, ao sugerir uma possível consequência para o ato da professora: "evitar um inútil derramamento de zeros" (quadro 4).

Ao ratificar a ruptura, o autor reforça o alinhamento em que quer pôr a personagem, reforçando também a oposição que quer firmar entre alinhamento anterior – esperado – e alinhamento posterior – não esperado. Assim, no cenário-escola, observam-se o alinhamento professor-aluno (quadros 1 e 2) e o alinhamento-adulto/adulto (quadros 3 e 4), que remetem, respectivamente, ao enquadre-aula e ao enquadre-conversa entre adultos.

O primeiro enquadre é caracterizado pela distância nas relações de poder, concretizado pela assimetria nos diálogos, em que a professora tem o mando (usa verbos no imperativo) e exerce a função hierarquicamente superior na definição dos papéis desempenhados dentro da escola. Já no segundo enquadre, a fala de Mafalda denota simetria na conversação (emprega a 1ª pessoa do plural) ao sugerir equivalência de papel social. Isto fica, ainda, caracterizado pela expressão "bom senso", típica do dialeto adulto. Também a apresentação de consequência, com vistas à atenuação na força ilocucionária da "apelação para o bom senso" reforça o realinhamento. Junte-se a isso a necessária relação semântica operada entre as expressões "derramamento de sangue" (enquadre-guerra) e "derramamento de zeros" (enquadre-escola) que vai auxiliar na definição do novo alinhamento e, por consequência, do novo enquadre.

Quando a mudança de alinhamento da personagem é percebida principalmente a partir do conteúdo das falas, verificamos que a carga semântica das palavras remete a contextos não escolares. A tira a seguir ilustra o estranhamento que a fala da personagem causa, exatamente pelo seu conteúdo inesperado. O alinhamento adulto-crítico-politizado assumido por Mafalda e o conflito criado entre a personagem e a professora ficam mais fortemente caracterizados porque Quino a põe demonstrando conhecimento de política internacional, ao fazer comparação entre bloco capitalista e bloco socialista. Mafalda contrapõe Pentágono a Kremlin, desviando a significação literal que a professora quer dar à palavra pentágono e colocando-a dentro de um contexto semântico relacionado ao tema política internacional. Não há, aqui, apenas uma questão de duplo sentido, não há apenas a sobreposição de dois *scripts* opostos, nem é uma questão só de biassociação que leva a um terceiro esquema; há, também, a partir da fala, uma mudança de postura da personagem dentro da interação, que não tem o objetivo de apenas fazer rir, mas de colocar uma posição político-social.

Fonte: QUINO. *O irmãozinho de Mafalda*. Trad. Andréa Sthael Silva. São Paulo: Martins Fontes, 1999, v. 6, p. 41.

A interação da tira segue regularmente a mesma trajetória de elaboração de ruptura, o enquadre-aula é caracterizado pela professora, que desenha uma figura geométrica no quadro (quadro 1) e, ao mesmo tempo, se dirige à turma, esclarecendo o objetivo da aula: "Bem, hoje vamos estudar o pentágono". Mafalda surpreende a professora, ao fazer o comentário-pergunta: "E amanhã, o Kremlin?". Uma professora aborrecer-se e desapontar-se com um comentário ou uma pergunta de um aluno é atuação que cabe perfeitamente dentro dos esquemas operados por um professor, mas pergunta do tipo "E amanhã, o Kremlin?" e comentário do tipo "quer dizer... só para equilibrar" (quadros 2 e 3) com o objetivo claro de contemporizar o "mal feito", ou melhor, o "mal dito", "des-enquadra" a personagem Mafalda do alinhamento aluno para o alinhamento adulto crítico. Ao operar essa mudança de atitude, Mafalda abandona o enquadre-aula e passa a atuar no enquadre-conversa entre adultos.

Também a mudança de alinhamentos de Mafalda se faz no modo como a personagem interpreta enunciados. Na tira a seguir, ela consegue interpretar o sentido da expressão "ocupar a cadeira", contida no enunciado da questão da prova, que a colega não conseguiu. Isso só foi possível porque Mafalda se mostra atuando como adulta, pois "ocupar a cadeira", no sentido de governar um país, não faz parte dos esquemas de criança, tanto é que a colega de classe interpreta a expressão no sentido literal.

Fonte: QUINO. *A família da Mafalda*. Trad. Andréa Sthael Silva. São Paulo: Martins Fontes, 1999, v. 7, p. 26.

Há situações em que a personagem Mafalda se utiliza do recurso da indiretividade que, normalmente, não é esperado que crianças o usem, principalmente com o objetivo de veicular uma crítica, em situações de sala de aula.

Fonte: QUINO. *A família da Mafalda*. Trad. Andréa Sthael Silva. São Paulo: Martins Fontes, 1999, v. 7, p. 18.

A professora inicia a interação, atuando dentro do micro-enquadre-aula expositiva, o que atende às expectativas ativadas pelo enquadre-aula. Fazendo uma exposição sobre Geografia, ela cita dados estatísticos. Rompendo com a continuidade esperada para o enquadre, Mafalda coloca-se como adulto-crítico e se dirige à professora querendo saber "a porcentagem de seres humanos de verdade".

Ao fazer a crítica velada, em forma de pergunta, Mafalda usa a indiretividade para manifestá-la. Desse modo, ao mudar do alinhamento-aluna para o de adulto-crítico, a personagem se coloca na interação numa atuação, digamos, sociopoliticamente-engajada, ao desejar abandonar a informação árida dos dados estatísticos e direcionar a discussão para o mundo abstrato e instigante da filosofia, ou da sociologia. Sua atuação destoa da esperada de um aluno de escola fundamental numa aula de Geografia, pois ela não se contenta com dados, quer falar da condição humana; quer trazer aos dados um viés de criticidade em termos sociais.

Na fala da personagem, quase sempre embutem-se juízos de valor. Na tira a seguir, Mafalda caracteriza "política" como um palavrão, o que suscita estranheza, na medida em que essa caracterização pode se adequar satisfatoriamente aos esquemas de conhecimento ativados pela palavra "política", mas soa estranho na fala de uma colegial de 6 anos de idade.

Fonte: QUINO. *Mafalda aprende a ler*. Trad. Andréa Sthael Silva. São Paulo: Martins Fontes, 1999, v. 2, p. 44.

A personagem Mafalda ser mostrada e esperar que Manolito diga um palavrão (quadro 2), ainda não se configura num alinhamento-adulto, porque esse tipo de comportamento é normal dentro do enquadre-aula. O que mostra a incongruência e gera a ruptura é Mafalda, aos 6 anos, considerar "política" um palavrão (quadro 4), fato que a distancia do alinhamento-aluno de escola fundamental e a realinha como adulto, pois a classificação da palavra "política" como palavrão sugere para a palavra um sentido conotativo-negativo bastante ampliado, desviado de sua concepção literal e carregado de conotação crítica e de ironia.

Considerações finais

Observando a atuação de Mafalda nas tiras de Quino, é possível afirmar que seu comportamento verbal define atitudes que criam o risível, que, segundo Bergson (1987), surge a partir da apresentação de uma coisa, antes respeitável, como medíocre e vil. É o que ela faz quando desconcerta a professora, desautorizando-a em seu papel social. Essa atitude pode ser enquadrada dentro da classificação de chiste tendencioso proposta por Freud. A personagem parece ter a intenção deliberada de lançar mancha sobre o comportamento da professora.

Por meio do comportamento da personagem Mafalda, podem-se detectar, nas histórias em que atua, os problemas do cotidiano enfrentados pela classe média ocidental que, por propugnar uma atuação "politicamente correta" do indivíduo e buscar ascensão no meio social, sofre com os problemas sociais e existenciais naturais do ser humano, quais sejam, entre outros, a divisão da população em blocos de ricos poderosos e pobres miseráveis, a guerra, a qualidade de vida, a idoneidade da classe política.

Além disso, por serem as tiras de quadrinhos de Quino representações de situações possíveis de acontecer no dia a dia, abre-se a possibilidade de se refletir sobre os papéis desempenhados pelas pessoas na sociedade e sobre as relações entre as pessoas quando interagem e têm de exercer suas funções de acordo com o estabelecido culturalmente. Assim, a análise, além de linguística, amplia-se para

226 Ensino de Língua Portuguesa

social e cultural; antropológica, na medida em que leva à constatação de costumes, modos de agir e atuar em dado cenário e sobre determinados fatos. Desse modo, os resultados poderão oferecer instrumentos para uma melhor compreensão da sociedade que nos cerca e indicar caminhos para uma relação satisfatória entre os indivíduos.

Bibliografia

BASTOS, Liliana Cabral. *Da gramática ao discurso*: uma análise das funções do adjetivo no português falado. Rio de Janeiro, 1993. Tese (Doutorado em Letras) – Pontifícia Universidade Católica do Rio de Janeiro.

BERGSON, Henri. *O riso*. Rio de Janeiro: Guanabara, 1987.

BROWN, Penélope; LEVINSON, Stephen. *Politeness*: some universals in language usage. Cambridge: University Press, 1987.

GOFFMAN, Erving. *Interactional ritual*: essays on face to face behavior. New York: Panteon, 1967.

_____. *Forms of talk*. Philadelphia: University of Pensilvania Press, 1981.

_____. *Frame analysis*. New York: Harper & Row, 1986.

GUMPERZ, John. *Discouse analysis*. New York: Cambridge University Press, 1982.

LINELL, Per. *The power of dialogue dynamics*. In: MARKOVA, Ivana; FOPPA, Klaus. *Asymmetries in dialogue*. London: Harvester Wheatsheaf, 1990, pp. 147-77.

LUYTEN, Sonia B. *O que é história em quadrinhos*. 3. ed. São Paulo: Brasiliense, 1985.

MARCUSCHI, Luiz Antônio. *Análise da conversação*. São Paulo: Ática, 1986.

MOYA, Álvaro de. *Shazam!* 3. ed. São Paulo: Perspectiva, 1977.

_____. *História da história em quadrinhos*. São Paulo. 2. ed. São Paulo: Brasiliense, 1993.

NORRICK, Neal R. A frame-theoretical analysis of verbal humor: biassociation as schema conflict. *Semiótica*. Amsterdam: Mouton de Gruyter, 1986, pp. 225-45.

OLIVEIRA, Maria do Carmo. *Polidez*: uma estratégia de dissimulação. Análise de cartas de pedido em empresas brasileiras. Rio de Janeiro, 1993. Tese (Doutorado em Letras) – Pontifícia Universidade Católica do Rio de Janeiro.

QUENTAL, Lúcia. A importância da pesquisa em sociolinguística interacional para a realidade brasileira. *Boletim ABRALIN*. Maceió, n. 19, 1996.

QUINO. *Mafalda aprende a ler*. Trad. Andréa Sthael Silva. São Paulo: Martins Fontes, 1999, v. 2, pp. 42-4.

_____. *O irmãozinho de Mafalda*. Trad. Andréa Sthael Silva. São Paulo: Martins Fontes, 1999, v. 6, p. 41.

_____. *A família da Mafalda*. Trad. Andréa Sthael Silva. São Paulo: Martins Fontes, 1999, v. 7, pp. 18-26.

_____. *O clube de Mafalda*. Trad. Andréa Sthael Silva. São Paulo: Martins Fontes, 1999, v. 10, p. 33.

RASKIN, Victor. *Semantic mechanisms of humor*. Dordrecht, Holland: Reidel Publishing Company, 1985.

RAVONI, Marcelo (org.). *El mundo de Mafalda*. Barcelona: Lúmen, 1992.

RAVONI, Marcelo; PONCE, Vicente. (Fichas de identificação). In: RAVONI, Marcelo (org). *El mundo de Mafalda*. Barcelona: Lúmen, 1992.

TANNEN, Débora. *Framing in discourse*. New York: Oxford University Press, 1979.

_____. *Coherence in spoken and written discourse*. Norwood: Ablex, 1985.

_____. *Talking voices*. Repetition, dialogue and imagery in conversational discourse. Cambridge: Cambridge University Press, 1989.

_____. *Gender & discourse*. New York: Oxford University Press, 1994.

TANNEN, Débora; WALLAT, Cynthia. Interactive frames and knowledge schema in interaction. In: *Framing in discouse*. New York: Oxford University Press, 1986, pp. 57-76.

Ler e compreender tirinhas

Rivaldo Capistrano Junior

A leitura, como prática social que é, propicia aos sujeitos formas de inserção e de participação não só no ambiente escolar, mas também na vida profissional e no mundo. Nesse sentido, cabe à escola, em sua tarefa de desenvolvimento de competências de linguagens dos discentes, fazer com que os alunos leiam e compreendam adequadamente diferentes gêneros textuais.

Ler, longe de ser uma mera atividade mecânica de decodificação de signos gráficos, constitui-se num processo de construção e de negociação de sentidos. Conceber a leitura dessa forma implica entender que o sentido depende da ação do leitor sobre a materialidade textual e da mobilização de diferentes tipos de conhecimento prévio; portanto, não é fixo nem é uma propriedade do texto.

> Para um aprofundamento do estudo das características e especificidades desse gênero, recomenda-se a leitura de Eisner (1995); Mendonça (2002) e Ramos (2009).

Além disso, sabemos que não lemos do mesmo modo todo e qualquer texto. Se pensarmos, por exemplo, na leitura e compreensão de **tirinhas**, diferentes habilidades são exigidas dos leitores, visto que se trata de um gênero textual em cuja constituição entram palavras e imagens.

A natureza constitutivamente verbo-visual das tirinhas possibilita a articulação entre a dimensão linear, a da palavra, e a não linear, a da diagramação, da imagem, exigindo, por parte do leitor, a integração verbo-visual para produção de sentido.

> Ramos (2007) defende que os signos icônicos instauram objetos de discurso visuais. Nesse sentido, os desenhos são reconstruções sociocognitivas do mundo.

Levando em conta essa relação verbal e não verbal, nas tirinhas, os referentes (aquilo sobre que falamos) são introduzidos por meio de signos linguísticos (palavras) e/ou de **signos icônicos** (desenhos), o que permite a introdução (informação nova) e a retomada (informação dada) de novas entidades.

Esse processo de introdução, retomada e reformulação de referentes ao longo da materialidade textual denomina-se **referenciação**. A título de exemplificação, vejamos a tirinha:

> A referenciação consiste num conjunto de operações dinâmicas, sociocognitivamente motivadas, que dizem respeito a diversas formas de introdução, na materialidade textual, de novas entidades ou referentes (Cf. Koch e Elias, 2006 e 2009). É fruto tanto da experiência dos sujeitos, quanto da atualidade da inter-ação. Sobre o tema, ver também o artigo de Cavalcante, *Leitura, referenciação e coerência*, nesta obra.

Exemplo 1

Fonte: Disponível em: <http://www.monica.com.br/cgibin/load.cgi?file=news/welcome.htm&pagina=../../mural/colecm.htm>. Acesso em: 26 nov. 2009.

No primeiro quadro da tirinha, há dois referentes visuais: uma cegonha e o Cebolinha, personagem de Mauricio de Sousa.

São esses referentes, introduzidos por meio de signo icônico, que indicam o tema da tirinha: "de onde vêm os bebês?". Dessa maneira, cabe ao leitor ativar o conhecimento de que existe uma explicação mitológica para o nascimento das crianças, segundo a qual elas não são geradas por suas mães, mas trazidas pelas cegonhas.

No segundo quadro, por meio do desenho, ocorre a retomada do referente cegonha e a introdução de um novo referente: a personagem Mônica.

Já no terceiro quadro, com a introdução de novos referentes (Cascão, urubu), a expectativa do leitor é frustrada, o que leva a um desfecho inesperado, constituindo-se em uma estratégia para produção do humor. Por meio de outro signo icônico, não vemos mais uma cegonha, mas um urubu, que leva a personagem Cascão, um menino que está sempre sujinho, porque odeia tomar banho. Infere o leitor que, em se tratando dessa personagem de Mauricio de Sousa, somente um urubu, ave que se alimenta de coisas em processo de decomposição e malcheirosas, poderia levá-lo.

À concepção de **leitura** aqui adotada subjaz uma perspectiva sociocognitiva e interacional da linguagem que privilegia os sujeitos e seus conhecimentos em processos de interação. Dessa forma, toda atividade de

> A leitura é uma atividade interativa complexa, pois quando lemos um texto, vários tipos de conhecimentos armazenados em nossa memória são mobilizados para nos auxiliar na compreensão e na produção de sentido. É o que defendem Koch e Elias no livro *Ler e compreender* (2006).

linguagem é vista como uma ação em conjunto, em que sujeitos agem entre (e sobre) si mesmos e operam suas representações sobre contexto sócio-histórico, lugares e funções distribuídos socialmente, seus saberes sobre o mundo, sobre a língua etc.

A leitura, portanto, constitui-se numa atividade de ação e interação entre os sujeitos, mediada pelo texto, na qual o leitor opera seu conjunto de saberes, (re)ativando, desativando conhecimentos, (re)avaliando objetivos e (re)definindo estratégias de leitura, de acordo com suas diferentes dimensões de percepção do contexto. Durante esse processo, o leitor age sobre a materialidade textual, a partir dos elementos linguísticos e não linguísticos, num contínuo processo dialógico.

Assim, no intuito de contribuir para o trabalho com esse gênero em sala de aula, são analisadas, adiante, algumas tirinhas. Antes, porém, farei algumas considerações teóricas sobre esse gênero textual.

Gênero textual tirinhas

O querer dizer do locutor implica a escolha de um gênero, e essa escolha é determinada em função da especificidade de uma dada esfera de comunicação verbal, das necessidades sociocomunicativas dos participantes da interação etc.

Os gêneros se constituem historicamente e se caracterizam por tipos diferenciados de conteúdo, de estilo verbal e de formas composicionais específicas. Dessa forma, cada esfera de atividade social, devido a sua função socioideológica, formula, na/pela interação verbal, determinados gêneros.

Os gêneros textuais permitem nossa ação no mundo; afinal, sempre nos comunicamos por algum gênero, que se realiza em texto. Entretanto, não podemos pensar essa realização apenas como peças linguísticas, uma vez que vários são os modos de representar e comunicar uma mensagem, em que diferentes linguagens se articulam.

Contamos, então, com sistemas semióticos para a construção simbólica da realidade. Quando falamos, além das palavras, concorrem, para a realização da mensagem e para a construção de efeitos de sentidos, as expressões faciais e corporais, o tom de voz, o ritmo, a proximidade entre os participantes etc.

Isso, é claro, não é só um privilégio da fala. Quando escrevemos, as marcas tipográficas, o estilo da letra, a disposição das palavras no papel, a diagramação do texto etc. também produzem importantes significações.

No caso de tirinhas, os recursos icônicos não são meramente ilustrativos de fragmentos da história. Pelo contrário, são parte constitutiva da história, já que o desenrolar das ações na trama narrativa é também realizado por meio do desenho, como atesta a tira a seguir, de autoria do argentino Quino:

Exemplo 2

Fonte: QUINO. *Toda Mafalda*: da primeira à última tira. São Paulo: Martins Fontes, 1995, p. 66.

É na conjugação de palavras e desenhos que percebemos a contradição entre o discurso de Mafalda e a ação de Miguelito. Ele, aparentemente, concorda com um discurso pacifista, mas, no terceiro quadro, percebemos, por meio do desenho, que age de maneira violenta.

No que se refere à estrutura das tirinhas, há, ainda, como operação do processo narrativo, os balões, espaços delimitados por diferentes tipos de linhas curvas ou retas. Geralmente ligados à personagem das tiras por um apêndice, eles incorporam o texto à imagem, e seu contorno pode indicar fala, pensamento, cochicho, sensações de medo, cólera etc. É o uso dos balões que permite, no mesmo desenho, atribuir a cada personagem o que ela diz e o que pensa.

> Sugiro a leitura dos capítulos "Lendo o humor nos quadrinhos" e "Recursos de oralidade nos quadrinhos", desta obra.

Além disso, importantes recursos paralinguísticos, aqueles que acompanham a fala, como risos, suspiros, pausas, hesitações, intensidade da fala, produzem importantes significações para a construção de sentido.

Ler e compreender tirinhas, portanto, requer ler texto, desenhos, tipos de balões, tipos de letras, pausas etc., pois são categorias constitutivas desse gênero textual.

Referenciação: a (re)elaboração da realidade

A referenciação também se constitui num importante aspecto na leitura e na construção de efeitos de sentido; afinal, os referentes não só atuam na introdução, na manutenção, na progressão e na ativação de informações, mas também evidenciam o processo por meio do qual o sujeito constrói esses referentes.

A maneira como dizemos aos outros as coisas é decorrente de nossa atuação discursiva sobre o mundo e de nossa inserção sociocognitiva nele. Assim, quando produzimos textos (orais ou escritos), procedemos à escolha de determinadas palavras (nomes, sintagmas nominais) com o objetivo de apresentar/introduzir entidades, de acordo com nossos propósitos e estratégias de dizer. Essa seleção de recursos linguísticos não é uma mera atividade de designação, rotulação ou etiquetamento do mundo externo ao texto, mas se constitui num processo que revela como nós, sujeitos, (re)elaboramos realidades e estabelecemos nossas expectativas e avaliações na introdução de entidades internas ao texto.

Dessa forma, não se pode dizer que haja uma relação direta entre língua(gem), pensamento e realidade. Na verdade, ocorre, nessa relação, uma mediação entre mundo e nosso universo de crenças, valores, expectativas e ações intersubjetivas. Por esse motivo, dizemos que o referente não é dado, não está pronto na mente dos sujeitos, mas é construído no curso das interações.

Se a construção de referentes é uma atividade dinâmica e instável, estamos sempre transformando, moldando (recategorizando) referentes; afinal, no processamento textual, os sujeitos (re)ativam seus conhecimentos prévios, que são mudados, reavaliados, repensados à medida que interagem, como poderemos ver na tirinha a seguir:

Exemplo 3

Fonte: Disponível em: <http://www.monica.com.br/cgibin/load.cgi?file=news/welcome.htm&pagina=../../mural/colecao_lpm.htm>. Acesso em: 11 nov. 2009.

No segundo quadro da tira, o leitor se dá conta de que, embora tenhamos os mesmos referentes, as personagens Mônica e Cebolinha foram transformadas, pois não são mais duas crianças. Na compreensão da tirinha, ativamos o conhecimento de que a personagem Mônica é dotada de muita força. E é essa informação ativada que nos permite entender no segundo quadro o aparecimento das personagens Mônica e Cebolinha bem idosos. Ocorre, então, por meio do desenho, uma recategorização dos referentes.

Referenciação e sentido nas tirinhas

Com base nas considerações anteriores, serão analisadas algumas tirinhas com o propósito de identificar como ocorrem os processos referenciais no gênero textual em questão e como esses processos interferem na leitura e produção de sentidos.

Tirinha 1

A tirinha a seguir, de autoria de Miguel Paiva, exemplifica como a referenciação é construída no processo de imbricamento entre o verbal e o não verbal:

Fonte: PAIVA, Miguel. *Gatão de meia-idade*: primeiras tiras. São Paulo: Nacional, 2008, p. 87.

É interessante notar que, para a personagem da tira, o Gatão de meia-idade, "independência" tem mais a ver com estado de dormência, com a liberdade de poder ficar na cama, do que com a comemoração de nossa emancipação política de Portugal, haja vista o fato de estar deitado nos dois primeiros quadros da tira e estar sonolento ao atender o telefonema da filha. Nesse sentido, observa-se, ainda, que o imbricamento do verbal e do não verbal promove uma recategorização (reavaliação) da expressão "berço esplêndido", que, metaforicamente, alude à cama do Gatão, e não à nossa Pátria. "Eternamente", é claro, denota "sem preocupação com horas".

A análise possibilita constatar que o sentido não é apenas da ordem da língua; afinal de contas, expressões linguísticas não têm autonomia fora das práticas de linguagem. Os possíveis significados assumidos por uma palavra são regulados por variáveis socioculturais e intersubjetivas. Esses significados assumidos, por sua vez, funcionam como um "quadro de referência", por meio do qual são monitorados processos interpretativos e (re)negociados os sentidos.

Tirinha 2

Fonte: Disponível em: <http://www.monica.com.br/cgibin/load.cgi?file=news/welcome.htm&pagina=../../mural/revistas_ingesp.htm>. Acesso em: 05 out. 2009.

Na tirinha, o Papa-Capim, personagem de Mauricio de Sousa, refere-se, no primeiro quadro, ao fato de referentes representados por meio das palavras Jaci/Lua e M'Boi/cobra e dos desenhos serem concebidos diferentemente na cultura dos índios e dos Caraíbas. Não se trata apenas de palavras diferentes para designar os mesmos objetos, mas de modos distintos de se construir/ver e interpretar a realidade. Nessa visão, processos de referenciação deixam entrever como as escolhas linguísticas são motivadas por grupos sociais diferentes. Referir é uma atividade intersubjetiva e socialmente motivada. Tem-se, consequentemente, uma instabilidade de categorias.

No segundo quadro, a forma "aquilo", presente na fala da outra personagem, remete à palavra PROGRESSO, a qual, por meio do desenho no último quadro da tira, aponta para o desenho da devastação da floresta. Pelas expressões fisionômicas de desapontamento, nota-se que, para os indiozinhos, a palavra "progresso" tem uma carga negativa.

Tirinha 3

Fonte: PAIVA, Miguel. *Gatão de meia-idade*. Rio de Janeiro: Objetiva, 1995 [s. p.].

Os primeiros desenhos, o texto do balão e a pausa, marcada pelas reticências, constituem-se em uma importante estratégia para a quebra de expectativa gerada pela leitura dos primeiros quadros da tirinha. Neles, vemos a personagem Gatão planejar uma ação e, para isso, utiliza-se de seus instrumentos de trabalho. O leitor, ao mobilizar seus conhecimentos prévios, presume que ele exerce uma atividade profissional; porém, no último quadro, se dá conta de que a personagem se dedicava à tarefa doméstica de fritar um ovo. O desfecho inesperado ocorreu pelo fato de, na mente do leitor, o referente inicial ter mais a ver com um projeto de arquitetura ou de engenharia do que com a atividade de fritar um ovo.

O humor nas tirinhas advém, muitas vezes, da identificação de referentes que se constroem em torno de uma estrutura de expectativa gerada nos primeiros quadros. Esses referentes, ao serem recontextualizados nos quadros seguintes, quebram com essas estruturas e deflagram o humor, conforme defendem Dias e Lins, respectivamente nos capítulos "Leitura crítica do humor no jornal" e "Lendo o humor nos quadrinhos" deste livro.

Além disso, a análise da tirinha destaca que o processamento referencial é motivado cognitivamente no curso da interação, pois ativamos nossos conhecimentos, os quais são mobilizados e reavaliados a fim de construirmos efeitos de sentido, e que os referentes podem ser construídos inferencialmente.

Tirinha 4

Fonte: DAVIS, Jim. *Garfield*: o rei da preguiça. Porto Alegre: L&PM, 2008, p. 61.

Na tirinha, é interessante notar como o próprio Garfield denomina a ação de enfiar a cabeça de seus companheiros em suas vasilhas de comida: "autoafirmação". Pode o leitor denominar a mesma ação de "crueldade" ou de "criancice".

Isso indica que processos referenciais têm a ver com a maneira como cada sujeito percebe a ação do outro, de como cada um constrói os referentes, moldando-os à sua intenção comunicativa, com base em seu universo de expectativas, crenças, valores, julgamentos e avaliações.

Os referentes são, portanto, dinâmicos, visto que são formados e transformados a partir das representações sociais e individuais, constituindo-se num processo intersubjetivo, negociado e discursivo.

Considerações finais

Ao longo deste capítulo foi evidenciada a importância de se considerar nas tirinhas o imbricamento de elementos verbais e não verbais, para produção/negociação de efeitos de sentido. Além disso, houve destaque ao papel das estratégias de referenciação na ativação de processos sociocognitivos, na mobilização de diversos tipos de conhecimentos armazenados em nossa memória discursiva e na progressão referencial.

Dessa forma, no trabalho com leitura de tirinhas em ambiente escolar, é possível o desenvolvimento de habilidades como a busca por informações específicas, bem como a percepção de efeitos de sentido que recursos não verbais engendram.

Surge, nesse contexto, a necessidade de um letramento visual, a fim de propiciar ao aluno a compreensão de múltiplos recursos de linguagem que constituem diferentes gêneros orais e escritos. Sobre isso, afirma Vieira (2007: 24):

> O letramento hoje não se refere, apenas, às habilidades de leitura e de escrita. O letramento típico da pós-modernidade agrega ao texto escrito inúmeros recursos gráficos, cores, e, principalmente, imagens. Passa a exigir do sujeito letrado habilidades interpretativas básicas que devem atender às necessidades da vida diária, como as exigidas pelos locais de trabalho do mundo contemporâneo.

Bibliografia

BAKHTIN, Mikhail. Os gêneros do discurso. In: *Estética da criação verbal*. Trad. Maria Ermantina Galvão G. Pereira. 2. ed. São Paulo: Martins Fontes, 1997, pp. 277-87.

DAVIS, Jim. *Garfield*: o rei da preguiça. Porto Alegre: L&PM, 2008.

EISNER, Will. *Quadrinhos e arte sequencial*. 2 ed. São Paulo: Martins Fontes, 1995.

KOCH, Ingedore G. V. *Desvendando os segredos do texto*. São Paulo: Cortez, 2002.

KOCH, Ingedore G. V.; ELIAS, Vanda Maria. *Ler e compreender os sentidos do texto*. São Paulo: Contexto, 2006.

_____. *Ler e escrever*: estratégias de produção textual. São Paulo: Contexto, 2009.

KRESS, Gunther; LEITE-GARCÍA, Regina; VAN LEEUWEN, Theo. Semiótica discursiva. In: VAN DIJK, Teun (org.). *El discurso como estructura y processo*. Barcelona: Gedisa Editorial, 2000, pp. 373-416.

MARCUSCHI, Luiz Antônio. Atos de referenciação na interação face a face. *Cadernos de Estudos Linguísticos*. Campinas: Unicamp, n. 41, jul./dez. 2001, pp. 37-54.

_____. Atividades de referenciação, inferenciação e categorização na produção de sentido. In: *Cognição, linguagem e práticas interacionais*. Rio de Janeiro: Lucerna, 2007, pp. 82-103.

_____. *Produção textual, análise de gêneros e compreensão*. São Paulo: Parábola, 2008.

MENDONÇA, Márcia R. de S. Um gênero quadro a quadro: a história em quadrinhos. In: DIONISIO, Ângela P.; MACHADO, Anna R.; BEZERRA, Maria Auxiliadora (orgs). *Gêneros textuais e ensino*. Rio de Janeiro: Lucerna, 2002, pp. 194-207.

MONDADA, Lorenza; DUBOIS, Danièle. Construção de objetos de discurso e categorização: uma abordagem dos processos de referenciação. In: CAVALCANTE, Mônica Magalhães et al. (orgs.). *Referenciação*. São Paulo: Contexto, 2003, pp. 17-52. (Clássicos da Linguística 1).

PAIVA, Miguel. *Gatão de meia-idade*. Rio de Janeiro: Objetiva, 1995, v. 1.

_____. *Gatão de meia-idade*: primeiras tiras. São Paulo: Nacional, 2008.

QUINO. *Toda Mafalda*: da primeira à última tira. São Paulo: Martins Fontes, 1995.

RAMOS, Paulo. *Tiras cômicas e piadas*: duas leituras, um efeito de humor. São Paulo, 2007. Tese (Doutorado em Filologia e Língua Portuguesa) – Faculdade de Filosofia, Letras e Ciências Humanas, Universidade de São Paulo.

_____. *A leitura dos quadrinhos*. São Paulo: Contexto, 2009. (Coleção Linguagem & Ensino).

VERGUEIRO, Waldomiro. Uso das HQs no ensino. In: VERGUEIRO, Waldomiro; RAMA, Angela (orgs.). *Como usar as histórias em quadrinhos na sala de aula*. São Paulo: Contexto, 2004, pp. 7-29.

VIEIRA, Josenia A. Novas perspectivas para o texto: uma visão multissemiótica. In: VIEIRA, Josenia A. et al. (orgs.). *Reflexões sobre a língua portuguesa*: uma abordagem multimodal. Petrópolis: Vozes, 2007, pp. 9-33.

Leitura e sentido em um poema de Fernando Pessoa

Ernani Terra

O presente capítulo tem por objetivo analisar os procedimentos linguísticos empregados por Fernando Pessoa no poema "Ulisses", que orientam o leitor na construção de um sentido para o texto. Pretende-se responder à seguinte pergunta: Que conhecimentos devem ser ativados pelo leitor no processamento desse texto e quais "pistas" linguísticas presentes na superfície do texto possibilitam ao leitor a construção de um sentido para o texto?

Partindo do pressuposto de que o texto (e o texto poético mais ainda) é, para usar uma metáfora de Umberto Eco, uma "máquina preguiçosa" na medida em que aquele que o escreveu deixou para aquele que o lê parte do trabalho da construção do sentido, pretendo mostrar que as "pistas" linguísticas presentes no texto de Pessoa funcionam como *input* para ativação de sistemas de conhecimento necessários para que o leitor processe o texto como coerente.

Em relação ao escritor, nossa atenção não se concentra na pessoa empírica, razão pela qual afastamos da presente investigação qualquer referência ao indivíduo Fernando Pessoa, bem como às suas concepções ideológicas, mas no escritor-autor, aqui entendido como o eu-lírico que fala no poema e que não se confunde com o escritor empírico.

Para a análise pretendida, foi selecionado um texto representativo da literatura de língua portuguesa, o poema "Ulisses", de Fernando Pessoa, publicado em *Mensagem*, transcrito a seguir:

Ulisses

O mito é o nada que é tudo.
O mesmo sol que abre os céus
É um mito brilhante e mudo –
O corpo morto de Deus,
Vivo e desnudo.

Este, que aqui aportou,
Foi por não ser existindo.
Sem existir nos bastou.
Por não ter vindo foi vindo
E nos criou.

Assim a lenda se escorre
A entrar na realidade.
E a fecundá-la decorre.
Em baixo, a vida, metade
De nada, morre.

Algumas considerações teóricas

O processamento do texto de Fernando Pessoa e sua compreensão pressupõe, por parte do leitor, uma atividade de contextualização que envolve processos cognitivos e metacognitivos a partir de "pistas" linguísticas presentes na superfície textual que permitem ativar o que ficou implícito, possibilitando a construção da coerência. Quanto ao material linguístico, assumem papel preponderante os elementos coesivos, particularmente elementos indiciais (dêiticos) e anafóricos. Outro fator relevante para o processamento do texto de Pessoa está na necessidade de se perceberem relações intertextuais que o poema guarda com outros textos. Assim sendo, as reflexões aqui propostas estão fundamentadas em estudos de texto, mais precisamente, no campo da Linguística Textual.

Koch e Elias (2009) salientam que nossas ações (linguísticas ou não), em situações de interação, são orientadas em função do contexto e chamam a atenção para os elementos constitutivos do contexto, mencionando entre eles os conhecimentos compartilhados e os aspectos histórico-culturais. Quanto à importância dos conhecimentos compartilhados para o processamento textual e para o estabelecimento da coerência, Koch (2004: 45) afirma que eles "vão determinar, por exemplo, o balanceamento entre o que precisa ser explicitado e o que pode ficar implícito no texto".

Para a contextualização do poema de Pessoa, contribuem os estudos de Hanks (2008) sobre o contexto, uma vez que a compreensão do poema prescinde, sobretudo, de conhecimentos relativos a aspectos históricos e culturais. No entanto, como o poema de Pessoa dialoga com outros textos, estabelecerei, a partir de referências presentes no texto, relações intertextuais necessárias para recuperar seu contexto de produção.

Se, de um modo genérico, a intertextualidade diz respeito à relação que se estabelece entre textos, de um modo específico, é possível falar em tipos de intertextualidade. Aqui nos interessa particularmente o que Koch, Bentes e Cavalcante (2007: 17) chamam de intertextualidade *stricto sensu*, ou seja, a que ocorre quando num texto "está inserido outro texto (intertexto) anteriormente produzido". Vale ressaltar que a referência intertextual pode ocorrer com textos que, embora não tenham sido escritos, fazem "parte da memória social de uma coletividade ou da memória discursiva dos interlocutores". O texto de Pessoa, objeto deste capítulo, é – como se verá – um exemplo disso.

A análise do texto de Pessoa está orientada no sentido de estabelecer o contexto de produção e de recepção do poema. Em relação aos aspectos contextuais, que envolvem não só o cotexto, mas todos os conhecimentos armazenados na memória dos interlocutores, serão considerados relevantes para o estabelecimento de sentido do poema analisado: a *intertextualidade* e o *conhecimento compartilhado*.

O texto e o contexto histórico-cultural em "Ulisses", de Fernando Pessoa

"Ulisses" faz parte do único livro de Pessoa publicado em vida, *Mensagem*. Essa obra é constituída de 44 poemas, cuja classificação não é rígida: o épico convive com o lírico. Em "Ulisses", o componente épico diz respeito à exaltação heroica de matéria histórica. No entanto, essa exaltação não se dá em tom grandiloquente. O épico é, por assim dizer, fragmentado e interiorizado, daí o tom lírico do poema.

Em *Mensagem*, encontramos poemas cuja temática é a própria história de Portugal, referindo-se a personagens históricos (D. Henrique, D. Diniz, D. Afonso Henriques, D. Duarte, D. Sebastião, Vasco da Gama, Bartolomeu Dias, Fernão de Magalhães...). Mas, paralelamente, há também referências a entidades míticas ou àquelas que só têm existência no mundo literário (Ulisses, Santo Graal, o Mostrengo, Excalibur, o Grifo). Em síntese: em *Mensagem*, mito e história convivem harmonicamente.

O texto e o contexto linguístico

O poema apresenta três estrofes de cinco versos cada uma e rimas alternadas e com estrutura gramatical singularíssima. A primeira, de caráter geral, introduz e ativa no verso inicial o referente *mito*, definido por meio de um oxímoro ("O mito é o nada que é tudo"), que funciona como uma tese que se pretende demonstrar. Nesse verso, como em outros do poema, observa-se uma relação de subordinação do positivo ao negativo (*o nada que é tudo*). Nessa estrofe, que é marcada pelas oposições paradoxais (*o nada é tudo; o corpo morto é vivo*), predominam substantivos (*mito, nada, sol, céus, corpo, Deus*), os únicos adjetivos do poema (*brilhante, mudo, morto, vivo, desnudo*) e os verbos no presente do indicativo (*é, abre*).

Na segunda estrofe, não há um substantivo ou adjetivo sequer. Nela, predominam verbos no pretérito perfeito (*aportou, bastou, criou*) o que remete a fato passado (histórico ou mítico?) acabado e anafóricos que remetem a referentes que não estão presentes nos versos do poema. O objeto de discurso (mito) apresentado na primeira estrofe é desativado. Observe-se que não há referência direta a ele. O verso central dessa estrofe (e, portanto de todo o poema) é "sem existir nos bastou" em que a concessão (sem existir), seguida do verbo bastar, de caráter totalizante, concretiza em termos verbais o oxímoro nominal do verso inicial, vale dizer, o nada, aquilo que não existe, é tudo, por nos bastar. Em outros termos, aquilo que, no nível histórico, é um nada (por não existir), no nível mítico é tudo, por bastar.

Nessa segunda estrofe, é introduzido um novo objeto de discurso, representado por uma palavra indicial, o pronome demonstrativo *este*, que exige, por parte do leitor, certo esforço cognitivo no sentido de encontrar o elemento textual em que o demonstrativo se ancora. Via de regra, a interpretação de um anafórico se dá pela relação sintática que ele estabelece com outro termo do texto (inferência sintática). Apothéloz (2003) ressalta que, quando isso não ocorre, a interpretação do anafórico estará na dependência de fatores contextuais e pragmáticos. No caso do poema de Pessoa, o anafórico *este* não se ancora em nenhuma palavra presente nos versos do poema, mas no título (Ulisses).

Títulos, segundo Marcuschi (apud, Koch, 2004: 44), são fatores de contextualização, na medida em que são responsáveis pela "ancoragem do texto em dada situação comunicativa". Para esse autor, o título, assim como o nome do autor, são fatores de contextualização prospectivos na medida em que "permitem avançar expectativas sobre o texto"; sendo, portanto, muitas vezes decisivos para a interpretação.

Há casos, no entanto, em que a escolha do título sinaliza para uma contextualização A, mas a compreensão do texto pressupõe uma contextualização B. Tal procedimento ora é consciente por parte do escritor, ou seja, o autor intencionalmente leva o leitor a criar um contexto X para depois surpreendê-lo, ora decorre de inexata sinalização, o que é mais comum, sobretudo, em traduções. A título de exemplo citamos a obra *História da linguagem*, de Julia Kristeva (Edições 70, Lisboa). O título da obra orienta a leitura do texto sob a perspectiva de que se trata de uma história. No entanto, a preocupação da autora é discutir concepções de linguagem e de escrita. A leitura do livro na perspectiva apontada pelo título pode redundar numa baixa compreensão do texto. A propósito, o título original da obra é *Le langage, cet inconnu*, ou seja, *A linguagem, essa desconhecida*. Note-se que o título original assinalaria para uma leitura diferente daquela proposta pelo título em português.

Em outros casos, a compreensão do título só se dá depois de o leitor ter lido o texto todo, como ocorre em obras como o romance *Germinal*, de Émile Zola, em que apenas nas últimas linhas o leitor encontra a informação necessária para compreender por que o autor deu aquele título à sua obra e no conto *Desenredo*, de Guimarães Rosa, em que o leitor só consegue perceber o sentido do título quando compreende que o autor enreda uma história para, em seguida, desenredá-la. Nesses casos, os títulos funcionam, na verdade, como contextualizadores retrospectivos.

No caso do poema de Pessoa, a leitura do título orienta o leitor para a criação de um contexto em que se supõe que o poeta falará de Ulisses; no entanto, o leitor não encontrará no poema referência explícita a essa personagem. Na segunda estrofe, ao deparar-se com o anafórico *este*, o processamento do texto exigirá que o leitor identifique o referente textual do demonstrativo, entre algumas opções gramaticalmente possíveis. No entanto, apenas uma delas permite que se processe o texto como coerente: a palavra que serve como título ao poema. A identificação do referente do demonstrativo, como se percebe, exige, por parte do leitor, certo esforço cognitivo, uma vez que:

- há certa distância entre o anafórico e o termo em que se ancora;
- a ancoragem se dá com um elemento que não está nos versos do poema, mas num contextualizador, o título;
- o objeto de discurso que fora introduzido no título estava desfocalizado, na medida que na primeira estrofe não se fala de Ulisses, mas do mito.

No verso inicial da segunda estrofe ("Este que aqui aportou"), ainda aparece um dêitico (*aqui*) cuja interpretação só é possível se for ancorada no contexto histórico-cultural, que nos permite interpretar *aqui* como a cidade de Lisboa, ou seja, *aqui* deve ser interpretado com relação ao lugar em que o locutor se acha quando pronuncia *aqui*, informação essa que não consta no poema, mas no frontispício da obra em que foi publicado o poema.

Na terceira estrofe, fala-se da lenda, que, no cotexto, só pode ser interpretada com referência àquilo que se define na primeira (o mito), ou seja, por meio de uma estratégia de referenciação, aquele objeto de discurso, presente na primeira estrofe e que havia sido desativado na segunda, é retomado anaforicamente, possibilitando a progressão tópica e a continuidade do texto. Note-se que, ao fazer a referência ao mito, por meio de outra palavra (lenda), há uma recategorização do mito, o que implica uma ressemantização. Isso acarreta que o leitor, para interpretar a

242 Ensino de Língua Portuguesa

anáfora adequadamente, tem de inferir que alguma mudança tenha ocorrido. Na primeira estrofe, o mito estava inserto no campo do divino. A recategorização e consequente ressemantização do mito em lenda se processa com o deslocamento do divino (*céus, corpo morto de Deus*) para o nível terreno (*realidade*). Nas lendas, como se sabe, há mescla de fatos irreais, frutos exclusivos da imaginação humana, com fatos reais, históricos.

A intertextualidade
e o conhecimento compartilhado

O processamento do poema de Pessoa demanda um leitor dotado de uma competência enciclopédica vasta e que seja capaz de estabelecer, a partir do texto, o contexto de produção.

O poema, como vimos, faz uma referência explícita a Ulisses, que teria aportado em Lisboa (*Este* = Ulisses *que aqui* = Lisboa *aportou*). É justamente em decorrência dessa competência enciclopédica que associamos o Ulisses do título do poema de Pessoa ao herói mítico do poema homérico, Odisseu. Se a associação do título do poema ao herói mítico do poema homérico pode ser facilmente percebida, há um conhecimento que o leitor terá de compartilhar com o autor no sentido de construir um contexto que possibilite o processamento do texto e sua compreensão.

O poeta, ao mencionar Ulisses, faz uma referência intertextual explícita a um texto apócrifo, que explica fantasiosamente a fundação de Lisboa. Trata-se, pois, de referência a uma lenda. Ao retomar a lenda da fundação de Lisboa, ela é recontextualizada, o que implica uma ressemantização da lenda.

Podemos definir, grosso modo, lenda como um gênero textual de estrutura narrativa, com aspectos fantasiosos e transmitida oralmente através dos tempos, que costuma mesclar fatos reais com fictícios.

A intertextualidade do texto de Pessoa vai além da referência explícita ao herói homérico (Ulisses; Odisseu, em grego). O poema dialoga com um texto não escrito que relata a fundação da cidade de Lisboa pelo mítico herói grego. O poeta faz referência a uma lenda, segundo a qual Ulisses, antes de retornar à sua Ítaca natal, teria aportado em Portugal, fundando a atual cidade de Lisboa. Essa lenda constituiu-se a partir de uma falsa etimologia, que tem por base uma paronomásia: a palavra Lisboa proveria de ulissipona (*ulissipona* > *lissipona* > *lispona* > *lisbona* > *lisboa*). A semelhança fonética de ulissipona com Ulisses está na origem da lenda que atribui ao herói homérico a fundação mítica de Lisboa, sendo Ulisses a representação da vocação marítima dos portugueses.

A personagem mítica Ulisses migra de um texto para outro. Do poema homérico para uma lenda sobre a fundação de Lisboa e desta para o texto de Pessoa, e, como afirma Eco (1994), quando a personagem migra de um texto para outro é porque ela já adquiriu cidadania no mundo real e se libertou da história que a criou.

No poema, observa-se um ritmo descendente. O mito, colocado no campo do divino (1ª estrofe: *sol*, *céus*, *corpo de Deus*) se materializa na figura de um herói (2ª estrofe, Ulisses), que é o protagonista de uma lenda que se transforma em realidade (3ª estrofe: a lenda escorre e entra na realidade, fecundando-a). Esse ritmo descensional pode ser observado não só na particularização que o referente, introduzido na 1ª estrofe, sofre nas duas seguintes, mas também na seleção vocabular: "escorre" implica movimento de cima para baixo.

O caráter paradoxal do mito pode ser compreendido agora. Alguém, que nem existiu e que, portanto, não pôde ter vindo, bastou para nos criar. O que não tem consistência (nada) adquire materialidade e relevância (tudo). Aquilo que oculta a realidade serve, ao mesmo tempo, para revelá-la. E retomando a epígrafe deste artigo, o mito não fala nem esconde, indica através de sinais. Compete ao leitor decifrar esses sinais.

Considerações finais

A compreensão dos textos escritos exige muito mais por parte do leitor que a simples decifração do material linguístico, já que o sentido está sempre além das palavras que servem para expressá-lo, pois se constrói na interação escritor-leitor, ancorada em conhecimentos compartilhados. A expressão linguística serve apenas de *input* para que o leitor ative processos cognitivos no sentido de criar um contexto de recepção. Essa atividade envolve não só a identificação do intertexto, mas também o preenchimento de lacunas que intencionalmente o autor deixou para que o interlocutor, por meio de inferências, reconstitua o sentido pretendido. Em outros termos, a compreensão do texto pressupõe uma concepção de língua que não se limite a enquadrá-la como um código pelo qual se transmitem informações. Incluímo-nos naqueles que postulam que o sentido do texto não é dado *a priori*, mas construído na interação. Sendo a produção e recepção de textos uma atividade interativa complexa, é preciso que se adote uma concepção interacional de língua, na qual o texto é o *locus* da interação e pelo qual os interlocutores se constroem e são construídos dialogicamente.

A compreensão de textos exige, pois, muito mais que a competência linguística. Claro que o conhecimento da língua é imprescindível para a leitura, mas, por trás da página impressa, há muita informação que o leitor deverá ativar para dar sentido ao que lê. No caso do poema de Pessoa, será necessário que as ações do leitor, ao processá-lo, sejam orientadas para os elementos constitutivos do contexto sociocognitivo, acionando conhecimentos compartilhados que deverão ser mobilizados na interação. Tal contexto engloba:

- conhecimentos linguísticos propriamente ditos, especialmente no que se refere à identificação do referente do anafórico *este* que abre a segunda estrofe e a identificação do elemento a que se refere o dêitico *aqui*, também no primeiro verso da segunda estrofe;
- conhecimentos enciclopédicos, especialmente em saber quem foi a personagem mítica Ulisses e mais particularmente a lenda da fundação de Lisboa pela personagem homérica;
- conhecimento de outros textos com os quais o poema de Pessoa dialoga.

Por último, mas não menos importante, ressalta-se que as atividades de leitura (e de escrita) no âmbito da escola devem ser orientadas com base numa concepção de contexto que envolva, além dos aspectos linguísticos, aspectos cognitivos, sociais, culturais e históricos.

Bibliografia

APOTHÉLOZ, Denis. Papel e funcionamento da anáfora na dinâmica textual. In: CAVALCANTE, Mônica Magalhães; RODRIGUES, Bernardete Biasi; CIULLA, Alena. *Referenciação*. São Paulo: Contexto 2003, pp. 53-84.

BONINI, Adair. Extralinguístico e extracognitivo: apontamentos sobre o papel do contexto na produção e recepção da linguagem. *Cadernos de Estudos Linguísticos*, Campinas, Universidade Estadual de Campinas, v. 45, jul./dez. 2003, pp. 7-20.

ECO, Umberto. *Seis passeios pelos bosques da ficção*. São Paulo: Companhia das Letras, 1994.

HANKS, William F. *Língua como prática social*: das relações entre língua, cultura e sociedade a partir de Bourdieu e Bakhtin. São Paulo: Cortez, 2008.

KOCH, Ingedore G. Villaça. *Introdução à linguística textual:* trajetória e grandes temas. São Paulo: Martins Fontes, 2004.

_____. *Desvendando os segredos do texto*. 4. ed. São Paulo: Cortez, 2005.

_____; BENTES, Anna Christina; CAVALCANTE, Mônica Magalhães. *Intertextualidade*: diálogos possíveis. São Paulo: Cortez, 2007.

_____; ELIAS, Vanda Maria. *Ler e escrever*: estratégias de produção textual. São Paulo: Contexto, 2009.

LALANDE, André. *Vocabulário técnico e crítico da filosofia*. 3. ed. São Paulo: Martins Fontes, 1999.

PESSOA, Fernando. *Obra poética*. Rio de Janeiro: José Aguilar, 1972.

Os autores

Amália Salazar Reis

Graduada em Letras e licenciada em Língua Portuguesa pela Universidade de São Paulo. Mestre em Língua Portuguesa pela Pontifícia Universidade Católica de São Paulo. É membro da Equipe Técnico-Pedagógica da Secretaria Estadual de Educação. Atualmente, desenvolve projeto para que o ensino de língua oral seja incluído no currículo de educação básica no estado de São Paulo.

Ana Rosa Dias

Possui graduação em Língua e Literatura Portuguesa pela Pontifícia Universidade Católica de São Paulo, mestrado em Língua Portuguesa pela Pontifícia Universidade Católica de São Paulo e doutorado em Filologia e Língua Portuguesa pela Universidade de São Paulo. Atualmente, é professora do quadro de carreira, categoria titular, da Pontifícia Universidade Católica de São Paulo; membro do conselho editorial da *Revista Filologia e Linguística Portuguesa*; e professora efetiva, doutora, da Universidade de São Paulo. Tem experiência na área de Letras, com ênfase em Língua Portuguesa, atuando principalmente nos seguintes temas: jornalismo popular, redação de vestibular, discurso da violência, humor e criticidade.

Anna Christina Bentes

Professora do Departamento de Linguística do Instituto de Estudos da Linguagem (IEL) da Universidade Estadual de Campinas (Unicamp) e pesquisadora da Fundação de Amparo à Pesquisa do Estado de São Paulo (Fapesp). Realizou pós-doutorado no Departamento de Antropologia da Universidade da Califórnia em Berkeley e é líder do Grupo de Pesquisa no CNPq intitulado *Linguagem como prática social: analisando a produção, a recepção e a avaliação de interações, gêneros do discurso e estilos linguísticos*. Atua nas áreas de Sociolinguística, Linguística do Texto e do Discurso e Linguística Aplicada. Coordena o Centro de Pesquisa "Margens" (IEL/Unicamp). É organizadora de várias obras e autora de livros e de artigos científicos. É membro do Comitê Gestor e Editorial da Cortez Editora.

Anna Maria Cintra

Doutora em Letras/Linguística pela USP, professora titular do Departamento de Português da PUC-SP, onde atua em nível de graduação desde 1966 e de pós-graduação desde 1973. No desempenho de funções acadêmicas e administrativas, foi vice-reitora acadêmica, coordenadora do Programa Pós-Graduação em Língua Portuguesa e presidente da Comissão Geral de Pós-Graduação. Lidera o Grupo de Pesquisa *Estudos de Linguagem para o Ensino de Português*, cadastrado no Diretório de Pesquisas do CNPq e tem atuado em trabalhos de educação continuada de professores das redes públicas do Estado e do município de Barueri. Na USP, é professora aposentada do Departamento de Biblioteconomia e Documentação da ECA, onde atua junto ao Colaboratório de Infoeducação.

Antonio Carlos Xavier

Doutor em Linguística pela Unicamp e mestre em Letras pela UFPE, da qual é professor adjunto de Língua Portuguesa, na graduação, e de Linguística, na pós-graduação em Letras. Desenvolve e orienta pesquisas sobre hipertexto, letramento digital, educação a distância e formação de professor com novas tecnologias (TDIC); coordena o grupo de pesquisa Nehte (Núcleo de Estudos de Hipertexto e Tecnologias na Educação da UFPE) e edita a *Hipertextus Revista Digital*. Presidiu a Abehte (Associação Brasileira de Estudos de Hipertexto e Tecnologia Educacional) entre 2008-2010 e publicou vários trabalhos acadêmicos em revistas científicas e capítulos de livros e tem diversas obras publicadas. www.profxavier.blogspot.com

Elisbeth de Alencar

Possui graduação em Letras pela Universidade Federal do Maranhão e mestrado em Linguística pela Universidade Federal do Ceará. Atualmente, é professora da rede municipal e da rede estadual de Educação. Atua principalmente nos seguintes temas: língua portuguesa e literaturas portuguesa e brasileira.

Ernani Terra

É doutorando em Língua Portuguesa pela PUC-SP, desenvolvendo pesquisa sobre leituras de professores. Foi professor de Língua Portuguesa em diversos colégios da rede particular de ensino na cidade de São Paulo. No ensino superior, lecionou a matéria Práticas de Leitura e Escrita na Faculdade das Américas em São Paulo. É também autor de diversas obras didáticas e paradidáticas nas áreas de Língua Portuguesa, Literatura e Produção de Textos.

Gil Negreiros

Possui graduação em Letras pela Universidade Vale do Rio Verde de Três Corações – UNINCOR, especialização em Língua Portuguesa pela Universidade do Estado de Minas Gerais – UEMG, mestrado e doutorado em Língua Portuguesa pela Pontifícia Universidade Católica de São Paulo – PUC/SP. Atualmente, é pós-doutorando no Programa de Letras Clássicas da Universidade de São Paulo – USP. Tem experiência na área de Linguística, com ênfase em Análise da Conversação, Análise do Discurso, Sociolinguística, Linguística Geral e Linguística Histórica. Atualmente, é professor titular da Fundação de Ensino e Pesquisa de Itajubá e Pró-Reitor Acadêmico do Centro Universitário de Itajubá – UNIVERSITAS.

Graça Faria

Possui graduação em Direito pela Universidade Federal do Maranhão, graduação em Letras pela Universidade Federal do Maranhão e mestrado em Linguística. Atualmente, é docente da Universidade Federal do Maranhão, atuando principalmente nos seguintes temas: literatura, língua e linguística.

Leonor Lopes Fávero

Professora titular de Linguística na Faculdade de Filosofia, Letras e Ciências Humanas da Universidade de São Paulo e de Língua Portuguesa da Pontifícia Universidade Católica de São Paulo, coordenadora do programa de pós-graduação em Língua Portuguesa da PUC-SP. Fez doutorado na PUC-SP, livre-docência na USP e pós-doutorado na Universidade de Paris VII. Sua especialidade abrange os campos da Linguística Textual, Análise da Conversação e História das Ideias Linguísticas. Além de capítulos de livros e artigos, tem diversas obras publicadas. É membro da Academia Brasileira de Filologia.

Lívia Suassuna

Doutora em Linguística pela Universidade Estadual de Campinas (Unicamp). É professora do Departamento de Métodos e Técnicas de Ensino do Centro de Educação da Universidade Federal de Pernambuco, onde ministra a disciplina de Prática de Ensino de Português para alunos do curso de Letras. Na pós-graduação, costuma ensinar Didática e Metodologia do Ensino da Língua Portuguesa. Na qualidade de pesquisadora na área de ensino de Português e Literatura Brasileira, orienta trabalhos e participa de pesquisas e projetos diversos de formação de professores do ensino fundamental e médio, inclusive dando assessoria a diferentes redes públicas de ensino. Tem várias publicações em sua área de atuação. Atualmente, vem se dedicando ao tema da avaliação educacional e da aprendizagem em linguagem.

Maria da Penha Lins

Possui graduação em Letras Português-Inglês pela Universidade Federal do Espírito Santo, mestrado em Letras pela Pontifícia Universidade Católica do Rio de Janeiro e doutorado em Linguística pela Universidade Federal do Rio de Janeiro. Atualmente, é professora da Universidade Federal do Espírito Santo. Tem experiência na área de Linguística, com ênfase em Texto e Discurso, atuando principalmente nos seguintes temas: texto, discurso, linguagem e interação, quadrinhos.

Maria Lúcia C. V. O. Andrade

Professora da área de Filologia e Língua Portuguesa na Universidade de São Paulo, onde se doutorou em Semiótica e Linguística Geral. Trabalhou como pesquisadora auxiliar no "Projeto da Gramática do Português Falado no Brasil". Desde 1998 é pesquisadora do Projeto NURC/SP, tendo publicado artigos na coleção organizada por Dino Preti. É pesquisadora, desde 2002, do "Projeto para a História do Português Brasileiro", coordenado por Ataliba T. de Castilho. Atualmente, é coordenadora do subprojeto "Tradições Discursivas na Imprensa Paulista: Constituição e Mudança dos Gêneros Discursivos numa Perspectiva Diacrônica" (Projeto Temático financiado pela Fapesp – "Projeto Caipira"). É autora de livros na área e de vários artigos em revistas especializadas.

Marli Quadros Leite

É livre-docente pela Universidade de São Paulo, onde defendeu mestrado e doutorado. É bolsista de Produtividade e Pesquisa do CNPq. Realizou estudos de pós-doutorado na França, na Université de Paris VII e École Normale Supérieure de Lyon. Tem trabalhado nas áreas de Análise da Conversação, Sociolinguística e Historiografia Linguística, pelas quais tem publicado artigos e livros. É autora de diversas obras.

Mercedes Canha Crescitelli

Licenciada em Letras Português-Inglês; especialista no ensino de Língua Portuguesa e mestre em Língua Portuguesa pela PUC-SP; doutora em Filologia e Língua Portuguesa pela USP, com pós-doutorado em Letras/Linguística realizado na Universidade Federal de Pernambuco (UFPE). É professora da PUC-SP, atuando no Programa de Estudos Pós-graduados em Língua Portuguesa, além de coordenadora de cursos de extensão a distância. Foi coordenadora do curso de Letras – Português e chefe do Departamento de Português, sendo atualmente diretora adjunta da Faculdade de Filosofia, Comunicação, Letras e Artes da PUC-SP. É avaliadora de cursos de Letras do INEP/SINAES/MEC. Possui artigos e capítulos de livros publicados sobre língua falada e ensino de Língua Portuguesa a distância ou semipresencial. Integra o Grupo de Trabalho de Linguística Textual e Análise da Conversação (GTLTAC) da Associação Nacional de Pós-graduação em Letras/ Linguística (ANPOLL).

Mônica Magalhães Cavalcante

Doutora em Linguística pela Universidade Federal de Pernambuco, com pós-doutoramento pela Unicamp. É professora dos cursos de graduação e pós-graduação do Departamento de Letras Vernáculas da Universidade Federal do Ceará e coordenadora do grupo interinstitucional de pesquisa Protexto desde 2001. Realiza pesquisas na área de Linguística de Texto, principalmente sobre referenciação, intertextualidade, metadiscurso, em interface com outras vertentes teóricas, dentre elas, a Análise do Discurso e a Sociocognição.

Patrícia Sousa Almeida

Possui graduação em Letras pela Universidade Federal do Pará e mestrado em Letras (Linguística – Ensino-aprendizagem de línguas) pela Universidade Federal do Pará. Atualmente é professora-tutora da Universidade Luterana do Brasil e professora – Secretaria de Estado de Educação do Pará, atuando principalmente nos seguintes temas: trabalho docente, objeto de ensino, instrumentos didáticos, alfabetização e ensino-aprendizagem de Português língua materna.

Paulo Ramos

É jornalista e professor do curso de Letras da Unifesp (Universidade Federal de São Paulo). Doutor em Letras pela Universidade de São Paulo, possui diferentes publicações sobre pesquisas linguísticas na área das histórias em quadrinhos. Pela editora Contexto, publicou *A leitura dos quadrinhos* e foi organizador do livro *Quadrinhos na educação: da rejeição à prática*. Na universidade, foi docente da USP-Leste e dos cursos de Jornalismo e Relações Públicas da Universidade Metodista de São Paulo. Na imprensa, trabalhou nas TVS Cultura e Tribuna, no portal UOL e no jornal *Folha de S. Paulo*. Nessas redações, exerceu várias funções: repórter, repórter especial, âncora de telejornal, editor-executivo, editor-chefe, consultor.

Rivaldo Capistrano Junior

Possui graduação em Letras-Português pela Universidade Federal do Espírito Santo e mestrado em Letras pela Pontifícia Universidade Católica de Minas Gerais. Atualmente, cursa o doutorado em Língua Portuguesa na PUC-SP. Professor da Faculdade Pitágoras de Vitória e do Centro de Ensino Superior Anísio Teixeira.

Sandoval Gomes-Santos

Professor do Departamento de Metodologia do Ensino e Educação Comparada da Faculdade de Educação da Universidade de São Paulo. Graduação em Letras pela Universidade Federal do Pará, mestrado em Linguística Aplicada e doutorado em Linguística pela Universidade Estadual de Campinas, com estágio doutoral em Paris. Estágio pós-doutoral na Faculdade de Psicologia e Ciências da Educação da Universidade de Genebra. Autor do livro *Recontando histórias na escola*, além de artigos em periódicos especializados. Experiência na área de Linguística Aplicada, Linguística Textual e de Metodologia de Ensino de Língua. Atuação principalmente nos seguintes temas: práticas de ensino-aprendizagem de língua, práticas de produção-recepção de gêneros textuais, processos de constituição da língua portuguesa como disciplina escolar e trabalho docente.

Sueli Cristina Marquesi

Doutora em Linguística Aplicada e professora titular de Língua Portuguesa da PUC-SP e da Universidade Cruzeiro do Sul. Realizou estudos de pós-doutorado em Linguística, na Universidade do Porto (Portugal), estágio profissional em gestão universitária, na Universidade de Montreal (Canadá), e missão de trabalho em projeto de pesquisa na Universidade Sorbonne – Paris v (França), dentro de projeto CAPES-COFECUB. Atua na graduação e na pós-graduação, desenvolvendo pesquisas relacionadas à leitura, produção de textos e ensino. É membro do GT Linguística do Texto e Análise da Conversação, da Associação Nacional de Pesquisa em Letras e Linguística (ANPOLL) e líder do grupo de pesquisa (CNPq) Ensino de Língua Portuguesa para Fins Específicos. Ocupou vários cargos de gestão acadêmica na PUC-SP e na Universidade Cruzeiro do Sul. É avaliadora institucional do Ministério da Educação do Brasil e assessora do mesmo Ministério para o ENADE na área de Letras.

Vanda Maria Elias

Doutora em Língua Portuguesa pela PUC-SP, onde atua em cursos de graduação, no curso de Especialização em Língua Portuguesa e no Programa de Estudos Pós-Graduados em Língua Portuguesa. Realizou estudos de pós-doutorado no IEL – Unicamp. É membro do GT Linguística do Texto e Análise da Conversação, da Associação Nacional de Pesquisa em Letras e Linguística (ANPOLL), e líder do grupo de pesquisa (CNPq) Texto, Hipertexto e Ensino de Língua Portuguesa. Coordena a coleção *Linguagem & Ensino* da Editora Contexto e é coautora dos livros *Ler e compreender: os sentidos do texto* e *Ler e escrever: estratégias de produção escrita*.

Zilda Aquino

Professora doutora da Universidade de São Paulo (USP), coordenadora da Área de Filologia e Língua Portuguesa, do Departamento de Letras Clássicas e Vernáculas (DLCV), da Faculdade de Filosofia, Letras e Ciências Humanas (FFLCH). Integra o Projeto da Norma Urbana Culta da Cidade de São Paulo (NURC-SP) e o Projeto temático para a História do Português Paulista (PHPP), no que diz respeito a São Paulo (Projeto Caipira). Participa do Grupo de Estudos do Discurso da USP (GEDUSP), em que coordena o subgrupo Teorias da Argumentação. Sua linha de pesquisa volta-se aos estudos do discurso na fala e na escrita, com trabalhos direcionados às Teorias da Argumentação, à Análise Crítica do Discurso e às Tradições Discursivas. É editora responsável pela revista *Linha D'Água* (APLL/DLCV/USP).

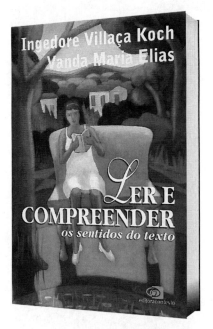

LER E COMPREENDER
os sentidos do texto

Ingedore Villaça Koch e *Vanda Maria Elias*

Ingedore V. Koch, uma das mais importantes autoras de obras de Língua Portuguesa e Linguística em nosso país, com a colaboração de Vanda Maria Elias, apresenta neste livro seu pensamento sistematizado como uma ponte entre teorias sobre texto e leitura e práticas docentes. Escrito, principalmente, para professores do ensino fundamental e médio, *Ler e compreender* simplifica sem banalizar as concepções da professora Ingedore. A leitura de um texto exige muito mais que o simples conhecimento linguístico compartilhado pelos interlocutores: o leitor é, necessariamente, levado a mobilizar uma série de estratégias, com o fim de preencher as lacunas e participar, de forma ativa, da construção do sentido. Dessa forma, autor e leitor devem ser vistos como estrategistas na interação pela linguagem. O objetivo deste livro é, portanto, apresentar, de forma simples e didática, as principais estratégias que os leitores têm à sua disposição para construir um sentido que seja compatível com a proposta apresentada pelo seu produtor.

CADASTRE-SE
EM NOSSO SITE,
FIQUE POR DENTRO DAS NOVIDADES
E APROVEITE OS MELHORES DESCONTOS

LIVROS NAS ÁREAS DE:

História | Língua Portuguesa
Educação | Geografia | Comunicação
Relações Internacionais | Ciências Sociais
Formação de professor | Interesse geral

ou
editoracontexto.com.br/newscontexto

Siga a Contexto
nas Redes Sociais:
@editoracontexto